지치지 않는 연습

지치지 않는 연습

초판 1쇄 발행 2024년 12월 31일

지 은 이 | 라이언 홉킨스
옮 긴 이 | 김시내

펴 낸 이 | 조미현
편   집 | 김솔지
교정교열 | 정차임
디 자 인 | 지완

펴 낸 곳 | (주)현암사
등   록 | 1951년 12월 24일 (제10-126호)
주   소 | 04029 서울시 마포구 동교로12안길 35
전   화 | 02-365-5051
펙   스 | 02-313-2729
전자우편 | editor@hyeonamsa.com
홈페이지 | www.hyeonamsa.com

ISBN 978-89-323-2403-6 (03190)

지치지 않는 연습

일과 나의 공존을 위한
1년간의 자기 챙김 프로젝트

라이언 홉킨스 지음
김시내 옮김

현암사

차례

한국어판 서문

기술력과 함께 거침없이 발전해가던 대한민국 한복판에서 조용히 위기가 번지고 있다. 근면 성실이라는 유산 이면에 과로, 엄청난 압박, 정신 건강 문제 급증이 서서히 그림자를 드리우고 있다. 오랜 세월, 생산 제일주의가 뿌리를 내리며 개인의 삶은 때때로 짓밟히곤 했다. 이럴 필요까지는 없었다.

주 52시간 근무제로는 빠르게 변화하는 환경에 유연하게 대응할 수 없다며 최근 정부가 도입하겠다던 주 69시간 근무제만 봐도 알 수 있다.[1] 그거 하나 해결하겠다고 말이다. 다행히 질릴 대로 질린 데다 이 책을 집어 든 여러분 같은 사람들이 들고일어난 덕에 곧 없던 일이 되었다. 그러나 곧이어 (이름은 밝히지 않겠

지만) 누구나 다 아는 브랜드이자 기업이 경영 악화를 이유로 주 6일 근무제를 꺼내 들며 주 4일 근무라는 세계적인 기조와 정반대의 길을 걸었다.[2]

흔히들 개인 생활을 제쳐두고 열정적으로 일하는 자세를 높이 평가하는 미국이 최장 업무 시간을 자랑한다고 생각한다. 매년 11일밖에 안 쉬면서 말이다. 그러나 아니다. 대한민국이 연평균 노동시간 1,915시간을 기록하며 앞질렀다. OECD 가입국 중 다섯 번째다.[3] 참고로 콜롬비아가 2,297시간으로 1위에 올랐다. 미국인은 연평균 1,791시간 일하고, 내가 사는 영국에서는 겨우 1,531시간 일한다. 게으른 우리 영국. 그만 불평하고 하던 말이나 마저 하련다.

대한민국은 개인적으로나 직업적으로나 성공해야 한다는 압박감에 과로 문화가 사라질 날이 없으며, 그 탓에 OECD 국가 중 가장 높은 자살률을 기록했다.[4] 한국인 중 95퍼센트가 스트레스를 받고 있고, 지난해 열 명 중 일곱 명꼴로 정신 건강 문제를 겪었다고 응답한 것도 무리가 아니다.[5, 6]

다들 현대 사회의 거침없는 속도가 낯설지 않을 것이다. 그러나 끊임없이 울리는 알림, 언제든 대응할 수 있어야 한다는 압박감, 성취를 향한 끝없는 추구에 그만 압도당할 수 있다. 나는 여러분이 이런 상황에 맞설 수 있도록 이 책을 펴냈다.

이만하면 충분한 것 같고, 이제 몇 가지 정리해보자.

첫째, 자신을 돌보지 않고는 성과도 없다. 장기적으로는 어림도 없다. 일부터 생각하라는 관리자와 상사의 말을 들을 때가 아니다. 행복하고, 건강하고, 결국 더 생산적인 존재로 거듭나고 싶다면 무엇보다 나 자신을 우선해야 한다. 책장을 넘기다 보면 더 자세히 알 수 있을 것이다. 참고로 나는 (훌륭하긴 하지만) 회사 주최 요가 수업이나 다과를 말할 생각이 없다. 끝을 모르고 이어지는 회의, 시도 때도 없이 울리는 알림에 관해 이야기하려 한다. 때때로 더하는 것보다 덜어내는 게 낫기 때문이다.

둘째, 직장에서의 투입이 그대로 결과로 이어지는 건 아니다. 일대일로 나타나지 않는다는 말이다. 그러니 팀과 사회의 생산적인 일원이 되려면 매시간 일해야 한다는 속설을 끊어내자. 이제 그런 말은 집어치울 때도 됐다. 책상 앞에 앉아 있는 시간보다는 주변에 미치는 긍정적인 영향과 성과를 바탕으로 판단해야 한다. 여러분은 훨씬 더 나은 계획을 세울 자격이 있다.

워라밸work-life balance, 즉 일과 삶의 균형을 우선시하는 이들이 있다(개인적으로 워라밸이라는 말을 좋아하지 않는데, 그 이유는 이후 내용에서 밝힐 예정이다). 나는 이 사람들의 용기와 전 세계적으로 이들과 비슷한 사람들에게서 영감을 받아, 피곤함에 찌든 여러분이 지침으로 삼을 책을 썼다. 다들 일주일에 한 번, 짧은 글을 하나씩 읽으면 된다.

사실 나는 이 책을 통해 지치지 않고 자신을 먼저 돌보는 법에 관한 지침만 전달하는 게 아니라 행동에 나서라고 촉구한다. 성공과 끊임없는 노력을 동일시하는 사회에서 (오히려 직장에서 더 많은 성과로 이어질) 균형, 회복력, 사는 즐거움을 귀하게 여기는, 지금까지와는 다른 길을 제공하려는 것이다.

입에 발린 소리나 12주 플랜 따위로는 삶을 바꿀 수 없다. 일주일에 한 번씩 책에 실린 실질적인 조언을 읽고 작은 변화를 실천해보자. 자기 챙김 프로젝트는 한 걸음 한 걸음 걸어야 그 끝에 다다를 수 있는 천릿길 같은 것이기 때문이다.

다들 실질적인 전략을 검토하고, 실제 사례를 살펴보며, 통념에 도전하자. 바로 여기서 보다 보람찬 직장 생활과 나다운 삶이 시작될 것이다. 그것은 사치가 아니라 기본적인 권리다.

자, 이제 여정에 나서자.

0

들어가는 말

지치지 않고 잘 사는 법에서 가장 중요한 점은 사람마다 다르다는 것이다. 내게 맞는 것이 여러분에게도 잘 맞으리라는 법은 없다. 욕구가 제각각이기 때문이다. 그래서 '전문가'가 여러분이 무엇을 원하는지 정확히 집어낼 수 있다고 해도 분명 맞지 않을 것이다. 좋은 의도에서 나온 앱과 해결책을 봐도 시도해볼 여유가 없다면 스트레스가 더 심해질 수 있다. 직장 스트레스의 가장 큰 원인이 업무량이라고 하는데 우리는 이 문제를 해결하기 위해 무엇을 하고 있나? 할 일을 산더미처럼 던져놓고는 도움이 될 거라며 웨비나Webinar(웹 사이트에서 진행되는 세미나를 이르는 말 – 옮긴이)에, 앱에, 다과까지 내놓는다. 참으로 합리적인 처사다.

요즘 주위를 둘러보면 회사, 개인, '전문가' 가릴 것 없이 스트레스에 관한 해결책과 조언을 내놓는다. 의도는 좋다. 그러나 아무리 좋은 조언이라도 어떤 사람에게는 맞고 어떤 사람에게는 맞지 않는다는 사실을 잘 모른다. 미국의 언론인 메리 슈미크가 말했듯, "조언은 어찌 보면 과거를 추억하는 것이다. 버리고 지나온 것들 중에서 하나를 낚아 깨끗이 닦아낸 후 못난 부분에 덧칠을 해 원래 가치 이상으로 재활용하는 것과 같다."[7]

꼭 삐딱하게 보려는 게 아니라, 조언을 마주했을 때 자신이 처한 상황에서 그것이 어떤 의미인지 생각해보자는 것이다. 만약 뭘 해야 할지 잘 모르겠다면 스스로 이렇게 물어보자. '지난번에 내가 왜 (비교적 오랫동안 더없이) 즐거웠을까?' 그런 다음 그 경험을 다시 맛보기 위해 오늘 바로 시간을 내보자. 물론 지금 한 말을 싹 다 무시해도 좋다. 조언에 관한 내 조언일 뿐이니.

앞서 소개한 슈미크가 졸업식 축사 요청을 받는다면 이런 말을 하겠다며 쓴 「선크림을 바르세요Wear Sunscreen」라는 유명한 칼럼에 다음과 같은 구절이 있다. "제가 드리는 조언은 우여곡절 많은 제 경험이라는 점 말고는 믿을 만한 근거는 없습니다." 정말 마음에 드는 말이다. 동감이다. 이 글은 영화감독 바즈 루어만이 각색해서 내놓은 인기곡 〈에브리바디스 프리(투 웨어 선스크린)Everybody's Free(To Wear Sunscreen)〉으로 변신하기도 했으며 앞으로 이 책에 여러 번 등장할 것이다.

지치지 않고 잘 사는 법에 관한 한 누군가에게 맞는 게 다른 이에게도 잘 맞을 거라는 법은 없다. 부디 (지난 3년간 이 책을 쓰며 유용한 방식을 하나하나 알게 된 나처럼) 이 책을 통해 많은 도움을 받기를 바란다. 울림을 주는 내용도, 허무맹랑한 내용도 있겠지만, 이해한다. 다시 말하는데 누군가에게 맞는 게 다른 이에게 잘 맞을 거라는 법은 없기 때문이다. 그래서 나는 이 책에 각기 다른 주제를 담은 짧은 글 52편을 실었다. 최신 학계 동향과 사회 추세뿐만 아니라 쓸 만한 걸 내놓기 위해 수년간 조사한 결과를 더했다. 살면서 계속 변화를 경험할 수 있도록 도와줄 실질적이고도 실용적인 내용을 담았다. 실컷 들었는데 결국 남는 게 없어서 '그래서 어쩌라고?' 식의 반응을 일으키는 소위 '전문가'의 조언과는 다르다. 이보다 더 실질적일 수 없다.

이 책으로 업무 과몰입 문화, 고약한 상사, 끝없는 회의로 가득한 직장 문화를 당장 바꿀 수는 없겠지만 변화의 씨앗만큼은 뿌리고 싶다. 책에 담긴 조언 몇 개만이라도 받아들여 직장에서 활용해보기를 바란다. 이 책을 다 읽었을 땐 나를 위해 무엇과도 타협할 수 없다는 태도를 받아들였기를, 1년 365일 최고의 나 자신이 되는 데 필요한 것을 그 무엇보다 중요하게 생각하기를 희망한다. 우리에게 가장 중요한 것은 우리 자신이다. 일도 삶이지만 일이 최우선 순위일 필요는 없다. 자신을 가장 소중히 여겨야 한다. 무슨 소리인가 하고 당황할 필요 없다. 나중에 좀 더 자세히 알아볼 것이다.

그간 우리는 행복한 직장 생활에 관해 잘못 생각하고 있었던 것 같다. 오해를 바로잡자. 고용주가 직원의 행복까지 책임질 필요는 없다. 정말이다.

좋다. 포상, 다과, 일회성 행사가 아니라면 행복한 직장 생활이란 대체 무엇일까? 「2023 갤럽 글로벌 직장 현황 보고서」에서 내놓은 답은 이렇다.

- 심리적 안정 - 직원들은 안전하다고 생각할 때 소속감을 느끼며 자유롭게 의견을 개진한다.
- 유연성 - 우리는 모두에게 단 하나의 틀을 적용할 수 없으며 지리, 시간, 방식을 최대한 유연하게 바라봐야 한다.
- 성과 집중 - 조립 라인에 있는 게 아니라면, 일한 시간이 그대로 성과로 연결되는 것도, 시간을 더 들인다고 해서 더 좋은 성과를 내는 것도 아닐 것이다.
- 높은 자율성 - 자율성을 보장받는 직원은 성과를 낮추는 것이 아니라 업무에 적극 참여한다.[8]

좋은 내용이다.

글로벌 채용 사이트 인디드는 컨설팅 업체 포레스터에 의뢰해 행복한 직장 생활을 주제로 역대 최대 규모의 연구를 진행했다. 무엇이 긍정적인 영향을 미친다고 '생각'하는지 묻는 조사에서 응답자들은 공정한 연봉, 유연성, 참여, 성취감, 인정, 소속감, 지지, 신뢰, 성장, 상사의 지원, 활기찬 분위기 순으로 중요하다고 답했다.[9] 당연한 결과다.

그러나 연구 결과, 실제로 중요한 것은 활기찬 분위기, 소속감, 신뢰, 성취감, 공정한 연봉, 참여, 상사의 지원, 지지, 유연성, 인정, 발전 순이었다. 흥미롭지 않은가? 1위를 차지할 것으로 생각했던 보상, 즉 공정한 연봉이 5위에 그쳤다.

이러니 구글에서 소속감을 유발하는 심리적 안정을 사내 최우선 순위로 꼽는 것도 무리가 아니다. 소속감은 행복한 직장 생활의 핵심이지만, 디지털 세상에서 너무도 쉽게 홀대받는다. '지식' 또는 '디지털' 근로자들이 몸담은 조직은 대체로 마이크로소프트의 CEO인 사티아 나델라가 제시한 '하이브리드 업무의 역설Hybrid work paradox'을 마주하고 답을 찾으려 하지만 실패하고 있다. 나델라는 직원 중 65퍼센트 이상이 더 많은 대면 협업을 원하지만, 동시에 70퍼센트에 달하는 직원이 더 유연한 근무 형태를 유지하고 싶어 한다는 사실을 발견했다.[10] 아마 이 시대의 조직이 접하고 있는 큰 문제 중 하나일 것이다. 우리는 기계 인터페이스처럼 인터넷에 연결된 채 지구가 자전하는 하루 동안 꼬박 자신을 부품처럼 갈아 넣는다. '윙~치키, 윙~치키'. 여러분은 꼬리를 물고 이어지는 회의로 하루를 보내고도 기운이 나는가?

당연히 아닐 것이다. 갤럽에 따르면, 특히 영국에서 업무 의욕이 저조한 근로자가 90퍼센트에 이른다고 한다.[11] 따라서 유연한 근무와 사람 간 교류 사이에서 줄타기를 잘 하는 조직이 핵심 인재를 잡아두고 나머지 인력까지 흡수하며 '인재 확보 경쟁'의 승자가 될 것이다.

나는 수년간 전 세계 여러 조직과 정부와 함께 일하면서 일과 삶의 균형에 대해 입 밖에 내지 않고도 더 큰 결과를 낼 수 있었다는 사실을 깨달았다. 역설적이다. 마치 온종일 기다려도 오지 않다가 나중에야 연달아 오는 버스 같다. 행복한 직장 생활은 부르짖을수록 좀처럼 눈앞에 나타나지 않는다. 그동안 나는 큰 그림을 보지 못한 채 일회성 행사, 웨비나, 워크숍에만 매달렸다. 무턱대고 문제를 덮기에 급급했던 것이다. 그래서 몇 번이나 이런저런 행사장에서 사람들 앞에 나가 이에 관한 이야기를 늘어놓았다. 업무량이 문제라는 말만큼은 꾹 참겠다고 굳게 약속하고서말이다. 근질근질했을 텐데 어떻게 참았는지 모르겠다.

물론 문제를 인식하는 데는 행사와 웨비나가 필요하다. 그러나 예방은 완전히 다르다. 누군가 문제를 겪을 때까지 손 놓고 가만히 있을 것인가, 아니면 문제의 싹을 자를 것인가? 직장 내 스트레스는 우리가 중점적으로 살펴봐야 하는 주제가 아니다. 문제의 싹이 아니라 결과, 즉 사람들이 겪는 문제이기 때문이다. 나는 더욱더 많은 조직이 미래지향적 사고를 가지고 특정 기간 개최하는 행사 대신, 주 4일 근무제, 무제한 유급 휴가, 유연한 혼합 근무 정책, 더 나은 육아휴직 제도 등을 채택하기를 바란다. 그러나 지금 이 책에서 논할 문제는 아니다. 나는 조직이 아니라 '여러분'을 도울 것이다.

조직은 행복을 더해주지는 않더라도 최소한 현상 유지에는 힘써야 한다. 웨비나와 해결책을 줄이는 동시에 직원에게 시간과 공간, 자율성, 유연성, 심리적 안정을 조금만 더 보장해도 충분할 것이다. 그렇게 될 거라 믿는다.

여유 시간을 개인적으로 어떻게 쓸지 결정하는 건 각자의 몫이다. 내가 나서서 이래라저래라 하지 않을 것이다.

만약 어제 스트레스를 받았느냐는 질문을 받으면 뭐라고 답할 것인가? 잠시 생각해보자.

전 세계 사람의 고통, 걱정, 슬픔, 분노, 스트레스를 측정하는 갤럽 글로벌 부정적 경험지수The Gallup Global Negative Experience Index에 따르면, 2010년 이후로 불행 지수가 37.5퍼센트 증가했다고 한다.[12] 이런 암울한 수치는 주위만 둘러봐도 알 수 있다. 주변 사람들에게 요즘 어떠냐고 물으면 대개 '일이 너무 많아, 정신없이 바빠, 일이 해도 해도 끝이 없어, 도대체 헤어 나오질 못하겠어'와 같은 말을 늘어놓을 것이다.

다들 그랬겠지만, 나만 해도 2010년 이후로 상황이 많이 바뀌었다. 2010년, 나는 2년 차 수습 전기 기사였다. 지금처럼 TED 강연을 하거나 책을 내기 훨씬 전이었다. 럭비에 푹 빠져 주말마다 럭비를 했다. 럭비가 곧 나였고 내 정체성이었다. 그러던 1월, 삶이 180도 달라질 거라는 생각은 하지도 못한 채 토요일을 맞아 경기장으로 나갔다.

경기장은 비에 흠뻑 젖어 여기저기 물웅덩이까지 있었다. 경기 중반쯤 나는 공을 잡았다가 태클을 당했다. 예상치 못한 일은 아니었다. 그러나 바닥에 쓰러져서 누구한테 잡히기라도 한 듯 발을 조금도 움직일 수 없었다. 다들 끔찍한 골절 하나쯤은 목격했을 텐데, 기묘하게 꺾인 발을 본 적 있는가? 그렇다, 그게 내가 당한 일이었다. 나는 병원에 실려가 발에 맥박이 없으니 빨리 돌아오게 해야 한다는 말을 들었다. 그러지 않으면 발을 영영 못 쓰게 될지도 모를 일이었다. 나는 마취 가스를 깊이 들이마시며 이제 곧 일어날 일에 대비해 최대한 취해보려 했다. 셋, 둘, 하나… 우드득! 알고 보니 다리도 부러져 있었다. 나는 비명과 함께 의식을 잃었다. 이 일은 기억에도 없고, 당연히 회복은 더뎠다.

거의 1년 내내 휠체어 신세를 졌고, 수술도 여러 번 해야 했다. 일을 못 하니 전기 기사 경력도 끝장났다. 럭비도 할 수 없으니 당연히 체중이 늘었다. 빚까지 졌지만 내게는 어떤 자격도, 가능성도 없었다. 정말 비참했고 뭘 해야 좋을지 몰랐다. 지역 보건의는 이런 내게 항우울제를 처방해주었다. 그로부터 얼마 후, 평소처럼 휠체어를 타고 동네를 돌아다니던 나는 내가 숲속 나무에 매달려 있는 모습을 똑똑히 보았다. 환각이었다. 정말인 가 싶어 보고 또 봐도 그때는 마치 손에 잡힐 듯 진짜 같았다. 그 때 목숨을 끊을 계획을 세웠지만 엄마의 사랑 덕분에 나는 지금 도 이 세상을 살고 있다.

그러나 2010년에 고통에 신음하던 사람은 나뿐만이 아니었 다. 당시 영국에서는 1,000명당 66명꼴로 항우울제를 복용하고 있었다. 실제로 고통에 힘겨워하던 사람은 이보다 더 많았을 것 이다.[13]

나는 삶에서 가장 암울했던 시기를 딛고 일어나 은행에 취업 했고, 그 후로 아무 문제 없어 보였다. 전국을 통틀어 우수 영업 사원 중 하나였고, 다시 걷기 시작하면서 체중 감량에도 성공했 다. 그것도 아주 많이. 나는 몰라보게 달라졌지만 건강한 방식이 아니었다. 폭식증 때문에 체중이 감소한 것이었다. 병원 신세를 지기 전까지 이 사실을 단 한 번도 입 밖에 꺼내지 않았다. 나같 이 럭비를 즐기는 체격 좋은 사람에게 닥칠 것이라고는 생각한 적 없는 일이었기 때문이다. 창피함과 함께 남들의 시선이 두려 웠고, 내게 문제가 있다는 사실을 부인했다. 그렇게 혼자 1년을 끙끙 앓다가 결국 엄마에게 털어놓았다. 그래야 했다. 당시 나는 (엄격하게 닭고기와 브로콜리, 그 둘을 삶은 물만 식탁에 올리고 껌을 씹는 식으로) 섭취 열량을 지나치게 제한한 나머지 말할 힘도 없어 직장에서 조퇴하고 집에 있었다. 그리고 뭔가 잘못됐다는 걸 눈치챈 엄마와 함께 케이크 한 쪽을 나눠 먹었다. 엄마 덕에 또 한 번 살아났다. 회복을 향한 여정의 첫 단계에서 모두가 이런 일을 겪지는 않겠지만 나는 이랬다.

2013년의 일이었다. 다른 사람들도 상황이 잘 풀리지 않는 건 마찬가지였나 보다. 당시 영국 내 항우울제 복용자는 1,000명당 84명으로, 2010년 대비 27퍼센트 증가한 수치였다.[14]

몇 년 후인 2016년에는 브렉시트가 있었고, 도널드 트럼프가 미국 대선에서 승리했으며, (어지러운 정세 속에서도) '포켓몬 GO'가 출시되었다.

나는 그제야 대학에 갔다. 뒤늦게 기회를 잡은 것 같았다. 좋은 성적을 거뒀고, 럭비도 다시 시작했다. 나는 정말 체구가 컸다. 클럽에서 문지기로 일했고, 재미 삼아 이층 버스를 끌기도 했다. 게다가 '헤이스팅스 버스 끌기Hastings Bus Pull' 대회 챔피언 자리를 지금까지도 유지하고 있다. 2014년 이후 건강과 안전 문제로 대회가 취소되었기 때문이다. 겉보기에 나는 모든 것을 손에 넣고 자신감을 되찾은 것 같았다. 그러나 이면에 또 문제가 있었다. 걱정이 너무 심해서 현관을 나설 때마다 바지에 실례할

것만 같았다. 여행이라도 가려는 날에는 성인용 기저귀를 차야
했을 정도였다. 정말 비참했다. 105킬로그램이나 나가면서 덩
칫값도 못 하는 겁쟁이였다.

2016년 역시 삶 속에서 허우적대는 사람이 나뿐만은 아니
었다. 당시 영국 내 항우울제 복용자는 1,000명당 101명으로,
2010년 대비 53퍼센트 증가했다.[15]

시간을 훌쩍 건너뛰어 2022년을 생각해보자. 엘리자베스
2세가 서거했고, 러시아가 우크라이나를 침공했으며, 일론 머스
크가 트위터를 인수했다. 그러나 2022년이라고 해서 크게 다를
건 없었다. 이때 영국 내 항우울제 복용자는 1,000명당 112명
으로, 국민 중 11퍼센트에 해당하는 수치였으며 2010년 이후로
70퍼센트 증가했다.[16] 사실 힘겨워하는 사람은 이보다 더 많았
다. 2020년에서 2021년 사이, 영국에서는 일부나마 불안감이나
우울증 증상을 보이는 사람이 24퍼센트에 달했다.[17] 게다가 맨
처음에 소개했던 2010년과 비교해 이제 우리는 1,000퍼센트나
더 오래 화면 앞에서 시간을 보내고 있다.[18]

항우울제를 복용하는 사람처럼 우울증을 경험하는 사람 역
시 70퍼센트 늘었을까? 꼭 그렇다고 볼 수는 없다. 2010년, 영
국에서 불안감이나 우울증 증상을 보이는 사람은 18퍼센트였
다. 2020년에서 2021년 사이에는 24퍼센트였다. 2010년 대
비 33퍼센트 증가한 수치였다.[19] 참고로 이 책을 쓰고 있을 때는

2022년에서 2023년 사이의 결과가 발표되기 전이었다. 결과를 놓고 보면, 항우울제를 향한 사람들의 시선이 바뀌고 있다고 할 수 있다. 그러나 이유를 불문하고 고통에 시달리는 사람이 나날이 늘어가니, 정신 건강 관점에서 상황이 긍정적으로 흘러가고 있지는 않은 것 같다.

우리는 대체로 지치지 않는 삶의 방식을 일상에 미리 적용하는 대신 나중에 더하려 한다. 문제가 생기면 그제야 어떻게 좀 해보려고 한다는 말이다.

예전에 내가 바닥을 쳤을 때 세계 최고의 해결책이나 앱이 있었다고 해도 나는 그것을 원하지도, 그것에 혹하지도 않았을 것이다. 그저 소중한 사람들의 사랑이 필요했다. 아무리 의도가 좋아도 시도해볼 시간이 없다면 해결책, 플랫폼, 아이디어, 계획은 스트레스만 더할 뿐이다.

앱스토어에 등록된 앱은 2010년 대비 2,387퍼센트 늘었으며,[20] 그중 35만 개가 건강 앱이다.[21] 그러나 앞서 말했듯, 상황은 최악으로 치달았다. 우리 삶을 정말 제대로 바꿀 수 있는 앱과 해결책도 있겠지만, 시스템과 조직을 뜯어고쳐 여유 시간을 마련하지 못한다면 대부분 효과를 거두지 못할 것이다. 묘책이란 없다.

지난 13년간 망가졌던 나 자신을 일으켜 세우길 반복하며 깨달은 것이 있다. 지치지 않고 잘 살기 위해 꼭 필요한 자기 챙김 프로젝트는 마치 천릿길 같지만, 한 걸음 한 걸음 걷다 보면 못 갈 이유가 없다는 사실이었다. 티끌 모아 태산이나 다름없다. 동시에 매우 개인적이며, 누군가에게 맞는 것이 다른 이에게 효과가 없을 수 있고, 앞으로도 그러리라는 사실 역시 깨달았다.

같은 기간, 성생활 상담사와 클럽 문지기에다 이탈리아에서는 교장을, 스페인에서는 칵테일 바 매니저를 하는 등 별의별 일을 다 했고 에콰도르에서는 호스텔 사업까지 벌였다.

내가 또 무슨 일을 해봤을까? 정말 나는 웬만한 일은 다 해봤다.

나는 내가 무엇을 하고 싶은지 알아내는 데 수년을 보냈고, 마침내 답을 찾았을 때는 최선을 다해 그에 맞는 옷을 입으려 했다. 그러나 문제투성이에 마음의 상처와 스트레스로 엉망인 원래 모습을 금방 들킬 게 뻔했다. 다들 평온하게 살아가는 것 같은데, 왜 나만 이렇게 엉망진창일까? 여기서 내가 알게 된 놀라운 사실을 하나 공유할까 한다. 내게도 그리고 분명 여러분에게도 문제는 없다.

나는 6년 전부터 업무 행사에 참석해 이따금 내 이야기를 들려주었다. 한 번에 하나씩 공개하면서 그간 썼던 가면을 내려놓으며 편안함을 느끼기 시작했다. 그리고 다섯 명, 열 명, 스무 명… 나 같은 사람을 점점 더 많이 발견했다. 3년 전에는 한 걸음 더 내딛기로 하고 내 이야기를 SNS에 공유하기 시작했고, 나 같은 사람을 100명, 1,000명, 아니 100만 명이나 마주했다.

지치지 않고 잘 살기 위해 긍정적인 변화를 이끌어내려 여러 자리에 참석한 지 수년, 나는 크나큰 위기가 닥쳤다는 것을, 이렇게 실체가 없는 주제에는 아무도 신경쓰지 않는다는 사실을 알게 되었다. 무턱대고 근무 시간을 줄이겠다고 하면 뾰족한 수가 있느냐는 것이다.

다시 한번 말하지만, 티끌 모아 태산이며 천릿길도 한 걸음부터다. 자기 계발 전문가 대런 하디가 저서 『인생도 복리가 됩니다』에서 내놓은 공식[22]이 이 말을 가장 잘 반영하는데, 나는 여기에 딱 한 단어만 추가했다.

작지만 현명한 방식 선택 + 꾸준함 + 시간 = 엄청난 차이

바로 '방식'을 추가했다. 또 다른 자기 계발 전문가 제임스 클리어 역시 저서 『아주 작은 습관의 힘』에서 하루에 1퍼센트씩 성장하면 1년 후 복리로 3,778퍼센트 성장해 있을 거라는 주장을 펼쳤다.[23]

두 사람의 주장을 보고 나는 생각에 잠겼다. 매일 규칙적으로 하는 일이 무엇일까? 이때 긍정적인 습관을 쌓아나갈 수 있지 않을까?

사실, 누구나 하루 여덟 번 하는 일이 있다.

화장실에 가는 것이다. 안 믿어진다면 내일 한번 세어보자. 다들 놀랄 것이다.

손을 씻을 때마다 팔굽혀펴기를 열 번씩 한다면, 1년 동안 총 2만 9,200번 할 것이다. 심호흡을 두어 번 해보는 건 어떨까? 평정심을 유지하며 생활할 수 있을 것이다. 그도 아니면 거울 속 나에게 따뜻한 말 한마디를 건네볼 수도 있다. '잘하고 있어. 네 생각처럼 최악은 아니라고.'

내가 보기에 우리는 화초 같다. 그래서 어지러운 감정 속에서 헤매는 우리 자신에게 햇볕을 쪼여주고 물을 주며 자주 들여다보고 돌봐야 한다고 생각했다.

그래서 '화장실에서 챙기기'라는 개념을 떠올렸다. 이렇게까지 해야 하나 싶었지만 이내 화장실에서 내 모습을 촬영하기 시작했다. 1일 차에 나는 지금 이 시간이 책으로 탄생할 거라고 생각했고, 이제 그 결과물로 여러분 손에 들린 이 책을 내놓게 되었다. 휴! 이건 시작에 불과했다. 이제 욕실에 조명등까지 설치했기 때문에 집에 놀러온 사람들에게 미리 알려줘야 한다. 이상한 개인 방송이라도 하는 것 아닌가 하는 의심의 눈초리를 피하려면 말이다.

나는 진지함을 버리고 좀 더 재밌게 자기 챙김 프로젝트를 바라보는 동시에 정신 건강을 주제로 허심탄회하게 대화를 나눌 기회를 마련할 생각이었다. 그래서 그동안 살아온 이야기를 들려주고 작지만 꾸준하고도 현명한 선택의 효과를 강조하기 위해 화장실에서 나올 때마다 조금씩 새로운 자신으로 거듭날 계획을 제안했다. 또한 2016년부터 2년을 꼬박 집을 나설 때마다 바지에 실례할 것 같은 기분에 화장실에만 있고 싶었던 과거의 나를 기리는 것이기도 했다.

자, 다들 과거의 나를 흘려보내고 새롭게 태어나자.

나는 화장실에서 전 세계를 향한 여정을 시작한 이후로 두 번이나 구조조정 당했다. 그런가 하면 SNS에서 내 글이 1,500번 이상 게시되는 모습을 목격했고, 뜻을 같이하는 사람을 수백만 명이나 모았다. 이제는 일주일에 25만 명이다. 이외에도 아마존, 마이크로소프트, 이코노미스트 잡지사, 정부에서 강연 활동을 했고, TED 강연자로도 나섰다. 올해의 신진 글로벌 웰빙 리더Global Emerging Wellbeing Leader of the Year로 인정받았고, 링크드인 탑보이스LinkedIn Top Voice(링크드인에서 특정 주제에 관해 지속적으로 신뢰할 수 있는 고유하고도 독창적인 콘텐츠를 게시한 회원에게 부여하는 타이틀 - 옮긴이)로 선정되기도 했다. 또한 팀원들과 함께 우리가 늘상 경험하는 영양가 없고 시끄럽기만 한 주장 대신 실제로 유용한 스트레스 전략을 개발할 수 있도록 전 세계 조직들을 돕는다. 그러나 이것도 시작에 불과하다. 나는 이 프로젝트에 10억 명이 동참할 날을 꿈꾼다.

이제 미래를 한번 상상해보자. 2034년, 전 축구 선수 데이비드 베컴이 영국 총리에 오른다. 대국민 연설 중인 그는 전 세계적으로 바나나가 부족해서 이제 전 세계 화폐로 자리잡은 암호화폐 비트코인으로도 살 수 없다고 말한다. 알게 뭐람? 어쨌든 그는 (이대로라면) 1,000명 중 204명이 항우울제를 복용할 것이며 영국에서 약 30퍼센트 이상이 불안감과 우울증 징후를 보일 거라는 사실도 밝힌다. 내 생각에 그런 일은 일어나지 않을 것 같다. 그 이유는 이렇다.

첫째, 점점 더 많은 사람이 건강한 생활 방식을 통해 자기 건강부터 챙길 것이다. 다른 걸 챙기는 데 비하면 별로 이기적이지도 않다. 우리는 매일 최고의 자신과 마주하기 위해 필요한 것을 망설임 없이 가장 먼저 챙길 것이다.

수년간 나는 달력에 점심 약속이라고 표시해두고 산책하는 동안 할머니와 정말 즐겁게 통화했다. 혼자 사는 할머니를 위해 팬데믹 기간에 시작한 일이었지만, 결국 나를 위해서도 3년을 이어갔다. 그러다 이 책을 쓰고 있던 2023년 5월에 갑자기 할머니가 세상을 떠났다. 이제 다시는 할머니와 대화를 나눌 수도, "잘 지냈니, 우리 손자"라는 말을 들을 수도 없다. 그러나 여러분은 책장을 넘기며 우리 할머니가 했던 말을 볼 수 있을 것이다. 워낙 우리 둘 사이가 돈독했기 때문이다. 사랑해요, 할머니.

다시 한번 말하지만 일과 삶의 균형은 머릿속에서 지우자. 시간을 내어 무슨 일이 있어도 타협 없이 최고의 자신으로 발돋

움하는 데 필요한 일부터 하는 거다.

미국의 드랙퀸이자 방송인인 루 폴도 이렇게 말했다. "나 자신을 사랑하지 않는다면 어떻게 다른 사람을 사랑하겠어요?"

둘째, 우리는 정신 건강을 주제로 점점 더 허심탄회하게 대화를 나눌 것이다. 다들 정신적으로 힘든 시기를 겪었겠지만, 우리는 여전히 여기에 서 있다. 그리고 지금 이 자리에서 계속 맞서 싸우고 있다. 그러나 혼자 꽁꽁 싸매고 고민하면 더 힘들어질 뿐이다. 내 눈에는 다 보인다. 이젠 달라져 보자. 의자, 말, 심지어 화장실 변기 어디든 좋다. 중요한 것은 그 위에 앉아 자신의 이야기를 나누는 것이다. 누군가를 돕는다고 해서 온 세상이 바뀌지는 않겠지만, 적어도 한 사람의 세상은 바꿀 수 있을 테니 말이다.

자, 다시 2034년이다. 베컴 총리가 불안감과 우울증 발생률이 또다시 감소해 2010년 이전 수준이라는 소식을 전한다.

앞서 말했듯 지치지 않고 잘 사는 삶에 묘책이란 없다. 매일 하루도 빠짐없이 시간을 내어 챙겨야 한다. 따라서 우리는 이제 52가지의 주제를 보다 깊이 살펴보며 어떻게 해야 우선순위를 잘 정하고 1년 내내 지치지 않고 행복할 수 있는지 알아볼 것이다. 인사팀의 누구라도 참견할 수 없을 것이다. 그럼 시작하자!

산책에 나서자

여러분은 집과 사무실 중 어디에서 더 많이 몸을 움직이는가? 평일과 주말에는?

상상해보자. 밀린 집안일과 이런저런 볼 일로 분주했던 토요일을 보내고 지금은 일요일 오후다. 옷을 챙겨 입고 모자를 쓴 뒤 장갑까지 낀 채 따뜻하고 포근한 기분을 느끼며 초록빛이 가득한 곳으로 산책을 나선다. 겨울이지만 상쾌하고 화창하다. 발걸음을 옮기던 중 소박하지만 마음에 드는 식당을 발견하고 그곳에서 한 끼 해결한다. 만족스럽다. 집에 돌아오니 입에 잘 맞아 접시를 싹싹 비운 것 치고는 움직이기에 버겁기는커녕 제대로 기분 전환한 것 같은 느낌이다. 이제 텔레비전을 켠다. 다들 이런 날이 낯설지 않을 것이다. 정말이지 최고의 날이다. 여러분은 이 예시만 봐도 내가 무슨 말을 할지 짐작할 것이다. 사는 곳이 어디든 우리는 월요일 아침에 눈을 뜨면 몸을 움직일 때 어떤 기분이 드는지 잊는 것 같다. 그러고는 금요일까지 전원이 연결된 부품처럼 지낸다.

규칙적으로 운동하는 일은 좀처럼 쉽지 않다. 업무는 물론이고 개인적으로 챙겨야 할 게 많을 때 특히 더하다. 게다가 운 좋게 재택근무나 혼합 근무 기회를 잡은 사람도 아무리 길게 걸어 봐야 침실 한편의 책상에서 냉장고까지라 이런 문제를 피할 수 없다. 우리는 여덟 시간 또는 그 이상을 책상 앞에 구부정하게 앉아 있다. 이것 참. 이러니 일일 권장 걸음 수인 1만 보를 달성하는 게 거의 불가능하다. 하루에 1,000보를 걷고는 뿌듯해하던 친구도 있었다. 영국에서 (인구 중 거의 3분의 1인) 2,000만 명 이상이 관절염, 요통과 같은 근골격계 질환을 앓고 있다는 사실[24]은 그리 놀랍지도 않다. 아마 전 세계 물리치료사들이 이때를 기다렸다는 듯 눈을 반짝이며 손을 풀고 있을 것이다.

이 여정을 함께하는 우리 중에는 걷지 못하는 사람도 있을 것이다. 그러나 어떻게든 자신만의 방식으로 움직이는 게 중요하다.

점심 도시락 준비에 셔츠를 다려 입고(소중한 잼 샌드위치를 꼭 쥐고) 사무실에 들어설 때 나는 의식하지 않고도 1만 보 이상 걷는다. 헬스장까지 걷고 거기서 사무실까지 걷는 데다 연이은 회의에 참석하느라 사무실을 휘젓고 다니기 때문이다. 이러는 내내 커피를 달고 산다. 또 퇴근길에는 지하철역에서부터 엄마와 전화 통화를 하며 집까지 (때로는 느릿느릿) 걸어간다.

아주 잠깐이지만 (회의는 산더미인데 시간에 쪼들려) 버거운 상황을 마주하는 사람으로서 바쁜 직장 생활 중에 몸을 움직일 계획을 집어넣고 꾸준히 실천한다는 게 얼마나 힘든지 잘 안다. 계획을 세우고도 다른 일부터 하느라 자꾸 미룬다면 아무것도 달라지지 않을 것이다. 행동에 옮기는 건 생각보다 쉽다. 어떻게 하면 될까?

신체 활동을 일상적인 습관으로 자리잡게 하려면 우선 시간을 확보해야 한다. 그렇게 하루 계획에 집어넣으면 된다. 정말 간단하다. 그런데 다들 어떤가? 퇴근 후에 그저 손 놓고 있거나 자신의 의지력만 믿는다면 어떤 선택을 하게 될까? 헬스장으로 향할까, 아니면 우유 한 잔에 쿠키 두어 개 적셔 먹으면서 텔레비전 앞에 붙어 있을까? 주변 사람들은 이렇게 말한다. "오, 나도 그러고 싶지. 그런데 운동이나 산책할 시간이 안 나." 변명 또 변명! 우리는 중요한 일을 위해 시간을 낸다. 따라서 오랫동안 건강하고 행복하게 살고 싶다면 반드시 시간을 내서 몸을 움직여야 한다. 꼭 산책일 필요는 없다. 어떻게든 움직이면 된다. 매일 조금이라도 신체 활동을 해보자.

TIP 1 **병원 예약하듯 신체 활동 계획하기.** 산책 일정을 잡고 다른 일보다도 먼저 실천하면 병원 갈 일이 별로 없을 것이다.

TIP 2 **일정 공개하기.** 부재중이라고 알리자. (당연히 시간이 허락할 때) 산책하러 나간다는 사실을 동료들에게 알리는 것이다. 어쩌면 주변 사람들이 따라 할지도 모른다. 한번 해보고 일정이 맞으면 팀원들과 함께하자. 자기 자신과 건강을 먼저 챙기는 모습을 보고 다른 사람들도 공감하며 동참할 것이다.

TIP 3 **산책하며 화상 회의하기.** 두 마리 토끼를 모두 잡을 수 있는 유명한 화상 회의 방식을 따라해보자. 재택 근무를 할 경우, 이번 회의는 산책하면서 할 테니 괜찮다면 다들 나가자고 제안하는 것이다. 이때 말하는 쪽보다 듣는 쪽에서 효과를 크게 느낄 것이다. 말하지 않을 때는 음소거 기능 켜두는 걸 잊지 말자. 폭풍우가 몰아치는 날에는 밖에서 회의하고 싶은 마음을 접어두는 게 좋다. 내 경험담이다. "잘 안들려서 그러는데, 방금 뭐라고 하셨죠?"

TIP 4 **가고 싶은 장소 표시하기.** 나는 집과 사무실 주변에 있는 카페와 공원 중 좋아하는 곳을 찾아 휴대전화 속 지도에 표시해둔다. 30분 정도 여유가 있을 땐 10~15분 경로 중 하나를, 50분 정도 시간이 되면 20~25분 경로 중 하나를 고르면 된다. 이미 이렇게 표시한 덕에 어디로 갈지 생각할 필요도 없이 곧장 모자를 눌러 쓰고 밖으로 나간다. 그러나 때때로 변덕이 생겨 발길 닿는 대로 걷기도 한다.

TIP 5   세계적인 인물과 함께하기. 나는 매일 산책길을 팀 페리스, 그렉 맥커운, 스리니바스 라오, 세스 고딘 같은 유명한 작가나 기업인들과 함께하는 행운아다. 엄밀히 말하면 사실이 아니다. 이들이 런던 남서부에 살면서 나와 발맞춰 걷는다면 좋겠지만 그렇지 않다는 소리다. 나는 이들의 팟캐스트를 들으며 거리를 걷는다. 즐겁게 걸으며 유용한 지식도 얻고 상쾌한 기분으로 산책을 마친다. 그러나 머릿속이 복잡한 날에는 휴대전화 없이 밖에 나가 공원을 느릿느릿 돌기도 한다.

혹시나 해서 말하는데 산책하면 열량도 소모할 수 있다. 잠깐 뻔한 얘기를 좀 해보겠다. 산책 30분이면 약 175칼로리를 소모할 수 있다. 1년이면 소모량이 엄청날 것이다. 얼마나 될까? 아래 문단을 보기 전에 암산해보자.

아, 정말 청개구리들. 다들 슬쩍 본 거 잘 안다.

답은 6만 3,875칼로리다. 그렇다, 엄청나다. 1년에 8킬로그램 이상 감량할 수 있을 것이다. 헬스장에서 몇 시간이고 보낼 필요 없이, 유행하는 운동법을 따를 필요 없이, 최신 다이어트 식단을 시도하거나 3주 안에 빨래 건조대로 변신하고 말 운동기구에 돈 들일 필요 없이 멋지게 건강 목표를 달성할 수 있는 것이다.

매일 산책하면 신체 건강은 물론이고 정신 건강에도 좋다. 수년간의 여러 연구 결과에 따르면, 신체 활동이 스트레스 감소, 인지 기능 개선, 전반적인 기분 향상에 도움이 된다고 한다. 매일 30분 산책만으로 집중력이 오르고 활기찬 기분을 느끼는 등 정신 건강을 크게 향상할 수 있다. 이러니 산책을 안 좋아할 수 있을까? 이렇게 산책을 좋아하고 추천하는 나도 팬데믹 이전에는 좀처럼 '걷지' 않았다. 그러나 지금은 밖에 나가서 잠깐이라도 걷지 않고 하루를 보내는 내 모습을 상상할 수 없다.

매일 30분만 시간을 내서 산책이든 뭐든 몸을 움직인다면 몸도 마음도 더 건강해질 것이다. 게다가 생각보다 오랫동안 옷장 구석에 처박아 둔 옛날 바지가 딱 맞을지도 모른다. 다른 일 제쳐두고 계속 밖에서 몸을 움직이고만 있을 수는 없을 테니 잠깐씩이라도 나가서 움직이는 게 중요하다. 조금씩 자주가 핵심이다.

운동화 끈을 꽉 묶고 밖으로 나가자!

2

소음을 줄여보자

우리는 매일 잠자리에서 일어나는 순간부터 다시 잠들 때까지 정보 폭격을 당한다. 기술이 발전하고 인터넷이 생활화되면서 어느 때보다도 쉽게 세상일을 알 수 있다. 손에 쥔 휴대전화는 작은 슈퍼컴퓨터 같아서, 50년 전 인간이 달에 착륙할 때 도움을 준 컴퓨터의 10만 배 이상 되는 처리 능력을 가지고 있다. 그러니 우리는 휴대전화가 이어주는 세상에서 좀처럼 벗어날 수가 없다. 지금처럼 손가락 몇 번 놀려서 정보, 각종 콘텐츠, 최근 사건 사고를 접할 수 있던 적은 없었다. 그러나 끊임없이 쏟아져 나오는 정보와 함께 새로운 문제 역시 등장한다. 바로 정보의 양이다. 이메일부터 SNS 알림까지, 우리는 항상 '접속'된 채 알림 속에서 결코 벗어날 수 없을 것 같은 기분을 느낀다.

마지막 알림을 확인해보니 보험 만료일이 두 달 앞으로 다가 왔단다. 좋은 정보다. 그렇지만 이메일, 문자 메시지 등 온갖 알림을 꼭 받아야 할까?

미국의 기술 월간지 《와이어드》에 따르면, 우리는 하루 평균 63.5건의 알림을 받는다.[25] 무슨 일을 하든 흐름이 끊기고 집중도 깨진다! 당연히 버겁고 스트레스를 받게 된다. 우리는 '할인' 같은 중요한 때를 놓칠까 봐 계속 휴대전화를 확인하는 일이 습관이 되었다. 도저히 눈을 뗄 수가 없다. 미국 사람들은 휴대전화를 하루 평균 352번 확인한다고 한다.[26] 만약 우리가 다른 일을 그만큼 한다면 뭔가 문제가 있다고 생각할 것이다. 그렇지 않은가? 한시간 동안 휴대전화에서 눈을 떼고 자신의 상태가 어떤지 살펴보자. 괜히 불안해서 다리를 달달 떨고 있을 것이다. 정말로.

정보 폭격은 십중팔구 별 쓸 데도 없다. 우리는 소비 대상이 곧 나 자신이라는 사실을 잊지 말아야 한다. 여기서 소비 대상이란 정보까지도 포함하는 개념이다. 알림을 받고 후속 행동을 하는 과정에서 의식하든 안 하든 생각하고 느끼는 방식에 영향을 받기 때문이다. 하루 24시간 일주일 내내 뉴스를 받아본다면 어떤 기분이 들까? 좋은 일은 뉴스에 별로 나오지도 않는데 말이다. 알림을 통제할 수 있다면, 정말 유용하거나 희망을 안겨줄 정보만 소비할 수 있을 것이다.

그렇다면 소음을 줄이고 통제력을 되찾기 위해 우리는 무엇을 할 수 있을까? 집중력 짧기로 유명한 금붕어랑 앞서거니 뒤서거니 하겠지만 집중력을 발휘하면 되지 않을까? 됐고, 정말 도움이 될 만한 조언을 살펴보자.

TIP 1   **지우기.** 우리는 정말 필요한지 생각해보지도 않고 충동적으로 앱을 다운로드하고 알림을 전부 받는다. "알림 받기로 설정하고 혜택을 받으세요"라는 메시지를 냉큼 따르는 것이다. 이제 휴대전화를 들고 따져보자. '최근에 갔던 카페 열일곱 곳의 앱이 전부 필요한가?' 아니라고 생각한다면 카페 앱과 함께 사용한 지 오래되었거나 불필요한 다른 앱도 함께 지우자. 그러면 휴대전화 저장공간이 확보될 것이며, 줄어든 알림에 머리도 한결 가벼워질 것이다.

TIP 2   **SNS 알림 끄기.** 집중력을 흐트러뜨리는 주된 원인이 SNS라는 사실 정도는 다들 알고 있다. 틱톡을 딱 2분만 해야지 했다가 (나처럼) 실패한 사람이라면 누구나 동의할 것이다. 좋아요, 댓글, 메시지 알림이 끊임없이 울리고 있다. 이젠 이런 소음을 줄일 때다. 모든 SNS 알림을 끄자. 그러면 눈곱만큼도 관심 없는 알림을 연이어 받는 대신 원할 때 접속해 직접 확인할 수 있다.

TIP 3   **방해 금지 모드 켜기.** 요즘 휴대전화에는 잠시 모든 알림을 끌 수 있는 '방해 금지 모드' 기능이 있다. 이 기능을 이용해 알림에 노출되는 빈도를 제한하자. 하루 중 정해진 시간 동안 자동으로 '방해 금지 모드'가 켜지도록 휴대전화를 설정해놓으면 된다.

TIP 4 **업무 알림 꺼두기.** 업무 이메일이나 메시지를 받을 때마다 굳이 알림까지 받을 필요가 있을까? 아마 아닐 것이다. 휴대전화에서 모든 업무 알림을 꺼두자. 노트북을 켜두면 되니까.

TIP 5 **무조건 다 끊기.** 전화만 빼고 모든 알림을 끄자. 알림음이든 배너든 하나도 남김없이. 나한테는 이 방법이 딱 좋다. 왓츠앱WhatsApp으로 연락하는 친구들한테는 미안한 일이지만, 나는 알림이 울릴 때가 아니라 내가 원할 때 휴대전화를 확인한다.

TIP 6 **휴대전화 휴가 보내기.** 평화와 고요를 원하는가? 간단하다. 비행기 모드를 켜서 휴대전화를 휴가 보내면 된다.

TIP 7 **잠시 거리 두기.** 소음을 줄이고 싶다면 거리 두기가 최고다. 이상하게 들리겠지만 익숙해질 것이다. 가족, 친구들과 좋은 시간을 보낼 생각이라면, 휴대전화를 멀리 둘 때 해방감을 맛볼 수 있을 것이다. 그렇다고 연락 두절까지는 되지 말고.

앞서 소개한 조언을 따른다면, 숱한 알림 속에서 통제력을 되찾고 일상에서 소음을 줄일 수 있을 것이다. 휴대전화에 쩔쩔매지 말자. 휴대전화는 나를 중심으로 돌아가야 한다.

통제력을 되찾자!

3

28일 만에
긍정적인 사람이 돼보자

　항상 불평만 늘어놓는 친구가 있는가? 지폐 한 장을 줍고도
하필 작은 금액이라며 짜증내는 친구, 어떻게 지내는지 묻는 말
에 한숨을 푹 쉬며 투덜대는 친구 말이다. 우리 모두 살면서 이
런 사람 하나쯤은 만난다. 단번에 생각나는 사람이 없다면, 그렇
다면 내가 혹시…? 그 어떤 것도 본질적으로 좋거나 나쁘지 않
다는 사실을 알아두자. 고대 그리스 스토아 철학에 따르면, 좋다
나쁘다는 단지 우리의 생각이다. 만약 계속 짜증낼 대상만 찾는
다면 당연히 찾을 것이다. 물론 짜증내야 마땅한 때도 있겠지만
그럴 필요 없는 일이 더 많다.

타야 할 열차가 지연됐다면 짜증을 낼 것인가, 아니면 대수롭지 않게 넘길 것인가? 어쩌면 이때를 기회 삼아 사랑하는 이에게 오늘 하루 잘 보내라고, 늦지 않게 출근하기를 바란다고 음성 메시지를 보낼 수 있을 것이다. 게다가 이런 경험은 재미있는 이야깃거리를 만들 기회이기도 하다. 곤경, 실패, 창피를 겪은 사람의 경험담을 들으면 사람들은 내 애기가 아니라며 안도하면서도 은근히 재미있어하지 않을까?

태운 토스트 이론Burnt toast theory 역시 실패를 기회로 삼는 사고방식을 보여준다. 아침에 토스트를 태워버려 다시 토스트를 만든 덕에 자동차 사고를 모면할 수도 있다. 어쩌면 다시 토스트를 만드느라 회의에 늦겠지만, 출근길에 인생의 동반자를 만날 수도 있다. 이럴 때 종종 우주가 나서서 여러분을 지켜준다는 사실을 잊지 말자.

자, 28일 만에 긍정적인 사람이 되는 데 동참하고 싶지 않은가? 고무줄 하나만 챙기면 된다.

TIP 1   **말버릇 알아보기.** 어떻게 지내냐는 말을 들을 때마다 자신이 뭐라고 답하는지 주의를 기울여 보자. 긍정적인 사람으로 변신하는 여정의 시작이다. 특히 '부정적인' 순간에 어떻게 반응하는지 잘 살펴보자. 반응을 적고 휴대전화에 저장해두자. 그러면 평소 언어 습관이 얼마나 부정적인지 놀랄 것이다. 괜히 꾸미지 말고 원래대로 행동하며 파악해야 한다.

TIP 2 **고무줄 끼우기.** 고무줄 하나를 손목에 끼우자. 그런 다음 불평할 때마다 다른 쪽 손목으로 옮겨 끼운다. 28일 동안 고무줄을 한 번도 옮기지 않을 때까지 반복하자. 불평하는 순간, 1일 차부터 다시 시작해야 한다. 변명도, 핑계도 통하지 않는다.

그런데 불평이 뭘까? '문제 해결 방안을 제시하지 않은 채 어떤 사건이나 인물을 부정적으로 보는 행위'를 말한다. 우리는 때때로 분노를 표출할 필요가 있지만, 그저 손 놓고 불평만 한다면 우리 자신, 친구들은 물론이고 상황 해결에 도움이 될까?

나도 직접 고무줄 끼우기를 시도했는데, 시작한 지 며칠 만에 번번이 실패해 고무줄을 다른 쪽 손목으로 옮겨 끼우고 다시 1일 차로 돌아가야 했다. 여러 번 그랬다. 사실, 고무줄을 끼우기 전까지는 내가 불평을 많이 하는 편이 아니라고 생각했다. 그런데 막상 너무나 자주 이런저런 일에 짜증을 내는 내 모습에 당황하고 놀랐다. 옮겨 끼우기를 스무 번 넘게 하다가 조금 감을 잡고 이제는 가능하겠다 싶어 조금 들떠 있을 때였다.

긍정적인 사람으로 다시 태어나려던 나는 갑자기 시험에 들었다. 당시 꽤 바빠서 '주말에는 아무 데도 안 나가고 집에만 있어야지'라고 생각했다. 산책 몇 번 하고 식당에서 음식 좀 포장해와 먹는 조용한 주말을 원했을 뿐이다. 그저 안 바빴으면 했다. 결국 소원대로 되었다. 원하던 방식은 아니었지만 말이다. 나는 독감에 걸려 주말 내내 침대나 소파 위에 누워 이불을 뒤집어쓰고 있어야 했다. 모든 계획이 물거품이 되었다. 너무 속상해서 불평하고 싶었지만 그때 내 손목을 보고 이렇게 생각했다. '뾰족한 수도 없는데 짜증내는 게 도움이 될까?' 그럴 리 없었다. 그래서 원하는 걸 얻었다는 사실에 집중했다. 그러고는 초밥을 1인분 넘게 주문하고 차도 몇 리터나 마시고는 부리토처럼 이불을 똘똘 감고 있었다. 텔레비전 화면에 뜨는 시청 확인 메시지에 '확인'을 누르며 드라마를 몰아보기까지 했다.

나는 언어 습관을 조금 바꾸고 긍정적인 일에 집중하면서 주말을 즐길 수 있었다. 쉽지 않지만 조금만 노력하면 긍정적인 일이 눈에 들어올 것이다. 이것 말고 대안이 또 있을까?

말에 신경쓰자. 그러면 생각이 달라질 것이다.

4

뉴스와의 관계를
재설정하자

텔레비전을 켜거나 휴대전화 뉴스 앱을 열어보자. 헤드라인만 대강 살펴봐도 혼돈, 재앙, 대혼란이 이어지는 모습을 목격할 수 있을 것이다. 무서운 소식, 화재 현장 사진, 가짜 뉴스가 화면을 지배하고 곧 우리도 지배해버린다. 부정적인 뉴스만 강박적으로 확인하는 행위가 스트레스, 불안감 증가와 직접 연관되었다는 조사 결과는 당연해 보인다.[27] 우리는 하나도 놓치지 않으려는 듯 온종일 뉴스를 알리는 매체에 빠져 지낸다. 그런데 무엇을 위해서? 꼭 그럴 필요가 있을까?

뉴스는 사실을 전하기보다는 주의를 끌기 위해 사건과 이야기를 부풀려 각색하는 경향이 있다. 우리는 어떻게든 주의 한번 끌어보려고 안달하는 '주목 경제' 속에서 살고 있다. 이런 전쟁 터에서 '세계 평화' 같은 헤드라인은 살인, 전쟁, 사망, 혼란, 팬데믹을 다룬 뉴스의 절반만큼도 주의를 끌지 못한다. 이런 통념에도 불구하고 『이성적 낙관주의자』의 저자인 매트 리들리는 이런 주장을 펼쳤다.

우리는 지난 세월 상당히 개선된 생활수준을 누리고 있다. 전 세계 인구 중 극빈층이 처음으로 10퍼센트 미만을 기록했다. 내가 태어났을 때는 60퍼센트였다. 아프리카, 아시아가 유럽, 북미보다 더 빠르게 경제 성장을 이룩하면서 글로벌 불평등 역시 크게 줄었다. 아동 사망률도 낮은 수준으로 떨어졌다. 기근은 실질적으로 자취를 감췄다. 말라리아, 소아마비, 심장병 모두 감소세다.[28]

좋은 얘기지만, 심심하다.

'성가신 이민자들이 밀고 들어와 일자리를 빼앗거나 일은 안 하고 범행을 일삼는다.' 뉴스는 이런 이야기를 전하며, 다들 조심하고, 두려워하고, 퍼뜨리고, 뉴스에 더 관심을 가지라고 부추긴다. 결국 공포와 분노를 조장해 공동체를 와해하고 불필요한 긴장감을 조성한다. 이렇게 조회수, 클릭수, 공유수가 늘어간다. 공동체 따위 알게 뭐람?

우리는 현재 일어나는 사건이나 전개되는 일을 언제나 다 알아야 한다고 믿는 함정에 빠지기 쉽지만, 일상에 영향을 미치는 뉴스는 몇 가지 없다. 이쯤에서 '뉴스'가 정신 건강에 미치는 영향을 알아둘 필요가 있다. 아무리 뉴스라 해도 부정적인 것만 접하면 좋을 것이 없다. 오히려 불안감, 우울증, 절망감만 경험하게 될 수 있다. 게다가 세계관이 왜곡돼 좋은 것이란 하나도 없고 세상은 위험한 곳이라고 믿게 된다. 가끔 정말 그렇긴 하지만 말이다. 그러나 리들리가 주장했듯 세상은 지금이 역사상 최고의 번영기다.

좋은 뉴스는 어떨까? 긍정적인 뉴스는 왜 좀처럼 헤드라인을 차지하지 못하는 걸까? 생각해보자. 긍정적인 헤드라인을 언제 봤는지 기억이나 나는가? 이제 지금과는 180도 다르게 긍정적인 일에 집중할 때다. 우리는 영감을 주고 힘이 되는 긍정적이고도 희망찬 이야기에 귀기울일 수 있다. 팟캐스트, 책, 친구와의 대화 또는 전혀 겁낼 필요 없는 소식 등이 모두 새롭게 주의를 기울일 수 있는 훌륭한 대안이다.

나는 (출근길에 정독하는 《파이낸셜 타임스》를 제외하고) 휴대전화에서 뉴스 앱을 전부 지웠다. 집에서도 뉴스를 보지 않는다. 점심시간에 우리 할머니와 통화할 땐 할머니가 말하느냐 아니냐에 따라 뉴스의 중요도를 파악하곤 했다.

최근 뉴스를 세세히 아는 것도 물론 중요하지만, 행복과 분

별력이 위태로워진다면 알 필요가 없다. 뉴스와의 관계를 재설정할 준비가 되었는가? 그렇다면 부정적인 소식을 제외하고 (우리 할머니 말처럼 참고할 게 없어도) 세상일을 알 수 있는 방법이 있다.

TIP 1　**무조건 다 끊기.** 이미 2장에서 소개한 방법이다. 앱을 지우자. 나처럼 필요한 걸 제외하고 다 지워도 좋다. 앱이 여러 개일 필요는 없다.

TIP 2　**뉴스 매체 신중히 고르기.** 뉴스에 정말 관심이 많다면 평판 좋은 매체를 고른다. 클릭을 유도하려 사건을 과장하거나 특정 사건만 보도하는 매체는 거르자.

TIP 3　**뉴스 확인 시간 정하기.** 하루 중 뉴스를 확인하는 시간을 정해보자. 온종일 인터넷 창을 켜놓고 모든 뉴스를 다 볼 필요가 없다. 잊지 말고 뉴스 알림도 끄자.

TIP 4　**디톡스 타임 갖기.** 세상일이 버겁게 느껴지거나 걱정스러운 일이 많을 땐 며칠, 일주일, 한 달쯤 뉴스를 끊자.

TIP 5　**좋은 뉴스 보기.** 영감을 주고 힘이 되는 이야기를 찾아보자. 알고 보면 희망찬 콘텐츠와 뉴스도 많다.

우리는 언제, 어디서, 어떻게 세상일을 접할지 선택할 수 있다. 그러니 뉴스와의 관계를 재설정하자. 소비하는 주체는 바로

나 자신이다. 정보에 바탕을 둔 긍정적인 방식으로 주변 세상에
어떻게 관심을 가질지 선택할 때다.

뉴스라고 해서 다 중요한 것은 아니다.

5

천천히 호흡하자

종류만 다를 뿐 계속 화면을 보고 있다는 느낌이 들지 않는가? 우리는 노트북, 휴대전화, 텔레비전 사이를 오가며 깨어 있는 시간 대부분을 화면 앞에서 보낸다. 이 책을 쓰고 있을 때 나는 카페에서 아이패드를 펴놓고 있었고, 집에 돌아가서는 편히 쉬면서 텔레비전으로 스코틀랜드와 프랑스가 겨루는 럭비 경기를 시청했다. 나는 뇌-컴퓨터 인터페이스 기술이 하루빨리 세상에 나와 자면서도 '넷플릭스'를 보고 싶다. 구글 글래스는 얼마나 개발된 걸까? 어이쿠, 빨리 집에 가서 공원 좀 돌아야겠다.

성인은 (내 생각에 적게 잡은 것 같지만) 하루 평균 일곱 시간

이상 화면 앞에서 보낸다.[29] 화면 앞에 있지 않은 얼마 안 되는 바로 그 순간, 우리는 추억에 잠기고, 자기를 되돌아보고, 계획을 세우거나 미래를 그리는 등 현재와 동떨어진 일을 할 것이다. 그러나 과거는 역사고 미래는 미지의 영역일 뿐, 우리는 선물과도 같은 귀중한 현재 이 순간에 존재한다.

자꾸 집중력이 흐트러지는데도 화면 앞에서만 시간을 보내고 인터넷 세상에 매달리다가 버거운 기분이 드는 나날이 계속된다면, 생각해볼 법한 해법은 명상과 호흡이다. 명상이라는 말에 이상한 반응을 보일 수도 있을 것이다. 해본 적 없는 사람은 감히 해볼 엄두도 못 내거나 '뜬구름 잡는 것' 같다며 '별 기대 안할 것'이다. 사실 이런 사람에게 명상이 필요하다. 나는 전에 수년간 건설 현장에서 일한 적이 있다. (지나치게 성급한 일반화를 저지른) 내 눈에 현장 사람들은 요가나 명상을 하러 갈 '부류'가 아니었다. 그러나 (거의 매번 말 한마디 없이) 차를 여러 잔 마셨다. 아주 많이.

자, 이제 마음 챙김 명상과 호흡을 일상에 더하는 데 참고할 두 가지 조언을 살펴보자.

TIP 1   **차를 한잔하며 마음 살피기.** 차(또는 커피나 좋아하는 음료) 한 잔을 준비하고 화면에서 시선을 돌려 오롯이 차를 음미하는 시간을 갖자. 조용한 야외나 창가에서 맛, 향, 온기 등 오직 차에만 집중하는 것이다. 만약 마음이 어지러워지면 다시 차분히 차에 집중해보자. 차 한 잔에 기운을 되찾을 수 있을 것이다. 일석이조다.

TIP 2 **박스 호흡 하기.** 이 방법이면 16초 만에 혈압을 낮추고 (스트레스 호르몬인) 코르티솔을 줄일 뿐 아니라 극심한 공포와 걱정을 털어버릴 수 있다. 부담감과 스트레스를 줄여 집중력도 높아지고 차분해지는 기분도 느낄 것이다. 바빠도 할 수 있을 정도로 간단하다. 나는 중요한 발표를 앞두고 세 번 반복한다.

방법은 이렇다. 의자에 똑바로 앉아 발을 바닥에 붙이고 등을 등받이에 기댄 채 눈을 감고 손을 배 위에 갖다 댄다. 깊게 호흡하며 배가 나왔다가 들어갔다가 하는 데 집중한다.

1단계　4~6초간 코로 천천히 숨을 들이마신다. 폐로 공기가 들어가는 걸 느껴보자.

2단계　4~6초간 숨을 멈춘다. 이때는 호흡을 삼가자.

3단계　4~6초간 입으로 천천히 숨을 내쉰다.

4단계　집중력이 오르고 차분해졌다는 느낌이 들 때까지 1~3단계를 반복한다.

일상을 살아가며 마음 챙김 명상과 호흡을 하는 건 복잡하지도 오래 걸리지도 않는다. 그저 하루에 몇 분 호흡에 집중하거나 차 한 잔을 즐기는 것만으로도 스트레스를 해소하고 무슨 일이 닥쳐도 헤쳐 나갈 힘을 기를 수 있다.

기억하자. 우리는 매 순간 호흡하며 살아간다.

6

나와의 약속부터 지키자

자신의 삶보다 일이 먼저인 사람이 많다는 사실은 이제 비밀
도 논쟁거리도 아니다. 첫째가 일이고 삶은 뒷전인 것이다. 영국
에서는 팬데믹 이전에도 근로자 중 3분의 1이 일하던 상태 그대
로 책상에서 끼니를 해결한다고 응답했다. 나머지 3분의 2는 필
요하다면 주저 없이 점심을 거른다고 했다.[30] 업무에서 디지털
영역이 점점 많아지는 동안 문제는 더 심각해졌다. 원격 근무자
중 67퍼센트가 하루 중 언제든, 심지어 아플 때도 일할 태세여
야 한다는 압박을 느낀다고 밝혔다.[31]

몹시 암담한 디스토피아가 미래에 펼쳐질 것만 같다. 그러

나 장점도 있다. 세계경제포럼에 따르면, 지금 우리는 일주일에 평균 1.7일 재택근무를 하고 있다.[32] 그 덕에 출퇴근하느라 보냈을 두 시간을 40퍼센트는 업무에, 34퍼센트는 여가에, 11퍼센트는 양육에 쓴다. 우리가 가진 가장 귀중한 자원인 시간으로 마법 같은 결과를 빚어낸다. 팬데믹 탓에 피해 보고, 고생하고, 하루 24시간 대기조여야 한다는 압박감도 있었지만, 시간을 활용할 수 있게 된 것만큼은 선물이다. 함께하는 양육, (분산 근무를 통한) 소외 계층의 업무 참여 기회 향상, 환경 오염 감소, 개인 시간 확보 등 장점이 끝이 없다.

따라서 우리는 우리 자신을 옭아매는 것 같은 디지털 업무 환경을 최대한 활용할 수 있다. 회의나 진료에 시간 맞춰 가듯 나 자신과의 약속을 지키는 것이다. 커피 한잔 할 시간을 내고, 책상에서 일어나 제대로 점심을 먹고, 산책하거나 헬스장에 갈 일정을 잡자. 이때 미안하다는 말은 사절이다. '이메일 하나만 더 확인하자'는 식으로 나 자신과의 약속보다 일을 우선하고 싶을 수도 있겠지만, 자신을 돌보는 데 소홀하면 결국 부정적인 결과를 마주할 것이다. 우리에게 가장 중요한 것은 우리 자신이다. 이 사실을 빨리 깨달을수록 더 행복하고 건강하게 지내는 동시에 생산적으로 일할 것이다. 나 자신을 먼저 돌보지 않는다면 그 무엇도, 누구도 챙길 수 없을 것이다.

예전에 (여기 소개할 정도로) 정말 대단한 리더와 함께 일한

적이 있다. 점심시간에 휴식 일정을 잡아놓던 그는 그 시간에 갑작스러운 회의가 잡히면 이런저런 말을 늘어놓거나 미안해하는 기색도 없이 딱 잘라 거절했다. 이런 상황은 직장에서만 일어나는 일이 아니다. 우리는 원치도 않는 일을 승낙하고 번갯불에 콩 구워 먹듯 나 자신과의 약속을 취소한다. 예스맨이던 나는 거의 모든 제안에 '승낙'하거나 '생각해보겠다'고 하고는 나를 챙기려던 계획을 미루거나 취소했다.

"새로 나온 프랑스 영화 보러 가자!"라는 말에 "좋아"라고 해놓고 영화관에서 코 골다가 일어난 적 있는가? 음, 나는 없는 것 같다.

"월요일 밤에 저 멀리 정반대 지역에서 업무 행사가 있는데, 가실래요?"라는 말에는 집으로 돌아가는 길에 다섯 번이나 환승해야 한다는 사실을 알기 전이라면 무조건 간다고 할 것이다.

"점심시간 특강에 참석하실 거예요?"라는 말은 이제 그만 듣고 싶다. 정말이지 지구상에서 사라져야 할 말이다. 점심과 특강은 별개다. 시간에 쫓들려 느긋하게 점심 한 끼 할 수 없다는 사실이 더 큰 문제다. 게다가 빵 쪼가리 하나 주지 않고 점심시간 특강이라니 이 암울한 지옥은 대체 뭐란 말인가? 점심시간 특강이 아니라 '점심 없는 특강'으로 바꿔야 한다.

이런 상황을 바로잡고 나 자신과의 약속을 먼저 챙기기 위해 참고할 조언을 소개한다.

TIP 1 **일정 잡기.** 달력에 표시해두지 않은 일은 일어나지 않을 지도 모른다. 나 자신을 돌보는 일을 운에 맡기지 말고, 마치 중요한 회의나 약속처럼 일정을 잡는다. 나만 해도 일정을 안 잡은 일이나 아침에 놓치고 넘어간 일은 퇴근 후까지도 좀처럼 마치지 못한다.

TIP 2 **우선순위 파악하기.** 최고의 자신과 마주하기 위해 매일 무엇을 해야 하는지 알지 못한다면, 어떻게 모든 활동의 우선순위를 매길 수 있겠는가? 도움이 되는 활동을 파악하고 무조건 자신을 먼저 챙겨야 한다(11장 참고).

TIP 3 **확실하게 거절하기.** 뭔가 요청을 받을 때, 답은 당연히 '네' 아니면 '아니오'다. '생각해볼게요'라든지 '될 것 같아요'라는 말은 나 자신을 돌볼 시간을 줄일 뿐이다. 공손하지만 확실하게 '거절'해야 나 자신을 돌보고, 나와의 약속을 지킬 여유가 생긴다. 기억해두자. 지금의 거절은 미래의 나를 위한 자산이다.

TIP 4 **추적하며 반성하기.** 한 친구가 전에 "기록을 보면 자극받고 발전한다"고 했다. 맞는 말이다. 가장 먼저 챙길 일을 적어두고 완료 기록을 추적해보자. 다이어리 플래너와 비슷한 해빗 트래커Habit tracker(습관 기록지)를 이용해 챙겨야 할 일을 의식하며 완료 여부를 꼼꼼히 기록하면 된다. 나는 매일 하루를 정리하며 해빗 트래커를 확인한다. 거짓 없는 완료 기록을 보며 반성하고 더 나은 내가 되는 계기로 삼는다. '어디 보자. 오늘 걸음 수가 부족한데, 왜 이렇게 되었지?' 아마 열세 개나 되는 화상 회의 때문이었는지도 모르겠다.

TIP 5 **건강하게 생활하기.** 건강을 챙기는 건 이기적인 일이 아니다. 사실 다른 걸 챙기는 데 비하면 별로 이기적이지도 않다. '건강하게 생활'하며 나 자신부터 돌보자. 그래야 다른 사람을 도울 수 있다. 구명조끼와 비슷하다. 구명조끼도 내가 먼저 입어야 다른 사람을 도울 수 있기 때문이다. 구명조끼를 안 입으려 한다면 남에게 도움은커녕 방해가 될 뿐이고 그 무엇도, 누구도 돌볼 수 없을 것이다.

나 자신을 돌보는 건 이기적이지 않다. 오히려 그 반대다. 무엇보다도 나 자신과의 약속부터 지킨다면, 업무든 일상이든 능숙하게 헤쳐 나갈 뿐 아니라 어디서나 잘 지낼 것이다.

세상에서 제일 훌륭한
스트레칭을 해보자

전 세계적으로 17억 명이 근골격계 질환, 그중에서도 특히 하부 요통에 시달린다.[33] 항상 남들과 다른 구석이 있던 나는 상부 요통으로 고생한다. 그건 그렇고, 재택근무가 늘고 책상에 앉아 생활하는 시간이 길어지면서 많은 사람이 머리에서 어깨와 무릎을 지나 발까지 뻐근하고 경직되어 있다는 느낌을 받는다. 이런 느낌을 조금이나마 줄일 수 있는 스트레칭이 있다면 좋을 텐데.

자, 세상에서 제일 훌륭한 스트레칭을 소개한다. 한 번에 여러 근육을 공략하는 전신 스트레칭이다. 허리와 등, 둔근, 둔부의 긴장을 완화시켜준다. 언제 어디서나 할 수 있다. 휴대전화를 내려놓고 노트북에서 물러나 함께 해보자. 영상이 필요하다면 유튜브에 수두룩하다.

스트레칭은 이렇게 하면 된다. 오른쪽 다리를 앞으로 내디뎌 런지 자세를 취한다. 이때 발바닥을 땅에 단단히 붙인 상태에서 (감을 잡기 위해 맨발로 하는 게 좋겠지만 사무실이라면 신발은 벗지 말고) 무릎을 90도로 구부려야 한다. 이어서 양손을 편 채 오른쪽 무릎 안쪽 바닥을 짚어 둔부가 당기는 느낌을 받아보자. '오, 그래, 이거군.' 입을 꾹 닫고 있을 필요는 없다. 호흡도 하고 너무 당기면 소리를 내도 된다.

이제, 오른손을 바닥에서 떼고 팔꿈치를 구부려 오른발 옆에 최대한 가까이 두자. 등을 둥글게 말지 않도록 주의해야 한다. 그 상태에서 런지 자세를 유지하며 왼쪽 손바닥으로 몸을 지지한 채 상체 전체를 오른쪽으로 돌린 뒤 오른팔을 천장을 향해 들어 올리자. 이때도 등을 둥글게 말지 않도록 주의하면서 오른손 끝으로 시선을 옮긴다. 짜잔, 코어에 힘이 들어갈 것이다.

상체를 원위치로 돌리고 오른팔을 내려 몸 앞에 두자. 마지막으로 구부렸던 오른쪽 다리를 뒤로 쭉 펴서 플랭크 자세를 취한 뒤 왼쪽 다리를 구부려 전체 과정을 반복하면 된다. 숨을 깊이 들이마셨다가 내쉬면서 (그때그때) 당기는 느낌을 받으며 같은 동작을 몇 초간 유지해야 한다. 스트레칭에 집중하자. 지금만큼은 나를 위한 시간이다. 그 무엇도, 누구도 지금 당장은 중요하지 않다.

세상에서 제일 훌륭한 스트레칭을 규칙적으로 하다 보면 유연성을 기르고 코어를 강화하면서 온종일 허리와 둔부에 쌓인 긴장을 풀 수 있을 것이다. 이 스트레칭은 자세를 바로잡아주고 뻣뻣한 관절을 이완해 낮에 오랫동안 앉아 있거나 장요근이 뻐근한 사람에게 특히 좋다. 상부 요통으로 고생하는 내게도 잘 맞는다. 게다가 잠깐이나마 나 자신에게 집중할 수 있어 좋다. 정신 팔 데도, 신경쓸 것도 없이 그저 '호흡'만 내뱉을 뿐이다.

지금 소개한 스트레칭은 시간이 없을 때도 할 수 있다는 점에서 정말 완벽하다. 일상에서 스트레칭을 좀 더 하고 싶다면 다음 조언을 참고하면 된다.

TIP 1　**바닥으로 옮겨가기.** 텔레비전 앞에 요가 매트를 펴고 그 위에 앉아보자. 매트 위에서 긴장을 풀고, 즐겨 보는 프로그램을 몰아보면서 스트레칭을 할 수 있다. 다섯 시간 동안 소파에 몸을 구기고 있는 것보다 낫다.

TIP 2　**화장실에서 스트레칭하기.** 스트레칭을 또 다른 활동과 합쳐보자. 화장실에 갈 때마다 상체를 앞으로 굽혀 발끝까지 손이 닿게 하는 것이다. 물론 일을 보면서 그러라는 소리는 아니다. 화장실에 재앙이 일어날 테니 말이다. 우리는 하루에 여덟 번 정도 화장실에 간다. 화장실에 갈 때마다 상체를 조금씩 앞으로 구부리는 스트레칭을 한다면, 어느새 손이 발끝에 닿는 걸 발견하고 놀랄 것이다.

스트레칭에 신체 건강 유지, 부상 방지 등 여러 장점이 있다는 건 이미 잘 알려져 있다. 그러나 우리는 해야 할 일 가운데 가장 흥이 나지 않는다는 이유로 신체 활동을 뒷전으로 밀어놓는다. 앞서 소개한 조언을 참고하고, 시간이 부족할 때는 여러 근육을 동시에 공략하는 세상에서 제일 훌륭한 스트레칭을 해보자.

오늘부터 시작하는 건 어떨까? 몸과 마음이 모두 달라지는 기분이 들 것이다!

8

입꼬리를 올리자

최근에 언제 무슨 일로 시원하게 웃었는지 기억나는가? 열차에서 낯선 사람에게 예의상 지어 보이는 미소나 사원증 사진을 찍을 때 짓는 (과장된) 가짜 미소 말고, 광대뼈가 얼얼할 정도로 웃는 진짜 웃음 말이다. 어른이 되고 나서는 점점 이런 웃음에 인색해지는 것 같다. 나만 해도 세금을 낼 필요가 없다면, 요통을 신경쓸 필요가 없다면, 하루하루 걱정 없이 산에서 들에서 뛰놀 수 있다면 아마 더 많이 웃을 것이다. 우리는 자라면서 어느샌가 자연스레 웃곤 하던 자신을 잃어버리는 것 같다. 눈물 날 정도로 박장대소한 적이 마지막으로 언제였던가? 기억은 하나?

그러나 단순히 사람 좋아 보이거나 출퇴근길에 괜히 이상한 사람 취급당하는 것 말고 웃음에 숨은 효과가 있다면 어떻게 하겠는가? 웃으면 몸과 마음에 생리학적 변화가 일어난다. 뇌에서 행복 호르몬인 도파민, 엔도르핀, 세로토닌이 생성되는 것이다.[34] 그 결과, (장점이 셀 수 없을 정도지만 굳이 꼽자면) 스트레스와 불안감이 줄어들고, 면역력이 강해지고, 기분이 좋아진다. 놀랍게도, 가짜 미소를 지어도 이런 긍정적인 효과를 경험할 수 있다고 한다. 이를 드러낼 정도로 환하게 웃자. 그러면 앞서 소개한 효과를 고루 갖춘 새로운 영양보충제가 출시되기를 기다릴 필요가 없으니 말이다.

재미난 사실이 하나 있다. 웃을 때 이득을 보는 게 나 자신의 몸과 마음만은 아니라고 한다. 연구에 따르면, 남이 웃는 걸 봐도 뇌에서 저절로 행복 호르몬이 생성되기 시작해 똑같이 긍정적인 변화를 경험한다고 한다. 정서 전염Emotional contagion이라고 하는 현상인데, 찡그리거나 노려보는 얼굴보다 행복하게 웃는 얼굴을 보면 자신도 모르게 기분이 좋아지고 긍정적으로 생각하게 된다.

그러면 어떻게 해야 일상에서 더 많이 웃음으로써 행복 호르몬이 안겨주는 효과를 누릴 수 있을까?

TIP 1 **의식하며 더 자주 웃기.** 그럴 기분이 아니더라도 의식적으로 더 자주 웃으려고 노력해보자. 미국 캔자스 대학교에서 실시한 연구에 따르면, 가장 즐거운 상태가 아닐 때조차도 웃으면 실제로 기분이 좋아지고 스트레스가 줄어든다고 한다.[35] 일부러라도 웃으면 뇌를 속여 행복 호르몬을 생성하니 결국 진짜 웃는 셈이라는 것이다. '하다 보면 되는 것 같다'는 사람들 말이 맞는 것 같다. 오, 과학이란!

TIP 2 **행복 릴레이 시작하기.** 매일 더 많이 웃으려면 남들에게 웃어 보이려고 노력을 기울이는 것도 한 방법이다. 누군가와 마주칠 때마다 기분에 상관없이 웃으며 따뜻하게 인사를 건네보자. 이 단순한 행동에는 짐작조차 못 할 많은 의미가 담겨 있다. 상대에게 그날 하루 첫인사이자, 어쩌면 현실에서 직접 마주하는 첫 소통일지 모른다. 점점 디지털화 되어가는 세상에서 잠깐의 인사는 큰 변화를 일으킬 수 있다. 오직 본인의 행복만 중요한 사람들이 알아둘 게 있다. 남을 향해 웃어 보이자. 그러면 그걸 본 상대방도 싱긋 웃을 테고, 앞서 소개한 행복 호르몬이 이어달리기하듯 퍼질 것이다.

TIP 3 **웃으며 들어가기.** 자, 이제 조금 어려운 단계다. 어딘가에 들어설 때마다 (화상 회의라도) 활짝 웃자. 처음에는 이상하겠지만 남들도 화답해주며 금방 자연스러워질 것이다. 삶은 거울과 같아서 내가 웃으면 남들도 같이 웃어준다는 사실을 명심하자.

출근해서 세 시간 동안이나 예산 회의를 하는 가운데 하하호호 하는 사람은 아마 없을 테지만, 단 한 번도 웃지 않는 사람 역시 없을 것이다. 그러니 배트맨에 등장하는 악당 조커처럼 이렇게 묻겠다. "왜 그리들 심각하지?" 웃으려 노력해보자. 웃다 보면 기분이 좋아지고, 사람들과 잘 지내고, 세상을 달리 바라보는 등 긍정적인 효과에 깜짝 놀랄 것이다. 테레사 수녀는 "우리는 조용한 미소가 주는 선한 영향이 얼마나 많은지 미처 깨닫지 못한다"고 말했다. 잠깐, 조커와 마더 테레사가 한 문단 안에 등장하는 일은 이번이 처음 아닌가? 생각하니 웃긴 일이다.

자, 다들 무엇 하고 있는가? 입꼬리를 올리자!

9

빵 한 봉지를 걸어두자

오늘날 우리는 날마다 수천 개에 달하는 광고 폭격을 받는다. 저마다 우리 삶에 불편한 부분을 채워주겠다고 약속하며 제품을 판매하려는 광고들이다. 1970년대 미국의 일일 평균 광고 노출량은 1인당 약 500건이었다. 많아 보이겠지만 별거 아니다. 지금은 5,000건 이상이다. 깨어 있는 동안 10초당 거의 한 번꼴로 광고를 접하는 것이다.[36] 그러는 동안, 돈으로 행복을 살 수 있으니 행복해지려면 더 소비해야 한다는 사고를 계속 주입받는다. 그렇다. 돈만 있으면 행복은 내 것이다. 그러나 가지고 또 가져봐야 일시적인 평온이며 금세 사라지고 마는 덧없는 행복임을 다들 마음 깊이 알고 있다.

그렇다면 행복을 여는 진짜 열쇠는 무엇일까? 답은 우리 안에 있다. 바로 감사하는 마음이다. 감사할 줄 알면, 자신에게 부족한 것이 아니라 이미 가진 것에 집중할 수 있다. 일상 속 작은 것의 가치를 인정하고 만족감과 기쁨을 키울 수 있는 것이다. 가장 좋은 점? 돈 한푼 들지 않는다. 감사한 마음으로 살며 진정한 행복을 경험할 수 있는 간단한 방법 두 가지가 있다. 특별한 기술도, 많은 시간도, 자원도 필요하지 않다. 감사할 줄 아는 마음을 키워나가려는 의지만 있으면 된다. 자, 빨리 시작하자.

TIP 1   **감사한 일 세 가지 적기.** 잠자리에 들기 전에 그날 하루 감사한 일 세 가지를 적으면 감사하는 습관을 들일 수 있다. 단순히 비바람 피할 집, 몸을 누일 잠자리, 맛있는 한 끼, 사랑하는 이와의 통화, (이미 이 책을 읽고 배운 대로 웃어 보이는) 누군가의 미소에 감사할 수 있다. 가끔은 떠올리는 데 시간이 걸릴 수도 있지만, 하루를 어떻게 보냈든 감사할 일은 항상 있다. 마음을 다잡고 삶의 밝은 면에 집중하자. 습관적으로 보던 부정적인 것에서 시선을 돌려 긍정적인 것만 눈에 담을 수 있다.

TIP 2   **선행 베풀기.** 선행이란 보상을 바라지 않고 누군가를 위해 친절을 베푸는 행위다. 우리는 선행을 통해 남을 도와주는 건 물론이고 다들 잘 알고 있는 행복 호르몬을 생성할 수 있다. 크리스마스나 기념일 선물에 관해 생각해보라. 주는 게 좋은가, '똑같은 걸 또 받아도' 받는 게 좋은가? 굳이 알려줄 필요는 없다.

선행을 베풀 때 대상을 정해놓지 않을 수도 있다. 누군가를 위해 문을 열어주고, 어르신의 장바구니를 들어주고, 뒤에 줄 선 사람의 커피값을 대신 계산하는 식이다. 나는 선행에 관한 생각을 떠올리며 이런 일을 한 적이 있다.

나는 카페에서 커피를 주문한 후 주위를 둘러보다가 뒤에 있는 사람에게 뭘 마시겠느냐고 물었다. 처음에 그 사람은 화요일 오전 7시 50분에 문신한 민머리 남자가 대뜸 말을 거는 데 놀란 것 같았지만, 이내 감사를 전했다. 그곳에 있던 사람 모두 고개를 들었다가 작은 소동을 알아채고는 미소 지었다. 나는 가벼운 발걸음으로 길을 나섰고 온종일 크나큰 감사를 느꼈다. 카페를 떠나기 전엔 뒤에 서 있던 그 사람에게 이렇게 말했다. "선행을 베푸세요. 오늘 제가 한 것처럼 누군가에게 커피 한 잔을 사보는 겁니다." 우리는 오늘 어떤 선행을 베풀 수 있을까?

그건 그렇고, 이번 장 제목이 무슨 뜻인지 궁금한 사람이 많을 것이다. 안 그런가? 튀르키예에서는 빵 한 덩이를 살 때, 추가로 한 덩이 값을 더 낼 수 있다. 그러면 빵집 주인이 추가로 계산한 빵 한 봉지를 옷걸이에 걸어둘 것이다. 이것을 '아스크다(옷걸이) 에크멕(빵)'이라고 한다. 형편이 어려운 사람이 지나가다

옷걸이에 걸린 게 뭐냐고 물어볼 수 있을 테고, 그러면 그는 공짜로 빵을 하나 얻을 것이다. 허기가 채워지고, 인정 넘치는 공동체가 된다. 마찬가지로 정신 건강에 관해 이야기를 나눌 때에도 사람들에게 안부를 묻고 그들에게 좋은 모습을 보여준다면 당신도 관대한 행동을 하는 셈이 된다. 도움이 필요한 사람에게 우리가 보여주는 용기와 솔직함은 옷걸이에 걸린 빵과 같다. 그러니 오늘은 어떻게 하면 빵을 걸어둘 수 있을지 생각해보자.

건강도 행복도 모두 감사하는 마음에서 비롯한다. 감사하는 마음을 품고 선행을 베풀다 보면, 주변에 긍정적이고 선한 기운을 퍼뜨릴 수 있다. 그러니 당장 시작하는 게 어떨까? 잠시 시간을 내어 감사할 대상을 곰곰이 생각하고 주변 사람들에게 선행을 베풀 방법을 찾아보자. 자신뿐 아니라 주변에까지 큰 변화가 생기는 걸 보고 놀랄 것이다.

나는 지금껏 감사하는 습관을 들이며 툴툴대는 사람을 본 적이 없다. 밑져야 본전인데 감사하며 사는 건 어떨까?

10

다가가자

하루가 다르게 변하는 세상에서 우리는 사람들 사이의 교류가 얼마나 중요한지 놓치기 쉽다. 우리는 다음 일정을 시작하기 전에 누군가와 함께 앉아 대화를 나누기는커녕 커피 한잔도 잘 마시지 않는다. 스마트폰, SNS, 메시지 앱 등 사람 사이를 연결해주는 기술 덕분에 교류하기는 더 쉬워졌다. 그러나 여러 연구에 따르면, 특히 청년층에서 외로움이 번지고 있다고 한다. 최근에는 18~25세 청년 중 61퍼센트가 거의 항상 외로운 것 같다고 답했다.[37] 연결의 역설이다. 팬데믹 때문에 어쩔 수 없이 거리 두기를 하며 고립되었고, 그 이후로 많은 사람이 고치 속에 꼭꼭

숨은 누에처럼 바깥세상으로 모험을 나서지 않기 때문이다.

혼자일 때 외롭다고 느끼기 쉽다. 외로움이라는 게 원래 그렇지 않은가? 그러나 여러 자료에 따르면, 우리는 그런 외로움과 거리가 멀다. 신기하게도 우리는 사람들과 부대끼면서도 외롭다고 느낀다. 나는 이게 오히려 다행이라고 생각한다. 어떤 이는 혼자서도 잘 산다고, 내향형 인간이라고 생각할지 모르지만, 그 누구도 섬처럼 외따로 떨어져 살 수 없으며 힘들 땐 어딘가에 기대고 싶어진다. 그래서 사랑하는 이에게 더 다가가야 한다. 메시지 한 통, 산책하는 동안의 짧은 전화 통화만으로도 상대를 생각하고 있다는 인상을 줄 수 있다.

이런 소소한 교류는 하루 24시간 중 아주 잠깐이겠지만, 상대에게는 큰 의미로 느껴질 수 있다. 친절한 말 한마디, 다정한 손짓 하나가 누군가에겐 크나큰 영향을 미칠 수 있는 것이다. 상대는 자신이 그저 많은 사람들 중 하나일 뿐이라는 느낌을 잠깐이라도 지울 수 있다. 이걸 보면 직장에 '마음을 나눌 친구'가 있을 때 왜 직장 만족도가 두 배 더 높고 퇴사 확률이 30퍼센트가량 낮은지 알 수 있다.[38] 또한 회의 발표 중에 상황에 딱 맞는 재미있는 이미지 하나만 보여줘도 사람들은 마음속 빗장을 쉬이 푼다. 나는 개인적으로 한 만화 캐릭터가 머쓱한 나머지 "어, 그래…"라고 말하며 덤불 속으로 사라지는 이미지를 좋아한다.

나는 팬데믹 동안 하루도 빼놓지 않고 점심때마다 우리 할머니와 전화 통화를 했다. 봉쇄 조치 초기에 정한 단순한 일과였지만 이후로도 계속했다. 그러던 중 할머니가 아파서 며칠 동안 통화를 못 하게 되었고, 그제야 할머니와의 통화가 내게 얼마나 큰 의미인지 깨달았다. 통화하지 못하는 날에는 공허하고 외로웠다. 내가 할머니와의 교류를 얼마나 가치 있게 여기는지, 전화 통화라는 교류가 할머니와 나 우리 둘에게 얼마나 큰 의미인지 생각해볼 수 있었다. 앞서 말했듯, 할머니는 내가 이 책을 쓸 때 세상을 떠났다. 소중한 사람과 언제 마지막 작별을 할지 모르는 일이다. 그러니 다들 사랑하는 이에게 전화를 걸어보자.

남에게 다가가는 게 상대방 기분을 좋게 해주는 것, 즉 진정으로 이타적인 행동이라고 생각하기 쉽다. 그렇다. 우리는 정말 좋은 사람들이다! 그러나 사실은 우리 자신에게도 중요하다. 교류가 있어야 소속감과 목표 의식이 생긴다. 5만 년도 더 전에, 부족에서 쫓겨난 우리 조상은 추위에 떨다 죽거나 탐욕스럽고 배고픈 사자들의 먹이가 되었다. 배척과 고립이 곧 죽음이던 옛날 옛적 신경화학물질 흐름은 지금도 그대로다. 고립된 상태에서 우리는 불쾌한 기분은 물론이고 그 이상을 경험한다. 빨리 나이 들고, 더 피곤해하며, 자주 잔병치레하다가 26퍼센트나 더 높은 확률로 이른 나이에 생을 달리할 것이다.[39] 세상에!

그러니 버거운 기분이 들고, 스트레스가 쌓이고, 어쩐지 울적할 때는 마음 가는 사람에게 먼저 다가가 보자. 길게 대화할 필요도, 거창한 일을 벌일 필요도 없다. 간단한 메시지나 전화 통화로도 세상에 변화를 일으킬 수 있다. 덤으로 누군가의 하루를 행복하게 해줄 수 있을지도 모른다. 주변 사람들에게 자주 다가갈 수 있는 실질적인 조언 몇 가지를 살펴보자.

TIP 1 **일정 잡기.** 매일 전화 통화를 하든 매주 직접 만나든 열일 제쳐두고 사랑하는 이와 정기적으로 만나도록 하자. 다이어리에 일정을 잡자. 다들 알다시피, 일정에 기록하지 않으면 행동으로 옮기지 않을 수도 있기 때문이다.

TIP 2 **디지털 기술 이용하기.** 디지털 기술은 얼굴을 마주 보는 직접적인 상호작용과 같을 수는 없지만, 멀리 사는 친구나 가족과 교류하는 데는 매우 유용할 수 있다. 그렇다 해도 누군가와 화면을 사이에 두고 만나는 건 직접 만나는 것에 비할 바는 아니다. 옛날 방식이 더 좋을 때도 있다는 사실을 잊지 말자.

TIP 3 **온전히 집중하기.** 누군가에게 30분 동안 반쪽짜리 관심을 주느니 15분 동안 온전히 집중하는 게 더 낫다. 이메일을 확인하거나 키보드를 두드리면서 대화하는 것은 최악이다. 멀티태스커들 들으라고 하는 소리다. 누군가와 대화할 땐 온전히 상대방에게 집중하자. 경청하고 진짜 반응을 보여주는 것이다.

TIP 4 **솔직해지기.** 살기 힘겨운 데다 고립감이나 외로움까지 느끼고 있다면, 믿을 수 있는 사람에게 다가가 지금 자신이 어떻게 지내고 있는지 털어놓자. 그러면 상대방은 어떤 방식으로든 할 수 있는 한 기꺼이 도우려 할 것이다. 사람들은 생각보다 따뜻하다! 반대로, 힘겨워하는 사람이 보이면 먼저 다가가자.

살면서 교류를 잊지 않고 챙긴다면, 가장 힘든 시기에도 나 자신을 지탱해줄 소속감과 목적의식을 키워 나갈 수 있다. 수렁에 빠진 기분일 때 곁에 누군가 있기만 해도 충분할 수 있다. 그러니 휴대전화를 들고 누군가에게 메시지를 보내거나 전화를 걸자. 이 작은 행동이 상대방은 물론, 우리 자신에게 얼마나 큰 의미인지 짐작도 못 할 것이다.

"여보세요?"

타협하지 말자

우리는 한 주를 겨우 보내고 마침내 주말을 맞이하면 최대한 여러 가지를 하려 애쓴다. (별 이유는 없지만 어디 한번 '미'로 시작하는 일만 생각해보면) 미용실 가기, 미술 전시회 관람하기, 미국 팝스타 내한 공연 즐기기 등 참 많다. 주말은 시간을 짜내고 또 짜내서 조금이라도 더 재밌게 지내야 제맛 아닌가? 열심히 일한 만큼 열과 성을 다해 노는 거다. 그러니 일요일 저녁만 되면 내일 출근할 생각에 암울해지는 것도 당연하다. 스웨덴 출신 DJ 아비치의 〈웨이크 미 업Wake Me Up〉이 차트 1위를 했던 2013년 이후로 우리는 한숨 좀 길게 돌린 적이 없다. 일과 약속이라는 챗

바퀴 속에 갇혀 나 자신을 돌볼 시간을 거의 또는 아예 내지 못한다. 나중에 만회할 수 있다고 생각하면서 자기 챙김에 소홀한 것이다. 이러면 멀리 가지 못한다. 짧은 시간일지라도 신체적, 정서적, 정신적 건강을 무시하면 생산성, 창의성은 물론이고 삶의 질에도 악영향을 받을 것이다. 당연하다.

거의 다들 평일, 주말 가릴 것 없이 자유 시간이 생길 때면 하루 날 잡아 즐거움을 만끽하려고 한다. 나는 이런 경향을 깨보려고 주말까지도 꼭 지키는 타협할 수 없는 자기 챙김 일정을 정해 놓았다. 하루도 빼놓지 않고 지킨다. 그 무엇보다 먼저 챙기고, 갑작스레 일이 생겨도 타협하지 않는다. 그러지 않으면 얼마 지나지 않아 신체적, 정서적, 정신적으로 문제를 경험하기 때문이다. 최고의 자신으로 거듭나기 위해 일종의 계좌를 열었다고 생각하자. 계속 인출해도 좋지만, 그러면 결국 잔고가 바닥 나 빚을 지게 될 것이다. 안 될 일이다. 매일 조금씩 저축해 잔고를 두둑이 남겨둬야 한다. 어떻게 하면 좋을지는 이번 장 후반부에 좀 더 알아보도록 하자.

삶이 시시때때로 변하는 탓에 나는 나만의 타협할 수 없는 일정을 유연하게 실천해 나간다. 조율하는 것이다. 매일 일정대로 움직이려고 최선을 다하지만 그러지 못할 때도 있다. 그러나 이런 예외 상황을 가만히 보고 있지만은 않는다. (여러분을 위해 쓴) 이 책과 관련해 출판사와 논의할 게 있어 열두 시에 산책할 수 없다고 해보자. 그러면 대신 오후 네 시로 일정을 바꾸고 그때만큼은 꼭 산책하러 나간다.

(여러분과 다를 게 뻔한) 나만의 타협할 수 없는 일정을 소개한다.

오전 여섯 시경 기상하기 - 평일

(필요하다면 주말에는 늦게까지 자는 편이다)

찬물 목욕이나 샤워하기 - 매일

명상하기 - 매일

녹색 채소, 보충제 섭취하기 - 매일

감사와 반성의 글 쓰기 - 매일

스트레칭하기 - 매일

운동하기, 1만 보 걷기(둘 다 또는 둘 중 하나) - 매일

아침 햇볕 쬐기 또는 자연광 램프 이용하기 - 매일

24시간 단식하기 - 매달 1회

독서하기 - 매달 네 권

나는 이 일정을 오전에 거의 다 해치운다. 알람시계를 끄고 부리토라도 된 듯 이불을 둘둘 말고 오전 일곱 시 넘어서까지 잘 때면 온종일 일정을 지키느라 바쁘다. 늦잠을 자서 아침 일정에 방해를 받은 날에는 퇴근하고 나서 일정을 지킬 에너지며 의지

며 열망을 거의 찾아볼 수 없다. 그래서 꼭 오전 여섯 시 전에 일어나야 한다. 아침 일찍 이불 밖으로 발을 쭉 뻗어 바닥을 딛고 일어서면, 하루를 기분 좋게 보낼 것 같은 예감이 든다! 다들 스스로 타협할 수 없는 일정을 계획할 때 나처럼 꼭 지켜야 할 일도 챙기기 바란다.

타협할 수 없는 일정을 정해두면 바빠도, 회의가 연이어 있어도, 약속이 많아도 자신을 챙길 수 있다. 그러나 앞서 소개한 내 일정을 그대로 따르면 안 된다. 안 맞을 수도 있기 때문이다. 누군가에게 맞는 게 다른 사람에게는 안 맞을 수 있는 법이다. 그러니 저마다 잘 맞는 활동을 골라야 한다. 나 자신만의 타협할 수 없는 일정을 계획해보자.

TIP 1 **회상하기.** 과거 몇 달 동안 넘치는 에너지를 가득 안고 전력을 다해 최고의 자신을 경험했던 행복한 순간이 있었는지 떠올려보자. 거리를 걸으면서도 챔피언이 된 듯한 기분이 들어 그 누구도 앞길을 막을 것 같지 않다고 생각한 적이 있을 것이다. 언제 그런 기분이 들었는지 써보자. 구체적으로.

TIP 2 **작게 시작하기.** 앞서 소개한 내 일정처럼 한두 개 정도는 일상에서 할 수 있을 정도로 쪼개보자. 자기 계발 전문가 제임스 클리어가 말한 아주 작은 습관의 힘[40]을 경험할 수 있는 방법이다. 예를 들어 근처 잔디밭을 매일 걷다 보면 나중에는 운동화 끈을 꽉 묶고 더 멀리까지 나갈 수 있을 것이다. 어쩐지 쉽게 느껴지지 않는가?

TIP 3 **시간 지키기.** 나만의 타협할 수 없는 자기 챙김 일정을 매일 같은 시간에 지키도록 노력하자. '나중에 하면 되지'라는 태도로는 일정을 아예 지킬 수 없다. 훗날을 기약할 것이 아니라 지금 당장 타협할 수 없다는 사실을 잊지 말자.

TIP 4 **추적하며 반성하기.** 기록을 보면 자극받고 발전한다. 그러니 거짓 없이 완료 기록을 해보자. 나는 구글에서 내놓은 해빗 트래커를 사용하며 지금껏 많은 도움을 받았고 나 자신을 있는 그대로 돌아볼 수 있었다.

TIP 5 **유연하게 대응하기.** 계속되는 삶 속에서 '타협할 수 없는 일정'을 지킬 수 없는 날도 있을 것이다. 그렇다고 자신을 다그칠 필요는 없다. 내일 다시 일정대로 지내는 걸 목표로 삼으면 된다. 힘내자!

TIP 6 **실험하기.** 타협할 수 없는 일정에 여러 가지를 넣어보고 무엇이 가장 잘 맞는지 알아보자. 독서, 요가 등 뭐든 괜찮다. 지금 맞는 게 내년에는 안 맞을 수도 있다. 좋은 징조다. 성장하고 있다는 뜻이다!

TIP 7 **SNS에 공유하기.** 타협할 수 없는 일정을 친구나 가족에게 알리자. 좀 더 용기가 있다면 SNS에 공유해도 좋다. 계획을 지키는 데에는, 자초한 감이 없지 않은 압박감만 한 게 없다.

TIP 8 초심 잃지 말기. 타협할 수 없는 일정을 왜 지키기로 했는지를 기억하고, 최고의 자신이 된 느낌이 들었던 때를 떠올리도록 하자.

나는 뛰어난 자기 챙김 전문가 마크 멀리건Mark Mulligan 덕에 최고의 자신을 위한 계좌를 (혼자 또는 사람들과 함께) 꾸려나가는 법을 알았고, 지금까지 유용하게 잘 써먹고 있다.

우리는 보통 집, 차, 파트너, 직업처럼 외적인 것을 손에 넣고 싶어 할 뿐, 그것이 우리에게 어떤 의미이고 어떤 영향을 주는지에 대해서는 별로 생각하지 않는다.

그것은 매우 우려스러운 태도다. 사실 이렇게 원하는 걸 정해놓고 실현하려고 노력할 수 있다. 나도 그런다. 그러나 과정을 생각할 새도 없이 도장 깨기 하듯 목표를 이루는 게 능사는 아니다.

재능을 발휘해 끊임없이 노력해도 세상의 갑작스러운 방해에 놀랄 수 있다. 야망을 이루는 데는 보상보다 대가가 클 수도 있다. 목표를 달성해 바라던 것을 모두 손에 넣어도 뭔가 부족하다는 생각을 하게 될 수도 있다는 말이다.

1단계 우리는 보통 하나를 달성하고 나면 다음으로 넘어간다. 이젠 목표에 도달했을 때 어떤 감정을 느끼고 싶은지 집중해보자. 최고의 나 자신을 그려보자. 조금만 다르게 바라보면 된다. 최종 목표를 염두에 두되 이뤄가는 과정에서 어떤 감정을 느끼고 싶은지 생각해보자는 것이다.

2단계 감정을 생각해보라고 하면 사람들은 '뿌듯하다'거나 '기쁘다'는 식으로 한 단어를 떠올리곤 한다. 또 어떤 사람은 인물 하나를 그리고 '승승장구한다'라든지 '주인공이 된 듯하다'는 구절을 생각해낸다. 가끔은 단어만으로는 형용할 수 없는 감정을 상상할 때도 있다. 손짓, 발짓, 소리로 분명히 표현해도 좋다. 놀랍게도 최고의 나 자신이 둘 이상 떠오른다면 그중 하나에만 집중하자.

3단계 최고의 나 자신을 상상하며 그런 모습을 이뤄냈던 때를 돌이켜보자. 잠시 그때로 돌아가 과거의 자신을 바라보는 것이다. 어디에서 무엇을 하고 있었나? 혼자였나? 잠시 곰곰이 생각해보자. 무엇을 보고 들었나? 무슨 냄새를 맡았으며 어떤 기분이 들었나?

이제 '최고의 자신을 위한 계좌'라는 개념을 바탕으로 가장 큰 영향을 미치는 것, 즉 남다른 변화를 일으킬 수 있는 단순하지만 실질적인 변화를 이야기하려고 한다. 어떤 건 유용해서 잔고를 늘리겠지만, 방해만 되어 잔고를 줄이는 것도 있을 것이다.

4단계 종이 한 장을 놓고 중간에 세로선을 하나 길게 그어보자. 왼쪽에는 '입금'이라고 쓰고, 오른쪽에는 '출금'이라고 쓴다. 그런 다음, 최고의 자신을 위한 계좌를 불려주는 것과 바닥나게 하는 것을 모두 적어보자.

운동, 사교 활동, 술, 날씨, 동료, 친구, 목적, 학습, 믿음, 텔레비전, 뉴스, 휴대전화, SNS, 성관계, 음식 등 최대한 여러 가지를 떠올리며 적으면 된다.

생각나는 것 중에는 입금과 출금에 모두 해당하는 것도 있을 테지만, 지극히 정상이니 걱정할 필요 없다.

다 쓰고 나면 한번 살펴보자.

- 계좌 양쪽 길이를 비교해보니 어느 쪽이 더 긴가? 무슨 생각이 드는가?
- 계좌 양쪽에 다 적은 게 있다면 차이가 무엇인가? 무엇을 깨달았는가?
- 가장 쉽게 하거나 바꿀 수 있는 것은 무엇인가?
- 가장 놀라운 것은 무엇인가?
- 목록 중에서 의지대로 할 수 있는 건 얼마만큼인가? 동그라미로 표시해봐도 좋다.

5단계   오늘 안으로 입금 목록 중 하나를 하고, 출금 목록 중 하나를 없애려 노력해보자.

우리 함께 최고의 자신을 위한 계좌를 불려 나가자. 괜찮다면 친구나 가족, 동료에게 계좌 활동을 알리고, 아니라면 혼자서만 알고 노력해도 좋다.

미국 초대 대통령 조지 워싱턴이 자주 하던 "티끌 모아 태산"이라는 말을 나는 정말 좋아한다. 그 역시 복리 효과를 강조했다고 생각한다.

만약 연이율 5퍼센트로 1만 파운드를 투자한다면, 20년 후 약 2만 7,000파운드를 얻게 될 것이다. 다들 복리가 실제 계좌에 미치는 영향에는 익숙하지만, 최고의 자신을 위한 계좌에도 마찬가지라는 사실은 잘 모를 것이다. 우리가 매일 1퍼센트씩 복리로 발전해 나간다면, 1년에 3,778퍼센트 더 나은 사람이 되어 있을 것이다. 약 38배 발전한다는 말이다. 끝내준다!

우리에게 가장 중요한 것은 우리 자신이다. 이 사실을 발판 삼아 유연하게, 그러나 타협할 수 없는 태도로 자신을 챙길 시간이다. 시작해보자!

12

워라밸과 작별하자

출퇴근 개념이 증발하고 직장과 가정의 경계가 희미해진 지금, 목이 터져라 건강을 부르짖는 사람들이 저녁에 울리는 이메일이나 메시지 알림 소리를 두려워하는 건 당연하다.

눈부시게 발전한 기술 덕분에 일하는 방식에 혁명을 맞이한 건 분명하다. 업무의 디지털화와 함께 인터넷에 계속 접속한 채로 언제 어디서든 일이나 공부를 하는 것이 이제는 흔한 일이 되었다. 굉장한 희소식이다. 누군가는 내게 왜 날씨 좋은 곳으로 가지 않고 여전히 영국에 살고 있느냐고 묻는다. 당연하게도 런던에 있어야 더 생산적이고 효율적인 '느낌'이 들기 때문이다.

사실 생산성과 효율이 좋아졌는지는 아직 확실치 않다. 기술이 빠르게 확산하는 동안, 영국에서 생산성은 거의 교착상태에 빠져 2019년에서 2023년까지 단 2.1퍼센트 증가에 그쳤다.[41] 우리는 이것저것 해내느라 바쁜 걸까, 아니면 별 이유 없이 바쁘기만 한 걸까? 알아둘 게 있다. 이메일은 그저 누군가가 자신의 할 일을 하느라 보낸 것일 뿐이다. 생산성 논쟁을 둘러싸고 어떤 의견이 있든 간에 기술은 분명 일과 삶의 경계를 무너뜨렸고, 그 탓에 우리는 둘 사이에서 바람직한 균형을 찾으려 발버둥치고 있다.

마이크로소프트에 따르면, 팬데믹 이후로 야근이 28퍼센트, 주말 근무가 14퍼센트 증가했다고 한다.[42] 긍정적인 구석이라고는 좀처럼 찾을 수 없는 결과다. 일과 삶의 경계가 점점 불분명해지면서 여간해서는 많은 사람이 일에서 벗어나기가 어렵다. 이제는 침실과 거실도 사무실인 셈이고 연락에 거의 즉시 대응해야 한다고 생각한다.[43] 영국에서는 일주일에 평균 1.7일을 재택근무하지만, 이런 유연 근무 형태가 거저 오는 건 아니다. 집에서 일할 때면 하루가 참 길게 느껴진다. 집으로 향하는 열차를 잡아탈 필요가 없으니 야근을 해야겠다고, 아직 못 읽은 이메일을 몽땅 읽어야겠다고 생각하기 쉽다.

그러나 나쁘게만 볼 것도 없다. 같은 연구에 따르면, 우리는 더 오래 일하고 있을지 모르지만 출퇴근하는 데 보냈을 두 시간을 벌고 있다. 그리고 이렇게 번 시간 중 40퍼센트는 업무에, 34퍼센트는 여가에, 11퍼센트는 양육에 쓴다. 그렇다. 오래 일하지만 유연성을 확보해, 업무 외 활동과 삶을 위한 시간을 내고 있는 것이다. '전사 화상 회의' 동안 다림질 한번 안 해본 사람이 있을까? 내 말은, 일과 삶의 경계를 정의하려면 더 열심히 일해야 한다는 것이다. 경계가 있다고 해도 이제 더는 분명하지 않기 때문이다.

다들, 주목! 흔히 워라밸이라고 하는, 일과 삶의 균형이라는 말을 기억에서 지우자. 얼토당토않은 말이다. 우리는 각자 한 번뿐인 삶을 사는데, 일은 그중 일부일 뿐 최우선 순위가 되어서는 안 된다(아침에 일어나 가장 먼저 챙기는 '타협할 수 없는 일'을 다시 떠올려보자). 일과 삶의 균형이라는 말은 일이 잘 풀리고 삶 역시 순탄하게 흘러가 우리가 두 가지 사이에서 균형을 찾을 수 있다는 의미다. 그런데 아니다. 그런 식으로 되지 않는다. 기한, 마감일, 납기일에 치여 일이 너무 고될 때가 있다. 그러면 삶은 일에 밀려 논쟁거리도 되지 않는다. "팀장님. 죄송하지만, 그 일을 할 수 없습니다. 쉬고 있거든요." 이런 말이 상상이나 되는가? 만약 비슷한 말을 쓰고 싶거든, 삶과 일의 균형이라고 하자. 분명 삶이 먼저니까.

다들 우리가 상당한 문제에 부딪혔다는 데에 동의할 것이며, 내 생각엔 문제가 금방 사그라질 것 같지 않다. 일과 삶 사이에서 어떻게 자신만의 경계를 그어야 할까? 나는 디지털 경계를 명확히 긋는 걸 가장 좋아한다. 간단하다. 일이 끝나면 전자기기를 끄고, 업무 관련 대화에 더는 끼지 말고, 업무와는 완전히 무관한 활동을 하려고 의식하면 된다. 나는 직장에서 눈코 뜰 새 없이 일하고, 저녁에는 연설과 저술 준비를 하는 동시에 SNS에도 신경쓰며 하루를 바쁘게 보낸다. 그러다 그냥 다 집어치우고 싶을 때도 있다. 이런 디지털 문제에는 가끔 아날로그가 최고의 해결책이다. 경계부터 긋고, 균형은 나중에 생각하자.

나는 일을 마치면 노트북을 끄고는 동그랗고 멋없는 업무용 안경을 벗고 세련된 안경으로 바꿔 끼고서 바람을 쐬러 나간다. 재택근무 하는 날에는 동네를, 사무실에 출근한 날에는 지하철역까지 산책한다. 영국 해병대 출신인 동생이 이런 말을 했다. "문제는 날씨가 아니야. 어울리지 않는 옷이 문제지." 1년에 365일보다 더 자주 비가 오는 것 같은 런던에서 새겨들어야 할 말이다.

퇴근 후에도 이메일 하나, 업무 메시지 하나까지 반응한다면, 일에 신경 끈 채 저녁 시간을 오롯이 즐기기는 힘들 것이다. 퇴근과 함께 단호히 일과 경계를 그으면 느긋하고 편안한 저녁 시간을 보낼 수 있다.

물론 디지털 업무 환경에서 경계를 확립한다는 것이 절대 쉬운 일은 아니다. 나 또한 '하나쯤은 별문제 안 되겠지' 하는 마음에 먹을 거라도 숨겨놓은 듯 디지털 세상을 확인하고 싶어 한다.

그러나 마음 단단히 먹고 내면에 주의를 기울이며 나 자신부터 돌보겠다는 생각으로 의지를 다잡아야 한다. 그래야 스트레스를 줄이고 결국 일과 삶 양쪽에서 더 생산적이고 효율적인 존재로 거듭날 수 있다. 두 마리 토끼를 다 잡을 수 있는 것이다.

그러면 자신만의 경계를 확립하는 데 도움이 될 몇 가지 실질적인 조언을 살펴보자.

TIP 1 **일정 알리기.** 동료와 고객에게 확실한 기준을 알리자. '~때는 안 됩니다. 아이들을 데리러 가야 해서요'와 같이 근무 시간과 연락 가능 시간을 일러두면 된다. 그러면 동료와 고객이 되도록 그 시간에 맞게 연락할 테고, 퇴근 후에 무시무시한 업무 메시지를 받을 가능성을 줄일 수 있다.

TIP 2 **상태에 따라 대응하기.** 가족과 친구들에게도 거절 의사를 전해보자. 나는 일곱 시간 동안 화상 회의를 하며 내 얼굴을 뚫어져라 쳐다본 후, 누군가와 얼굴을 마주 보며 통화하고 싶지 않았다. "할아버지, 죄송한데 제가 나중에 다시 걸게요"라는 식으로 거절하자. 전화야 나중에 다시 걸면 된다. 나라면 헤드폰을 끼고 산책하러 공원에 갈 것이다.

TIP 3 **디지털 세상에서 균형 잡기.** 기술은 문제인 동시에 해결책이다. 당신은 아마 연인보다 상사와 메시지를 더 많이 주고받을 것이다. 2023년 기준, 우리는 기술 덕에 (기술 발전에 따라 앞으로 달라지겠지만) 일정 자동 단축, 무음 알림, 집중 지원, 업무 시간 설정에 따른 알림 제한 또는 금지, 메시지 수신 알림 규칙 설정, 메시지 예약 발송, 점심시간 부재 알림 등을 이용할 수 있다. 아니면 이메일에 이런 서명을 달아 동료들에게도 업무 시간 외에 응답할 필요가 없다고 알릴 수도 있다. "본 이메일은 업무 시간에 발송되었습니다. 지금 당장 곤란하다면 가능할 때 답장하셔도 좋습니다."

TIP 4 마무리 일정 설정하기. 산책을 하든, 안경을 바꿔 끼든, 목욕을 하든, 명상을 하든 퇴근 후 일에 신경을 끄고 나만의 저녁 시간을 시작하기 위해 매일 할 수 있는 활동을 찾아보자. 일과 삶을 분명히 구분하도록 도와줄 일정을 계획하는 것이다. 『디지털 미니멀리즘』의 저자인 칼 뉴포트는[44] 일과를 끝낼 때 '일정 완료'라는 구호를 외친다는데, 개인적으로 참 마음에 든다.

TIP 5 물리적 경계 긋기. 재택근무를 한다면 별도로 작업 공간을 확보하자. 일을 마무리할 때는 필요한 것만 챙겨 다시 개인 공간으로 돌아오면 된다. 이러면 침대에서는 일할 수 없을 것이다. 항상 그런 건 아닐지라도 말이다. 어쩌면 작업 공간을 따로 마련할 수 없을지도 모른다. 그럴 땐 방 한구석을 치우고 깔끔하게 정리해 이용하면 된다. 사무실에서 근무할 땐 별 신경 쓰지 않고 공간 구분을 훨씬 더 쉽게 할 수 있다.

나만의 시간을 운에 맡긴다는 생각을 버리고 명확하게 경계를 설정하면, 더 건강하고 균형 잡힌 시각으로 일과 삶을 바라볼 수 있다. 아니, 내 정신 좀 보게? 일과 삶이 아니라 삶과 일로 정정한다. 자, 일이 다 끝나면, 노트북을 멀리 치우고 멋진 안경을 끼고서 바깥 공기를 쐬자. 미래의 내가 고마워할 것이다!

13

자연 속에서 시간을 보내자

야외에서 보내는 시간이 얼마나 되는가? 아마 생각만큼 길지는 않을 것이다. 미국에서는 일일 평균 두 시간 미만이라고 한다.[45] 일주일로 치면 반나절에 불과하다. 아마 이 시간조차도 목적지로 이동하며 신호등 앞에서 배기가스를 들이마시고 있지 않을까. 아, 공기 좋다! 다들 완전히 잊은 것 같은데, 자연 속에서 시간을 보내는 일은 우리의 목표, 즉 지치지 않고 잘 사는 삶에서 매우 중요하다. 한 달에 한두 번으로는 안 된다. 우리는 햇볕을 피한 채 '누가 온도 조절 장치를 건드리지 않는 한' 1년 내내 같은 온도의 실내에 처박혀 살도록 설계된 존재가 아니다.

자연 속에 들어서면, 끊임없는 알림과 일상의 스트레스에서 멀리 떨어져 차분해지는 동시에 활력까지 느낄 수 있다. 동네 공원을 한 바퀴 돌거나 숲속에서 짧게 하이킹만 해도 기분 전환이 될 수 있다. 헤드폰이나 휴대전화 없이 산책한 적이 마지막으로 언제인가? 내 기억에는 둘 다 없다.

영국 엑시터 대학교에서 2만 명을 대상으로 실시한 한 연구에 따르면,[46] 주당 한 번 또는 여러 번에 걸쳐 두 시간을 동네 공원이나 녹지에서 보내면 신체적, 정신적 건강 개선을 경험할 수 있다고 한다. 두 시간 기준을 지킨 사람이 아닌 쪽에 비해 건강과 행복감 측면에서 상당히 좋은 결과를 보였다. 이 기준은 확실해서 지키지 않은 사람은 그 어떤 효과도 볼 수 없었다. 자, 다들 필요한 게 뭔지 눈치챘을 것이다.

아직도 마음이 변하지 않았다면 이 연구도 살펴보기 바란다. 2023년에 핀란드에서 실시한 한 연구[47]에 따르면, 공원이나 도시 내 녹지에 주당 서너 번 들렀을 때 불안감이나 우울증 약을 복용할 가능성이 3분의 1 줄어들 수 있고, 천식 약을 복용할 가능성 역시 줄어든다고 한다. 자연이 정신 건강에 중요한 역할을 하고 있음은 분명해 보인다. 가끔은 단순하고 고전적인 게 최고다. 바스락거리는 수풀, 부드럽게 불어오는 바람, 졸졸 흐르는 시냇물, 이리저리 흩날리는 잎사귀에 귀를 기울여보자. 몇 시간 전까지만 해도 거대해 보였던 문제가 아무것도 아닌 듯 희미해져 갈 것이다.

바이런의 시 〈차일드 해럴드의 순례Childe Harold's Pilgrimage〉에 나오는 한 구절을 잠시 감상해보자.

길 없는 숲에서 기쁨을 느끼고,
외로운 해변에서 황홀경을 맛본다.
이렇듯 아무도 침범하지 않는 만남이 있다.
깊은 바다 곁, 바다가 포효하며 만드는 음률 속에서
나는 사람을 덜 사랑하기보다 자연을 더 사랑한다.

자연 속에서 시간을 보낸다고 해서 거창한 모험에 나설 필요는 없다. 자연에서 생활하는 데 필요한 지식이나 기술을 배울 필요도, 텐트를 챙길 필요도, 영국의 모험가이자 생존 전문가인 베어 그릴스 같은 사람이 될 필요도 없다. 동네 공원에서 산책하거나 근처 녹지에 앉아 있는 것으로도 충분하다.

마지막으로 자연에 경외심을 느낀 게 언제인가? 숨막히는 경험을 해본 적 말이다. 아마 기억나지 않을 것이다. 일본어에는 이런 감정을 포착한 놀라운 단어가 하나 있다. 바로 유겐幽玄이다. 자연과 관련된 미의식이자 신비로움을 의미하는 말이다. 영어로 그대로 옮기기는 어렵지만, 경외심과 경이로움을 불러일으키는 세상을 발견하는 것이라고 할 수 있다. 지금처럼 빠르게 변하는 세상 속에서는 느끼기가 쉽지 않지만 노력하면 기를 수 있는 감정이다.

유겐을 꼭 자연에서 찾을 필요는 없다. 예를 들어 일본의 다도茶道는 고요하고 평화로운 분위기를 조성해 차, 다구, 주변의 아름다움을 감상하는 데 집중한다. 이때 조심스레 움직이며 세세한 것까지 주의 깊게 관심을 기울이다 보면, 차분히 주변의 아름다움을 느끼며 유겐에 가까워질 것이다. 오늘 하루 숨 좀 돌리면서 유겐에 가까워지는 시간을 가진다면, 아마 평소와 다른 기분을 느낄 수 있을 것이다.

지금까지 살펴봤듯, 자연 속에서 보내는 짧은 시간조차도 심신에 큰 변화를 일으킬 수 있고, 유겐 역시 키울 수 있다. 이때 혼자 있을 필요는 없다. 친구, 가족과 함께 자연을 즐기면 자연에서 느낄 수 있는 이점을 경험하는 동시에 사람들과 교류까지 할 수 있을 것이다.

TIP 1 **야외 일정 잡기.** 일정을 잡고 무슨 일이 있어도 밖으로 나가자. 산책을 권하는 1장을 참고해 언제, 어디서, 어떻게 삶에 초록빛을 더 많이 채울 수 있을지 알아보도록 하자.

TIP 2 **일석이조 계획하기.** 친구를 만나거나 통화를 하는 건 어떤가? 공원에서 만나거나 강가를 따라 산책하면서 전화 통화를 해보는 거다. 계획을 세울 땐 야외에서 할 수 있는지 생각하는 걸 잊지 말자.

TIP 3 **자연 들여오기.** 바깥에 나가 자연을 즐길 수 없다면 자연을 들여오자. 한 연구에 따르면, 실내에 식물을 적절히 두고 재택근무를 하면 생리적, 심리적 스트레스를 줄일 수 있다고 한다.[48] (놀랍게도) 교감신경계 활동이 억제되고 확장기 혈압이 낮아져 자연스레 편안하고 진정된 기분을 느낄 수 있다. 산책하러 나갈 수 없다면 자연을 들여와 자연이 주는 이점을 일부나마 경험하면 된다. 그러나 원체 잘 못 돌본다거나 물 주는 걸 깜빡해서 식물을 저세상으로 보내기 일쑤라면 어떻게 해야 할까? 답은 선인장이다. 선인장은 다른 식물처럼 스트레스를 줄여주면서도 혼자 잘 살아남는다.

앞서 살펴봤듯, 매일 몇 분만이라도 바깥에 더 있으려고 의식해야 한다. 그러다 보면 곧 목표치인 두 시간을 채울 것이다. 동네 공원에서 산책하든 녹지에 앉아 있든, 날씨 말고 때에 안 맞는 옷이 문제라는 내 동생 말을 기억하기 바란다. 또한 바깥에 나가지 못해도 자연을 들여올 수 있다는 걸 잊지 말자.

이제, 내 안의 자연주의자를 불러올 시간이다. 그렇다고 해서 대뜸 자연까지 될 필요는 없다!

14

불안감을
흥분감으로 바꿔보자

나는 겉모습과 달리 그저 하루하루 버틴다. 너무 불안한 나머지 어쩔 줄 몰라 할 때도 있다. 수년간 불안감에 시달렸다 나아지기를 반복했고, 그 탓에 십 대부터 이십 대까지 여러 번 약을 복용했다.

꿈꾸던 일을 하고, 전 세계 드넓은 무대에서 강연하고, SNS를 통해 내 이야기를 들려주지만 여전히 매일이 도전이다. 거의 항상 어제오늘 다를 것 없이 꽤 불안하다. 이제는 그러려니 하고 별로 속상해하지도 않는다. 정말이다. 불안감을 경험하고도 대수롭지 않게 넘기고 흥분과 에너지로 바꿔놓는 법을 알게 된 덕

이다. '이 친구 불안이 또 왔군. 우리 뭉쳐볼까?'

면접 직전 상황을 상상해보자. 심박수가 치솟고, 손엔 땀이 흥건하고, 초조하고 긴장된다. 이때 불안한가, 아니면 흥분되는가?

(불안 장애 말고) 불안과 흥분은 종이 한 장 차이다. 생리적으로 따지면 둘은 거의 같다. 신경계가 각성한 결과다. 그래서 같은 느낌을 유발하지만 이름이 다를 뿐이다.

어려운 사람 앞에서 뭔가를 말해야 할 때처럼, 겁나거나 불안할수록 우리는 꼭 해내야 한다는 확신을 가져야 한다. 책을 쓰겠다고 과감히 결정을 내렸을 때 나는 당연히 불안했지만 그래서 더 해내야 한다는 생각이 들었다. 살사 댄스를 배울 때도 그랬다. 이보다 더 최악은 없다고 생각했지만, 그래서 이를 더 악물었다.

미국 작가 스티븐 프레스필드는 저서 『최고의 나를 꺼내라』[49]에서 이렇게 말했다.

저항은 두려움이라는 모습으로 나타난다. 그래서 두려운 만큼 저항도 크다. 어떤 일이 두렵다면, 그 일은 그만큼 중요한 것이며 우리 영혼이 성장하는 데에도 중요하다고 볼 수 있다. 이런 탓에 우리는 많은 저항을 마주한다. 별 의미 없는 일에는 어떤 저항도 느끼지 못할 것이다.

두려움을 피하지 말고 똑바로 마주해보자.

좋다. 그런데 현실에서 무슨 의미가 있을까? 세상에서 가장 무서워하는 걸 생각해보자. 내가 봤을 땐 연설이다. 사람들은 죽음, 좀비, 광대보다 연설을 더 무서워한다. 짐작이나 되는 일인가? 조명을 받아 환하게 빛나는 널찍한 무대 위로 피를 부르는 마이크 하나가 덩그러니 놓인 공포 영화가 그동안 왜 없었을까? 아무래도 서점을 둘러본 다음에 내가 각본을 쓸지도 모르겠다. 앞서 말했듯, 나는 연설을 꽤 많이 하고, 지금껏 1,500명이 넘는 사람들 앞에 섰다. 재미나게 이야기를 늘어놓는 모습에 타고난 연설가로 보이겠지만, 내면은 다르다. 전에는 연설을 앞두고 불안한 나머지 바지에 실례할 것 같은 느낌에 시달렸다. 오랫동안 못 느꼈지만 얼마 전에 무대 위에서 너무 심하게 느껴 자리를 뜰 뻔했다.

연설을 앞두고 불안감을 어떻게 다스려야 할까?

TIP 1 **나만의 카나리아 두기.** 앞서 말한 부정적인 감정들은 우리에게 무언가 시작해야 한다고 알려주고 있다. 여기서 어떤 통찰을 얻을 수 있는지 생각해보자. 우리는 이런 감정들을 탄광 속 카나리아라고 생각할 수 있다. 20세기, 석탄 광부들은 주로 일산화탄소였던 유독 가스를 미리 감지하기 위해 카나리아를 탄광으로 데리고 들어갔다. 민감한 카나리아에게 신호가 오면 탈출하거나 보호 마스크를 썼다. 심박수가 올라 숨이 가쁘다면, 그게 바로 카나리아가 쨱쨱 지저귀며 우리에게 주는 신호다. 그때 왜 그런지 곰곰이 생각해보자. 프레스필드의 말처럼 그저 불쑥 나타나는 저항이라면 묵묵히 앞으로 나아가면 될 것이다. 반면 상황이 붕괴 직전의 광산 같아서 당장 탈출해야 할 수도 있다. 둘 중 무엇이든 잠시 멈춰 상황을 찬찬히 살펴보고 판단하자. 다시 연설 이야기로 돌아가면, 내게 연설은 곧 저항이지만 일단 시작부터 한다. 그리고 너그러워 보이는 몇 사람을 찾아놓은 뒤 웃으며 무대 위를 돌아다닌다. 그러는 동안 불안이 기우였음을 깨닫는다.

TIP 2 **잘하고 있다고 생각하기.** 생각만큼 최악은 아니라고 되뇌자. 최악이라면 지금 같은 모습은 꿈도 꾸지 못할 것이다. 신경을 써서 불안한 것뿐이고, 다들 결국 불안함을 이겨낼 것이다.

TIP 3 **대수롭지 않게 생각하기.** 나는 무대에 올라 불안감에 직접 맞서기를 좋아한다. 그리고 별 의미를 두지 않으려 이렇게 생각한다. '저기 저 사람들 좀 봐, 진짜 커다란 코끼리 같잖아!' 이러면 모두 앞에서 바지에 실례할 것 같은 느낌이 사그라진다. '세상에, 정말 사람 많네. 어디 나 같은 사람 없나? 없다고? 그럴 수 있지!'

TIP 4 **불안감을 흥분감으로 바꾸기.** 이미 말했듯, 불안과 흥분은 비슷한 형태로 나타난다. 그래서 나는 이런 감정을 억누르기보다 받아들이고 의식적으로 에너지를 포용하려 한다. 억눌러

봤자 소용없기 때문이다. 앉아서 연설하면 불안감에 폭발할 것 같은 기분이 들지만, 일어나 무대 위를 돌아다니면 에너지를 분산할 수 있다. 게다가 그렇게 하면 훨씬 더 매력적인 사람으로 보이는 것 같다.

TIP 5 **박스 호흡 하기.** 나는 밖에 나가기 전에 박스 호흡을 하며 불안감을 조절한다. 5장에서 알려주었듯, 4~6초간 숨을 참았다 내뱉기를 반복하는 것이다.

TIP 6 **일단 시작하기.** 우리는 종종 시작이라는 첫 단계부터 겁을 낸다. 나 자신을 믿고 과감히 나서자. 할 수 있다. 나는 무대 뒤에 숨어 화장실에 처박히는 대신 무대로 나가 몇 분간 신나게 떠들다 온다. 웃고, 즐기고, 조언을 실천하자. 당신은 지금껏 시작이라는 문턱을 수도 없이 넘었고 앞으로도 그럴 것이다!

저항감이 가장 많이 드는 일부터 해보자. 평소 이상으로 대담하고 시끌벅적하게 하자. 에너지와 열정을 뿜어내며 완전히 몰두하자. 그리고 더는 망설이지 않을 정도로 오랫동안 해보자. 그러면 그 일이 달리 보일 것이다.

호감 가는 사람에게 데이트 신청을 하고, 연설도 하고, 춤도 춰보자. 지금껏 미루던 일이 무엇이든 이제 뛰어들 때다.

15

잠깐 신경 좀 끄자

우리는 하루 평균 63.5건의 알림을 받고[50] 352번 휴대전화를 확인한다.[51] 계속 인터넷 세상에 접속한 채 언제나 대응할 준비가 된 것이나 마찬가지다. 우리는 다양한 플랫폼과 여러 커뮤니케이션 수단을 통해 교류할 수 있다. 전화며 메시지, 댓글까지 손에 든 휴대전화로 곧장 쏟아져 들어온다. 이제는 신경 연결을 통해 뇌로 직접 전송되는 기술이 등장하면서 상황은 바뀔 수 있다. 엄지손가락을 쓸 필요조차 없어지는 것이다. 암울한 미래 사회를 그린 영국 소설가 올더스 헉슬리와 조지 오웰조차도 이런 미래는 생각조차 못 했을 것이다. 그러나 메시지가 온다고 해서

서둘러 응답할 필요는 없다.

여기서 잠깐 작가 닐 스티븐슨Neal Stephenson이 어떻게 생활하는지 살펴보자. 누구나 인정할 만한 다작 작가로,《뉴욕 타임스》베스트셀러에 오른 대표작 『스노크래시Snowcrash』는 300만 부 이상 팔렸다. 어마어마한 성공을 거둔 만큼 매일 이메일, 초대장, 편지를 숱하게 받지만, 그중 1퍼센트에 답할까 말까다. 일부러 무례하게 구는 것도 아니고, 특히 독자에게 쌀쌀맞게 대하는 걸 즐기는 것도 아니다. (어쩔 수 없는 것이) 방해를 받지 않고 고도의 집중력을 발휘해야 대작을 내놓을 수 있기 때문이다. 스티븐슨은 우리 개개인도 마찬가지여서 휴대전화와 인터넷 세상에서 멀어져야 삶의 질을 높일 수 있다고 생각한다. 여러모로.

스티븐슨은 "산더미처럼 쌓인 선의의 이메일과 소설 한 권 중 무엇을 선택할 것인가"라고 묻는다.[52] 소설은 오랫동안 우리 곁에 있을 수 있는 데다 수백만 명에게 다가갈 수 있다. 이런 점에서 그는 좋은 작가가 되고 싶으며 답장에 인색한 건 양해해달라고 말한다. 두 마리 토끼를 다 잡을 수 없다는 사실을 명심하면서, 이제 이메일과 비교할 다른 것을 생각해보자. 맞다, 우리는 스티븐슨만큼 유명하지는 않다. 하지만 일주일에 몇 시간씩 계속해서 틱톡, 트위터, 인스타그램, 왓츠앱, 스냅챗 등 SNS만 붙들고 있다면 최고의 자신으로 거듭날 수 있는 활동을 할 수 있을까? 할 수 없다.

나는 자기 챙김 프로젝트에 10억 명이 동참하는 날을 꿈꾼다. 사람들을 끌어들여 성장하게 하려면 SNS에 꾸준히 접속해야 한다. 그러다 보니 메시지를 하루에 30통까지 받기도 한다. 모든 메시지에, 특히 조금이라도 노력을 기울인 사람이 보낸 메시지에는 답장하려고 최선을 다한다. 데이트 사이트에서 이렇게 인기가 많으면 좋을 텐데. 어쨌든 나는 몸이 부서져라 일에 몰두하는 사람을 존경하며 최대한 많은 사람을 돕고 싶지만, '30분만 시간을 내달라'는 요청을 전부 받아들인다면 하루에 47시간 일해야 할 것이다. 그럴 수는 없다. 뭐, 47시간까지는 아닐 것이다. 어제만 따지면, 한 번에 20분씩 해서 총 네 시간이었다. 아홉 시간 일하고, 근무 외에 네 시간을 이렇게 보낸 탓에 지쳤고, 꼭 해야 할 일을 할 틈도 거의 없었다.

다음 조언을 보고 잠깐쯤은 휴대전화와 인터넷 세상에 신경 좀 꺼보자.

TIP 1 **내 시간부터 확보하기.** 이메일, 판촉 메시지, 복사해서 붙여 넣은 게 뻔한 기타 메시지에 전부 응답할 필요가 없다. 나는 자기 챙김 프로젝트에 관해 문의하는 메시지를 받는다면 기꺼이 시간을 내려 할 것이다. 그러나 점심 후 산책할 때처럼 편한 시간대에 응답할 것이다. 잊지 말자. 이메일은 그저 누군가 할 일이라서 보낸 것이며, 사람들은 가장 저항이 적은 걸 택한다.

그래서 스스로 하는 대신 '저 사람한테 맡기면 되겠지' 하고 남에게 요청한다.

TIP 2 **내버려 두기**. 바로 응답할 필요 없다. 메시지가 왔다고 해서 서두를 필요가 없다. 메시지를 읽기만 하고 그대로 내버려 둬도 좋다. 별거 없다. 해보자.

TIP 3 **일대다 노리기**. 나는 그간 일대일 통화, 채팅, 대화를 수없이 하는 대신, 다수를 상대로 내 의견을 한 번에 전달하는 데 집중했다. "제가 하는 일을 설명하겠습니다. 매달 무슨무슨 행사를 주최합니다. 자세한 사항은 여기를 참고해주십시오." 이러면 시간을 아끼는 동시에 커뮤니티까지 만들 수 있다.

TIP 4 **시간 정해두기**. 적극적인 수준을 넘어 공격적이다 싶을 정도로 디지털 세상과 거리를 두려는 사람 중 일부는 채팅, 통화, 메시지, SNS에 응답할 시간을 정해둔다. 나는 이들에게서 이런 부재중 메시지를 받기도 했다. "메시지는 감사합니다만, 저는 ~시에 휴대전화를 사용합니다. 그때 답장하겠습니다." 대단하다!

TIP 5 **상태 알리기**. 사무실에 있을 땐 근무 중이라고 알리고, 대면 교류를 위한 시간을 확보하도록 하자. "지금은 근무 중입니다. 따라서 메시지와 이메일에 바로 대응하지 못할 수 있습니다. ~시에는 ~에 있을 예정이니 직접 찾아오려는 분은 참고하시기 바랍니다. ~요일부터는 재택근무로 전환합니다. 그때는 온라인으로 원활히 대응할 수 있습니다." 이건 내가 1년 전쯤에 처음 쓴 뒤 지금껏 효과를 보고 있는 문구다.

혹시 메시지에 응답하는 데서 행복을 느낀다면 하던 대로 하면 된다. 그러나 이제는 휴대전화와 인터넷 세상에서 멀어져 나 자신을 행복하고 건강하게 만드는 데 집중할 때다. 답장이 늦거나 뜸해도 친구, 가족, 사랑하는 이들은 이해해줄 것이다.

16

남을 그만 의식하자

남의 일을 내 일처럼 생각하는 사람은 없다. 정말이다. 우리는 차마 말하기 힘든 이메일을 어쩔 수 없이 보내고는 주말 내내 전전긍긍한다. 발표 자리에서 실수라도 한 날이면 자꾸 떠올라 쉽게 잠들지 못한다. 결론 없이 토론을 끝내고 나면 일요일 밤늦게까지 토론 생각만 한다. 아무리 떨쳐버리려 애써도 과거에 한 일이 안 좋은 결과를 가져올까 봐 걱정한다. "그때 왜 그랬지? 어휴!"

다들 멋진 뮤지컬 공연을 보고 있다고 상상해보자. 공연 막바지가 되면 스포트라이트를 받으며 연기를 펼치는 주연만 보일 뿐 다른 배역은 어둠 속에 있는지 보이지 않는다. 우리는 스포트라이트를 받으며 사람들 앞에서 일거수일투족을 내보이는 주연이라고 믿으며 살아간다. 이러다 보니 불안감에 휩싸이고 항상 완벽해야 한다는 엄청난 압박감을 느낀다.

그러나 이렇게 나 자신만 보이는 세상의 바깥 현실에서는 저마다 주연을 맡아 자기만의 뮤지컬을 상연 중이다. 남의 일을 내 일처럼 생각하는 사람은 없다. 다들 실수를 저지르고 남들 입에 오르내릴까 싶어 걱정하기 바쁘다. 나만 해도, 막 출근해서 상사한테 인사까지 했는데 그제야 출근길 내내 바지 지퍼를 열어놓고 있었다는 사실을 알고는 격하게 부끄러워한 적이 있다. 그래도 속옷은 멋있는 걸로 챙겨 입은 날이었다.

지금껏 살펴본 현상을 조명 효과라고 한다. 온 세상이 나만 보고 있다고 믿는 인지 편향이다. 이 때문에 때때로 남들이 날카로운 시선을 던진다고 생각하는 것이다. 그렇지 않은데 말이다! 외모를 둘러싼 조명 효과에 집중한 한 심리학 연구가 있다.[53] 일부 참가자들은 멋진 셔츠를, 나머지는 그저 그런 셔츠를 입고 얼마나 눈에 띄는지 관찰했다. 열 명 중 다섯 명꼴로 그저 그런 셔츠를 알아차릴 것으로 예상했지만 실제로는 두세 명뿐이었다. 그런가 하면 가는 곳마다 눈길을 끌 것으로 예상했던 멋진 셔츠는 기대에 미치지 못했다. 우리가 남들의 관심을 과대평가한다는 사실을 보여주는 결과였다.

외모 외에도 조명 효과가 적용되는지 알아보기 위한 후속 연구가 있었다. 다들 예상하겠지만, 운동이나 비디오 게임을 할 때도 남의 시선을 과대평가한다는 사실이 드러났다.[54] 정작 사람들은 다른 참가자의 성공 여부에 관심을 두지 않았다. 다시 말해서 우리는 나 자신이 주연인 작은 세상 속에 틀어박히기 쉽다는 것이다. 놀랍지 않은가?

어떻게 하면 스포트라이트를 끄고 열광적인 박수를 받으며 무대에서 내려갈 수 있을까?

TIP 1   **자기 수용하기.** 나만의 괴상하고, 별나고, 독특한 특성을 포용하자. 그런 특성은 지금 내 모습의 뿌리이며 변치 않을 것이다. 우리가 마냥 별로인 건 아니다. 호탕하게 웃는 모습을 좋아하는 사람이 있을 수도 있다. 있을 것이다. 그런 사람이.

TIP 2   **뻔뻔해지기.** 화장실에 갔다가 신발 밑창에 휴지가 들러붙은 것도 모르고 나왔다가 알아챈 뒤 누가 봤나 싶어 신경쓰일 때면 이렇게 생각해보자. '어쩌라고?' 누가 봐도 별일 없을 테고, 신경쓰는 사람이 있기나 한가? 웃고 말 일이다. 이런 일로 하늘이 무너지지 않는다. 긴장을 풀고 이번 주에만 벌써 세 번이나 휴지를 달고 나왔다며 웃어넘기자.

TIP 3   **현실에 집중하기.** 남들 시선을 상상하는 대신, 실제로 나를 뚫어져라 쳐다보는 사람이 있는지 알아보는 건 어떨까? 아마 그런 사람은 없을 것이다. 다들 스포트라이트를 받으며 저마다 바쁘게 무대 위에서 열연을 펼치고 있을 테니 말이다. 좀 더 확실히 알아보고 싶다면 구체적으로 물어보면 된다. "네 번째 슬라이드 세 번째 문단 두 번째 문장에서 실수했는데 알고 계셨나요?" 질문을 끝마치기도 전에 뻔한 답이 돌아올 것이다.

TIP 4 **내 무대만 신경쓰기.** 우리는 내 무대 하나에서만 주연이다. 저마다 자기 무대에서만 스포트라이트를 받는다는 말이다. 이 세상에는 다른 무대가 80억 개나 있으며, 그 위에서 사람들이 좋든 나쁘든 자신만의 이야기를 들려주고 있다. 그러니 아무 데서나 열연을 펼치고 그러지는 말자. 신경쓰는 사람 하나 없다.

마음 편히 이메일도 보내고, 실수도 저질러보고, 토론도 하자. 누구도 남의 일을 내 일처럼 생각하지 않는다.

17

울적할 땐 휘게를 즐겨보자

아침에 일어났는데 어두침침하다. 출근길도 어둑어둑하고, 퇴근길도 마찬가지다. 운이 좋을 땐 블라인드 사이로 깜빡이며 비쳐 들어오는 햇살을 47초 정도 보고는 언제 마지막으로 따뜻한 햇볕을 흠뻑 느껴봤는지 헤아리고 있을 것이다. 세상에. 이렇게 화창하기 짝이 없는 영국에서는 10월부터 낮이 짧아져 12월 말 동지쯤에는 몇 주간 해 구경 한번 못 하는 기분이 들 수 있다. 그래도 괜찮다. 아이슬란드에서는 한겨울에 해가 하루 3.5시간만 떠 있기 때문이다.

수면심리학자 가이 메도우스Guy Meadows에 따르면, "겨울철에는 계절 변화와 함께 잠재적인 수면 문제도 찾아온다. 일조량 감소, 기온 하강, 생체 리듬 변화, 면역계 약화 등 온갖 요인 탓에 수면을 방해받아 아침에 일어나기가 어려워진다."[55] 그 결과, 호르몬 변화까지 일어난다. 건강하지 않은 행동, 특정 비타민 부족 역시 계절성 피로의 원인일 수 있다.

이외에도 어떤 사람들은 겨울에 접어들면서 어쩐지 기운이 안 나는 정도를 넘어서 몇 달 동안이나 삶 자체가 불쾌하기도 하다. 계절성 우울증이다. 영국에서는 3분의 1에 달하는 사람이 겪는 증상으로, 남성보다 여성이 영향을 많이 받는다. "다들 이동식 먹구름을 하나씩 가지고 다니는 것 같다."[56] 겨울이면 행복 호르몬이라는 세로토닌이 적게 생성되기 때문이다. 게다가 수면을 조절하고 생체 리듬을 유지하는 호르몬인 멜라토닌이 더 많이 생성된다. 주로 어두울 때 멜라토닌을 분비하는 뇌의 솔방울샘pineal gland이, 낮이 짧아지고 햇볕이 줄어드는 겨울에 더 활발히 작동하기 때문이다.

그렇다면 햇볕을 덜 받는 극지방에 가까울수록 행복과 거리가 먼 삶을 살고 있지 않을까? 아니다. 「2022년 세계행복보고서」에 따르면,[57] 행복 상위 3개국은 적도 부근도 아니고 백사장으로 유명한 곳도 아닌 핀란드, 덴마크, 아이슬란드였다. 덴마크 사람들은 '용기, 위안, 기쁨을 준다'는 뜻인 '휘게Hygge'를 실천하는 것에서 행복을 찾는다고 밝힌다.[58] 휘게는 옛 노르웨이어 중

위안에 해당하는 '휘가Hygga', 포용에 해당하는 '후기Hugge', 기분에 해당하는 '후가Hugr'에서 유래한 것으로 보인다. 영어로는 이 모두를 아우르는 단어가 없지만 흔히 '아늑함'으로 받아들인다. 나는 휘게를 떠올릴 때면 신체 접촉 없이도 일종의 포옹처럼 영혼이 아늑해질 수 있는 상황이 떠오른다. 예를 들면 다음과 같다.

> 타닥타닥 소리 내며 타들어 가는 땔감.
> 방 안에 확 퍼지는 커피 내음.
> 친구와 가족에게 둘러싸여 느끼는 따스함과 아늑함.
> 현재에 충실히 사는 것.
> 앞으로 다가올 일도, 지난 실수도 걱정하지 않는 것.
> 이게 휘게다.[59]

겨울이라고 우울하다며 틀어박혀 지내지 말고 맞서 싸워 계절성 우울증을 궁지로 몰아넣어야 한다. 다들 다음 조언을 읽고 삶에 따스함과 안락함을 더해 휘게로 가득한 겨울을 보내도록 하자.

TIP 1　**아늑하게 지내기.** 끝내주게 아늑한 환경을 만들어보는 것이다. 일단 초부터 시작하자. 집안 여기저기에 은은한 초를 배

치해 따뜻하고 매력적인 분위기를 만들어본다. 따뜻하고 보드라워 보이는 가구와 장식도 잊지 말자.

TIP 2 **겨울잠 자듯 있어 보기.** 보들보들하고 도톰한 이불 속에 파묻혀 있어 보자. 아니면 책을 읽거나 영화를 볼 때 포근하게 감싸줄 아늑한 담요에 투자하자. 춥고 어두울 땐 굳이 집에서 나와 우리를 찾아오는 사람도 없을 것이다. 그러니 마음 놓고 가장 편한 옷을 입자. 넉넉한 운동복에 슬리퍼 그리고 할머니가 떠준 모자도 아주 좋다. "할머니 고마워요, 정말 마음에 들어요."

TIP 3 **따뜻한 음식 먹기.** 겨울 음식을 챙겨 먹자. 핫초코, 수프, 단호박 라테, 죽처럼 뜨끈한 걸 먹을 때다. 차가운 샐러드와 잠시 작별하고 기운을 북돋는 음식의 온기를 느껴보자. 살찔까 봐 죄책감 느낄 필요 없다. 뱃살 걱정은 날이 따뜻해질 때 다시 하면 된다.

TIP 4 **휴식 시간 갖기.** 지금까지 했던 모든 조언을 넷플릭스를 몰아볼 때나 다른 활동을 할 때 실천해보자. 저항하지 않고 겨울이라는 계절을 받아들이는 것이다. 웅크리고 앉아 책이나 영화를 보든 산책을 하든 겨울을 최대한 즐기자.

TIP 5 **인공조명 쬐기.** 기운을 차리는 데 도움이 되는 인공 태양 알람시계나 라이트 테라피 조명에 투자하자. 나는 둘 다 매일 아침 30분씩 사용한다. 여름에도 곁에 둔다. 일조량이 부족해지는 겨울철에는 비타민 D 보충제가 도움이 된다.

TIP 6 **겨울 햇살 느끼기.** (겨울철 런던이라면 말이 되나 싶겠지만 어쨌든) 해가 나 있을 때 최소 30분 산책 일정을 잡고 꼭 지키자. 따뜻하게 챙겨 입고 일정대로 공원이나 숲에 가서 자연광을 흠뻑 쬐는 것이다. 다시 말하는데, 날씨가 아니라 때에 안 맞는 옷이 문제다.

이처럼 겨울철에 딱 맞는 조언을 따르다 보면, 휘게가 선사하는 따스함을 한가득 느껴 겨울철 우울함을 궁지에 몰아넣을 수 있다. 그러니 은은하게 초를 켜고 포근한 담요를 둘둘 감고서 겨울 음식을 즐겨보자. 자신만의 휘게를 꾸려나갈 시간이다!

18

내 뿌리를 기억하고 사랑하자

나는 오랫동안 고향을 벗어나고 싶었다. 바라는 건 그뿐이었다. 영국 남동부에 있는 해안 마을인 내 고향 헤이스팅스는 어딜 봐도 참 괜찮다. 10년 전 나는, 한적한 해안에서 살아볼까 하고 도시를 떠난 사람들과는 반대로 움직였다. 고향 땅이 런던을 탈출하는 행렬과 함께 빠르게 발전하고 있을 때 나는 런던에 입성했다. 이후 수년간 문득 고향을 떠올리기 일쑤였고, 며칠만이라도 본가에서 지내려고 애써야 했다. 이젠 아니다. 고향에 강한 애착은 느끼지만, 주말에 바다에서 신선한 공기와 갈매기 소리에 둘러싸여 조약돌이 펼쳐진 해변을 걷는 것으로 충분하다. 지금껏 향수를 넘어선 후루사토故鄉라는 개념을 받아들인 덕분이다. 이번 장에서는 후루사토가 무엇인지 함께 알아보며 일상에 더해보자.

지겨운 마음에 오랫동안 고향을 떠나고 싶어 했던 건 사실 100년 전쯤 '세상에서 제일 사악한 마술사'로 알려졌으며 당시 대중 언론에 악마 숭배자로 낙인찍히기까지 한 유명 마술사 알레이스터 크로울리가 헤이스팅스에 내린 저주에 어긋나는 일이었다.

듣자 하니 그는 동물을 잡아 제물로 바치고, 사람 피부로 집기를 만든 데서 그치지 않고, 죽어서도 유령이 된 채 마을에 출몰한다고 한다. 끔찍한 인물이다. 이 사람이 걸어놓은 저주란, 헤이스팅스에 살았던 사람은 결코 헤이스팅스를 떠날 수 없으며, 떠나려 해도 다시 돌아오게 된다는 것이다. 정말 떠나려면 해변에서 부정을 쫓는다는 구멍 뚫린 돌을 찾아 몸에 지녀야 한다. 돌을 지니면 영영 떠날 것이며, 그러지 않으면 오랫동안 정신이 나간 채 자꾸 사고를 당하고 깜빡깜빡하게 된다고 한다.

내 고향 헤이스팅스는 악마 숭배자의 저주, 아름다운 풍광 말고도 내세울 게 또 있다. 텔레비전이 탄생한 곳이며, 1066년 (사실 배틀Battle이라는 곳에서 일어났지만, 배틀 전투라고 하면 전투를 연이어 두 번 말하는 것 같으니까) 잉글랜드 노르만 왕조의 시작으로 이어진 헤이스팅스 전투가 벌어진 무대였으며, 앨런 튜링,

웰링턴 공작, 루이스 캐럴, 베아트릭스 포터, 엘리자베스 블랙웰 등 여러 유명 인물이 살던 지역이기도 하다.

이런, 딴 얘기를 너무 많이 했다. 앞서 함께 알아보자던 후루사토는 '고향', '출생지'라고 옮길 수 있는 일본어 단어다. 그러나 일본인들에게는 물리적 장소 이상으로 훨씬 더 깊은 의미가 있다. 후루사토는 자신의 뿌리가 된 지역과 관련된 정서적, 문화적 유대감에 더해 타지에서 느끼는 향수와 그리움을 아우르는 말이다. 일종의 향수병이지만 긍정적인 개념이다.

후루사토는 일본 문화에 깊이 배어 있다. 일본인들은 일이나 다른 이유로 타지에 있어도 고향에 강한 애착을 보인다. 이런 애착은 지역색 뚜렷한 전통 축제, 풍습, 음식, 특산품 등 여러 방식으로 표현된다. 나는 내 고향 헤이스팅스 음식에 얼마나 애착을 느끼는지 잘 모르겠다. 아니, 피시 앤 칩스는 좋은데 나머지는 런던이 더 낫다. 혹시 헤이스팅스에 간다면 조지 왕조 시대에 지어진 건물에서 영업하는 오래된 술집을 추천한다. 바다 내음, 신선한 공기, 친구들과 주고받던 '시시껄렁한' 농담, 여섯 살 때부터 알았지만 이름은 잘 모르는 사람과의 가벼운 인사. 이 모든 것이 나를 만들었다. 지금 이 모습을.

후루사토는 일본에서만 통하는 게 아니다. 고향을 떠나 자란 곳을 그리워해 봤다면 누구든 경험할 수 있는 보편적 감정이다. 게다가 살면서 어디를 가더라도 나의 뿌리와 역사가 항상 함께

할 거라는 사실을 일깨워준다. 후루사토를 느끼며 살든 아니든 고향과의 정서적, 문화적 유대감을 알아보는 시간을 가져보자. 고향만의 특별한 풍습과 전통을 기념하고, 우리 자신이 고향의 역사이자 미래의 일부라는 사실에 자부심을 느끼자.

어떻게 하면 후루사토를 키워 나갈 수 있을까?

TIP 1 **나만의 구멍 뚫린 돌 찾기.** 대부분은 저주 같은 것은 없는 지역에서 태어났을 테니 구멍 뚫린 돌을 간직할 필요가 없을 것이다. 우리 할아버지는 개를 데리고 나선 산책길에 나를 위해 그런 돌을 세 개나 모아놓았다. 이 정도면 확실히 저주를 풀 수 있을 것 같다. 나는 그 돌 세 개를 일하는 곳 가까이에 있는 선반 위에 두고 가끔 보면서 고향에서 멀어지기는커녕 후루사토가 무엇인지 생각해보며 미소 짓는다. 고향을 떠올릴 수 있는 것에 무엇이 있는지 생각해보자. 뭐가 유명한가? 유명한 게 있다면 몇 개 얻어다 가까이 두자.

TIP 2 **본가 말고 다른 데서 지내보기.** 나는 고향에 갈 때면 본가 말고 숙박시설에서 지낸다. 짧은 휴가라고 생각하고 내 고향에 가본 적 없는 사람들을 데려간다. 이렇게 스스로 관광 가이드가 되어 고향을 새로운 시각으로 보고, 그 덕에 오랫동안 당연하게 생각했던 걸 감탄하며 바라보기도 한다.

TIP 3 **고향 친구들과 시간 보내기.** 오랜 친구만 한 건 없다. 정말이다. 애들 돌보느라, 일하느라, 사람들 사이에서 줄타기하느라 다들 바쁘겠지만, 그래도 시간을 내자. 나는 친구들과 1년에 두 번 뭉친다. 성 패트릭의 날에는 (한 사람이 회비를 걷어 어딘가로 여행을 예약하는) 미스터리 투어를 즐기고, 크리스마스 땐 부어라 마셔라 한다. 이때 한 해를 통틀어 가장 많이 웃는다. 오랜 친구들처럼 나를 잘 아는 사람도 없다. 아, 잊지 말고 옛날얘기도 해보자. "기억나니?"

영국 남동부 내 고향을 향한 사랑이 다시 불붙는 데는 일본의 한 개념과 구멍 뚫린 돌 몇 개로 충분했다. 누구나 세상 어디에 있든 후루사토를 키울 수 있다. 그리고 지금처럼 멋지게 살고 있는 건 다 후루사토 덕이다.

19

결점을 매력으로 바꿔보자

내 약점은 알고 보면 남들에게 용기를 줄 수 있다. 이런 모습을 그려보자. 가까운 사람이 자기 이야기를 하며 고통스러웠던 일과 직접 겪은 트라우마를 털어놓으면 '와, 세상에. 정말 용감한 사람이야. 내가 뭘 도와줄 수 있을까?'라고 생각할 것이다. 이제 반대로 우리 자신의 약점이 뭔지 떠올려보자. 분명 속이 뒤집힐 정도로 흥분해서 약점을 드러내느니 불꽃이 일 정도로 뜨겁게 달궈진 돌 위를 걷겠다고 다짐할 것이다.

자, 결점을 다르게 바라보자. 결점을 부끄러워할 것이 아니라 인정하고 성장의 발판으로 삼아야 한다. 우리는 온갖 경험,

단점, 실수를 딛고 지금 이 자리에 있다. 그리고 솔직히 누가 다른 사람처럼 되고 싶겠는가? 나는 나여야 한다. 가끔 이가 나간 접시처럼 손봐야 할 때도 있을 것이다. 그럴 수 있다. 시련 앞에서 쉽게 포기하고도 영감을 줄 만한 사람이 있다면 알려달라. 어디 한번 만나나 보자.

일본에는 홈과 결점을 포용하는 긴츠기金継ぎ라는 아름다운 방식이 있다. 깨진 도자기 조각을 금으로 이어 붙여 수리하는 기법으로, 깨진 부분을 미학적으로 강조하는 동시에 도자기를 훨씬 단단하고 아름답게 만들어낸다. 400년간 이어진 이 기법은 깨진 부분을 감쪽같이 고치는 대신 새롭고 고유한 특색을 살려낸다. 우리 자신을 치유하는 데 긴츠기를 대입해보면 중요한 교훈을 얻을 수 있다. 깨진 부분을 고치는 과정에서 훨씬 더 독특하고 아름다우며 단단한 결과물을 내놓을 수 있는 것이다.

일본에서 전해 내려오는 이야기에 따르면, 옛날 옛적에 한 쇼군이 아끼던 찻잔을 깨뜨리는 바람에 수리를 맡겼다고 한다. 계속 쓸 수는 있었지만 보기 흉한 철심이 박힌 찻잔을 받고는 실망을 금치 못했다. 그 길로 아끼던 찻잔을 전처럼 돌려놓고 싶은 마음에 장인을 찾아가 우아하게 만들어달라고 했다. 장인은 찻잔을 고치면서도 아름다움을 더할 수 있는 새로운 기법을 시도하고 싶었다. 그래서 깨진 부분에 금을 섞어 옻칠했다. 쇼군은 금줄이 여기저기 가로지르며 역사를 드러내는 찻잔을 보고 가치와 아름다움이 배가되었다고 생각했다. 이때 찻잔을 고친 기법이 긴츠기다.

'금으로 잇는다'는 말인 긴츠기에는 일본의 철학이 담겨 있다. 수리 기법을 넘어 어떤 것의 가치란 아름다움이 아니라 결점에 있으며, 결점은 숨길 게 아니라 기려야 할 대상이라는 것이다.

나는 힘겨웠던 시절을 밝히기 쉽지 않고, 밝힌다는 생각만으로도 당황스러워 움츠러들 수 있다는 사실을 잘 안다. 정말이다. 폭식증에 맞서 싸우던 시절에 대해 엄마 말고 다른 사람에게 말하는 데 수년이 걸렸다. 정신 건강 문제가 생각보다 더 흔하다는 것도 잘 안다. 특히 '다 가진' 것 같은 사람들과 나눈 숱한 대화를 생각하면 그렇다. 여기서 비밀 하나를 말할까 한다.

우리는 살면서 조금씩 단단해지고 있다. 과거 경험을 부끄러워하지 말자. 그 덕에 우리는 지금처럼 단단해졌다. 그리고 지금 이 자리에서 계속 맞서 싸우고 있다. 모든 일을 다 겪어낸다면 무엇이든 이룰 수 있을 것이다. 머릿속으로 상상하는 것 이상으로 힘든 투쟁은 없다. 절대로. 나는 시험과 시련을 겪으며 약해진 게 아니라 나만의 특색을 가지게 되었음을 오래 지나서야 알았다. 사실 나는 10만 명 중 하나다. 과장이 아니고 실제로 그렇다. 어이없어 하지 말고 끝까지 들어보기 바란다.

폭식증에 걸릴 확률이 0.5퍼센트,[60] 우울증은 12.5퍼센트,[61] 불안감은 20퍼센트,[62] 광장공포증은 0.8퍼센트[63]라는 사실을 아는가? 이 모든 문제를 겪을 확률은, 모두 곱한 값인 10만 분의 1이다. 다들 짐작했을 텐데, 나는 다 겪었다. 나는 항상 별났지만, 얼마나 별났는지는 몰랐다. 다행이었던 걸까? 나는 이런 문제를 죄다 겪고도 무사히 헤쳐 나와 다행이라고 생각한다. 여전히 허우적대는 사람이 많으니까. 당시만 해도 다른 사람처럼 되려고 뭐든 했지만 하나도 바뀐 게 없다. 사실 너무 많이 깨지고 금이 가 도자기 부분보다 금칠한 곳이 더 많다. 그러나 그 덕에 정말 단단한 데다가 눈부시게 빛난다. 다들 마찬가지다. 그러니 뭔가 겪고 있다면 혼자라고 생각하지 말고 나 자신이 금빛으로 번쩍이는 끝내주는 전사라는 사실을 알아두자.

다음 조언을 보고 금칠을 세상에 드러내 보자.

TIP 1 **결점 인정하기.** 나 자신의 결점을 포용하는 첫 단계는 인정이다. 우리는 완벽하지 않지만 완벽한 사람은 아무도 없다. 나 빼고(하하). 우리는 결점 덕에 특별해진다. 앞서 말했듯, 누가 다른 사람처럼 되고 싶겠는가?

TIP 2 **지금의 내가 될 확률 계산하기.** 어떤 일을 모두 겪을 확률을 계산해 나 자신이 얼마나 특별한지 정확히 알아내고 자부심을 가져보자. 인터넷에 검색하면 필요한 정보를 빠르게 찾을 수 있다. '영국 남성들이 폭식증을 겪을 확률은?'과 같은 정보를 반복해 찾고 확률을 모두 곱하면 된다. 내 경우, $0.005 \times 0.125 \times 0.2 \times$

0.08 = 0.00001, 즉 10만 분의 1이다.

약점을 강점으로 만들기. 결점을 약점으로 바라보지 말고 강점의 원천이라고 생각하자. 우리는 지금껏 여러 도전을 마주하며 더 강하고 단단해졌다. 잠시 시간을 내 모든 경험을 돌이켜보고 이렇게 생각해보자. '와. 이런 일을 다 겪고도 여전히 이 자리에 있다고? 나 꽤 강하잖아?' 맞는 말이다.

TIP 4

자기 연민 실천하기. 친구한테 하듯 친절하고 연민 어린 자세로 나 자신을 대하는 것이다. 실수하거나 어려운 일을 겪을 때, 자신에게 다정해지도록 하자. 완벽하지 않아도 좋으니까.

'깨진' 부분을 고치는 과정을 통해 훨씬 더 독특하고 아름다운 동시에 더 단단한 결과물을 내놓을 수 있다.

다들 눈부신 빛을 뿜내보자.

20

루틴의 힘을 이용하자

내일 근무 계획을 세워놓았는가? 몇 시까지 출근해서 몇 시에 첫 회의나 약속이 잡혀 있는지 알고 있는가? 물론 알 것이다. 그런데 식사, 운동, 수면을 하루 전에 미리 계획한 적은 있는가? 대부분 일상에 녹아 있는 이런 일을 가볍게 여기고 바쁠 때면 가장 먼저 포기하지만, 행복하고 건강하면서도 생산적인 삶을 위해서는 꼭 챙겨야 한다. 이번 장에서는 자그마한 일일 습관과 루틴이 우리 삶에 얼마나 큰 영향을 미칠 수 있는지 알아보려 한다.

식사, 운동, 수면을 미리 계획한 적 있느냐는 말에 다들 웃고는 이렇게 생각했을 것이다. '저자 양반, 좋은 질문이군. 아마 샌드위치를 7.3초 만에 해치우고 온종일 열네 번 정도 냉장고에 갔다 오길 반복하다가 자정에 잘 듯한데?' 꼬박꼬박 밥을 해 먹고, 운동하고, 정해진 시간에 자고 싶은 사람이 누가 있을까? 우리는 그런 생각은 아예 하지도 않고, 할 시간도 없다. 게다가 운동선수도, 수도자도 아닌데 굳이 그렇게 엄격하고 지루한 생활을 이어가야 할까?

규율 잡힌 삶이란 사실 자유로운 삶이다. 무슨 소린가 싶겠지만 좀 더 들어보기 바란다. 오늘 몇 시간 정도 노력을 기울이면 건강하고 행복한 내일을 살 수 있다. 한번 해보자. 예상치 못한 일이 닥쳤을 때 대처할 수는 없어도, 미리 유리하게 대비할 수는 있으니 말이다.

오늘의 나는 잔병치레 없이 살 미래의 나를 위해 건강한 식단을 따른다.
오늘의 나는 부상 없이 살 미래의 나를 위해 스트레칭한다.
오늘의 나는 차분하게 살 미래의 나를 위해 명상한다.
오늘의 나는 돈 걱정 덜 하고 살 미래의 나를 위해 저축한다.

이런 식이다.
조금씩 대비하지 않으면 나중에 큰일을 겪는다. 선택은 당신 몫이다. "작은 습관은 단리가 아니라 복리다. 두 배 더 좋은 결과를 얻자고 두 배 더 노력할 필요가 없다. 조금만 나아지면 된다."[64]

180도 달라질 것도 없이 먹고 자고 쉬기를 잘 하고 충분히 움직이면서 수분 보충에 신경쓰면, 더 생산적이고 행복하고 건강한 나 자신으로 거듭날 것이다. 수많은 연구를 인용하지 않아도 다들 잘 알 것이라고 생각한다. 온종일 엉덩이를 붙이고 앉아 있느니 벌떡 일어나 뭐라도 하는 것이, 초코바를 먹느니 사과를 베어 무는 것이, 혼자 있느니 사랑하는 이와 대화를 나누는 것이 더 낫다. 우리는 이 사실을 이미 알고 있다. 오늘 (나 자신에 집중하며) 건강하게 살면, 이런저런 질병을 예방해 병원을 들락날락하며 들일 시간과 돈을 아낄 수 있다. 이쯤 되니 루틴을 따르지 않을 이유가 없다. 오늘의 우리는 일목요연하게 계획을 세워 나 자신의 삶을 챙겨야 한다. 그러지 않으면 내일 아니면 더 나중에 어쩔 수 없는 지경에 이르러 그 대가를 치르게 될 것이다. 일시불로.

많이 노력해야 할 것 같아도 꽤 간단하다. 작은 습관과 행동을 하루도 거르지 않고 실천한다면, 능률이 올라가고 행복한 동시에 건강해지며 더 오래 살 수 있다. 하루를 회계사처럼 계획하고 공식을 적용해 11장에서 소개한 '최고의 나를 위한 계좌'가 불어나는 것을 지켜보도록 하자.

5킬로미터 마라톤, 3킬로그램 감량, 외국어 학습, 행복과 건강 등 목표와 포부가 뭐든 소파에 늘어져 있지 말고 루틴을 세우면 된다. 자기계발 전문가 브래드 스털버그는 이렇게 말했다.

행동에 나선다고 희열에 찰 필요도, 쾌감을 느낄 필요도 없다. 물론 뭔가를 꾸준히 하려면 최소한 작은 동기라도 필요할 테지만, 점차 이 관계가 뒤바뀐다. 실천에 전념하면 기분이 어떻든 동기를 갖게 된다. 실천하다 보면 기분이 좋아져 사고방식도 바뀐다. 생각이 행동을 일으키는 게 아니다.[65]

어떻게 해야 각자 잘 맞는 루틴을 세울 수 있을까? 습관 설계 전문가이자 행동과학자인 BJ 포그BJ Fogg가 말했던 습관 쌓기가 효과적인 방법일 수 있다.

TIP 1   **습관 쌓기.** 바람직한 행동을 정하고 최대한 작게 쪼개자. 그 행동을 하루 중 언제 하고 싶은지 생각하고, 지금은 같은 시간에 뭘 하는지 순서대로 적어보자. 아침 시간을 예로 들면, 나는 일어나서 양치질하고 커피를 내린다. 이제 작게 쪼갠 바람직한 행동을 다음 예시처럼 현재 습관 사이에 집어넣도록 하자.

• 매일 아침 커피를 따르고 나면, 1분간 명상할 것이다.
• 퇴근해서 집에 돌아오면, 운동복으로 바로 갈아입을 것이다.
• 저녁 식탁 앞에 앉으면, 오늘 하루 감사했던 일 하나를 말할

것이다.

• 밤에 잠자리에 누우면, 곁에 있는 배우자에게 키스할 것이다.

TIP 2 **한 번에 하나씩 하기.** 거창한 계획을 세워 이룰 수 없는 목표 여러 개를 정해놓고 실패하지 말자. 감당할 수 있는 것부터 시작해서 늘려 나가면 된다. 추진력을 이어가야 한다. 소파에 늘어져 있다가 담배를 끊는 동시에 술을 줄이고 단번에 마라톤까지 완주하는 사람은 없다. 있다면 거짓말이다. 극히 드물게 있을지 모르지만 실패하는 사람이 훨씬 많다.

TIP 3 **즐기는 것으로 정하기.** 달리는 게 싫다면, 억지로 운동화를 신고 쿵쿵대며 거리를 걸을 생각은 하지도 말자. 괜히 정강이만 아플 것이다. 대신 즐길 수 있는 일을 찾아 루틴에 짜 넣도록 하자.

TIP 4 **할 수 있는 만큼 노력하기.** 미국의 권투선수 마이크 타이슨은 "고된 훈련은 누구나 끔찍이 싫겠지만, 마치 사랑하는 일인 것처럼 해야 한다"는 명언을 남겼다. 자, 그럼 그의 말대로 하고 싶은 날은 물론이고 하고 싶지 않은 날에도 루틴을 꼭 지키도록 하자. 매일 뭔가를 하면서 추진력을 쌓고 강도는 나중에 높이면 된다. 어려운 일을 앞에 두고 온전히 전념할 수 없다면, 추진력을 유지할 방법을 찾도록 하자. 스페인어 학원까지 가는 일이 어려운가? 걱정하지 말고 멕시코 마약왕을 둘러싸고 벌어지는 이야기를 그린 드라마 〈나르코스Narcos〉를 보면 된다. 그러나 쉬어야 할 때도 있다. 나 자신을 잘 들여다보고 정말 쉬고 싶은지, 아니면 단순히 내키지 않는 건지 구별해야 한다.

TIP 5   **먼저 하기**. 매일 아침 나는 최고의 나 자신으로 이끌어 줄 것부터 챙긴다. 나를 위한 시간을 먼저 갖는 것이다. 만약 헬스장에 갈지 말지 저녁까지 미루다 보면 너무 피곤한 나머지 못 가는 경우가 많다.

TIP 6   **시간 지키기**. 아침형 인간이 아니라면, 5번 TIP을 무시해도 좋다. 나 자신에게 맞는 시간을 정해놓고 지키는 게 중요하다. 정해놓은 일을 매일 미루고 어떻게든 될 것이라고 생각한다면, 결국 행동으로 옮기지 못할 것이다. 쉬운 일은 없다.

조금씩 대비하지 않으면 나중에 큰 대가를 치를 것이다. 무엇을 선택하겠는가?

21

우주가 관심을 줄 거라는 생각을 버리자

놀랍게도 우리는 완전히 중요한 사람이 아니다. 흔히들 대단히 인상 깊은 업적을 남기거나 후대까지 영향력을 미치는 인물이 되어야 가치 있는 삶을 산다고 생각한다. 어찌나 부담스러운지. 부담감에 짓눌리지 않으면 다행이다. 다들 정신 좀 차리자. 우주는 우리에게 관심이 없다. 시야를 우주까지 넓혀 우리가 얼마나 작은 존재인지, 드넓은 우주에서 얼마나 하찮은 존재인지 기억해두자.

무시무시한 마감일, 삐걱거리는 관계, 쪼들리는 주머니 사정 등 평범한 삶을 파고드는 불안감은 거대한 우주 앞에서 아무것도 아니다. 팬데믹과 정치조차도 쓸데없어 보인다. 우주는 온갖 일을 겪고도 살아남아 지금껏 살아 숨쉬고 있다. 그에 비하면 우리가 존재하는 시간은 찰나에 불과하다. 영국 언론인 올리버 버크먼Oliver Burkeman의 저서『4000주: 영원히 살 수 없는 우리 모두를 위한 시간 관리법Four Thousand Weeks: Time management for mortals』의 제목대로 4,000주다. 잠시 삶의 무게를 내려놓고, 이어지는 내용에 집중해보자.

지구에서 우리가 보내는 시간은 우주의 방대한 역사에 비해 말도 안 될 정도로 짧다. 137억 년이나 된 우주에 비하면 우리는 햇병아리다. 호모사피엔스의 등장이 20만 년 전 일이었다. 이렇게 생각해보자. 빅뱅을 자정으로 치고 우주가 지금까지 지나온 시간을 하루로 압축한다면, 인간은 아주 늦게 다시 자정을 알리는 종소리가 울리기 4초 전인 오후 11시 59분 56초나 되어야 등장한다.[66]

인간의 문명은 고작 6,000년 전부터 이어졌다. 철학자 브라이언 매기Bryan Magee에 따르면, 이집트 파라오의 황금기는 35세대 전에, 예수 탄생은 20세대 전에, 영국 헨리 8세의 즉위는 불과 5세대 전 일이다.[67] 드넓은 우주에서는 이 모두가 찰나일 뿐이다. 나 자신이 얼마나 하찮은 존재인지 되새겨보자.

이런 사실에 목표를 잃고 우왕좌왕하거나 겁먹을지도 모르지만 한편으로는 묘하게 위안을 느낄 것이다. 버크먼의 주장대로 우주가 우리에게 관심이 없다는 것을 깨닫기 때문이다. 아주 마음에 드는 말이다. 삶이 버거울 때, 한 걸음 물러나 드넓은 우주 속에서 우리가 얼마나 작은 존재인지 깨닫게 되면 실제로 해방감을 맛볼 수 있다. 평범한 걱정과 불안감은 방대한 우주 앞에서 하찮을 뿐이다. 좋다. 그렇다면 상사에게 실수로 '안녕히 지내셨습디까?'로 시작하는 이메일을 보내도 하늘이 무너지지는 않을 것이다. '참조'에 들어간 사람들은 잠깐 재밌어하겠지만. 절묘하게도 전(前) 에딘버러 주교 리처드 할러웨이Richard Holloway는 "'우주의 거대한 무관심'이 묘하게도 위안이 될 수 있다"는 말을 남겼다.

삶이 완전히 무의미하다는 말이 아니다. 오히려 고객과의 의견 차이, 관계 문제, 돈 걱정 등 매일 신경쓰는 일이 알고 보면 결국 별 것 아니라는 뜻이다. 정말 중요한 일에 집중하고, 그렇지 않은 일에서 손을 떼고, 순식간에 지나가는 삶의 아름다움을 오롯이 느끼라는 호소다. 우리는 이 우주에 그리 오래 머무르지 않는다.

그러나 이런 관점에도 문제가 있다. 아무 근심 걱정 없이 마음 편하게 포기하고 사는 사람은 별로 없을 것이다. 확인해야 할 이메일이 3만 2,742개라면 그럴 수 있겠는가? 우리는 자신을 끝없이 팽창하는 우주의 중심에 있다고 생각하는 경향이 있다. 나만 해도 여전히 내가 이상한 '트루먼 쇼'의 주인공이라고 확신한다. 과대망상증, 자기중심주의자, 나르시시스트라는 덫에 빠진 게 아니다. 인간이 원래 그렇다. 그래서 기껏해야 수천 주를 살면서 정말로 자신이 세상에서 가장 중요하다고 생각한다.

심리학에서 '자기중심적 편향Egocentricity bias'이라고 부르는 이 현상은 진화론적 관점에서 충분히 이해할 수 있다. 나 자신이 중요한 존재라고 생각하지 않는다면, 우리는 싸우고 생존해서 유전자를 퍼뜨리는 일에 그다지 관심을 두지 않을 것이다. 그러나 이것은 우리가 의미 있는 삶에 대한 기준을 지나치게 높게 설정하는 경향이 있다는 의미이기도 하다. 위대한 일을 이루고, 세상에 길이길이 전해질 영향을 남기고, 그도 아니면 잘 살았다고 느낄 수 있도록 그저 그런 일상을 뛰어넘어야 한다고 생각한다. 그러나 현실은 그렇지 않다. 의미 있는 삶을 살기 위해 전 세계적인 유명 인사가 될 필요도, 노벨상 수상자가 될 필요도 없다. 대신 즐거움과 성취감을 가져다주는 일에 집중하면 된다. 사랑하는 이와 시간을 보내든, (34장 내용처럼) 아리스토텔레스가 말한 행복인 '에우다이모니아Eudaimonia'를 느끼는 직업을 택하든, (새 관찰처럼) 조류학에 흥미를 붙이든, 일주일에 한 번씩 지역 무료 급식소에서 자원봉사하며 지역 사회에 긍정적인 영향을 미치든 다 좋다. 이게 잘 사는 삶이다.

드넓은 우주에 비해 보잘것없을지라도 우리는 여전히 의미와 목적을 채우며 살아갈 수 있다. 삶이라는 여정을 즐기지 못한 채 몇 명만 돕고 만다면, 길이길이 전해질 영향을 남기는 게 다 무슨 의미인가? 지금 이 삶이 끝나면 다시는 즐길 수 없다.

우주가 관심을 줄 거라는 생각은 이제 버리자.

TIP 1 **관점 바꾸기.** 버겁다는 기분이 들면 이렇게 생각해보자. '이게 1년, 2년, 5년, 아니 10년 후에도 중요할까? 1,000년 후에도?'

TIP 2 **일상의 아름다움 느끼기.** 그저 그런 일상이 지닌 가치를 무시하지 말자. 특별한 것이 없어도, 일상 속 작은 기쁨과 만족이 모여 잘 사는 삶을 만들어낸다. 닫히기 직전의 엘리베이터를 잡아타고, 건조기에서 막 꺼낸 뽀송뽀송한 티셔츠를 입고, 몇 년이나 연락 없이 지내던 동료에게서 메시지를 받는 등 일상에서 작은 기쁨과 만족을 느낄 수 있는 순간을 눈 크게 뜨고 찾아보자.

TIP 3 **자연을 우러러보기.** 우주의 방대함을 깨달을 수 있는 경험을 찾아낸다면 문제를 좀 더 넓은 시각에서 바라볼 수 있다. 적어도 나는 그렇다. 별이 빛나는 (아니면 빛 공해 때문에 주황빛으로 물든) 밤하늘을 바라볼 때, 호수나 강의 물결을 응시할 때, 우거진 숲을 산책할 때, 자연에 대한 경외심과 더불어 우주에서 나 자신이 얼마나 작은 존재인지 깨달을 것이다. 우리 집 가까이에는 500년 넘은 상수리나무 한 그루가 있다. 나는 그 옆을 지날 때마다 지금 여기에 살아 있어서 행운이라고 생각한다. 1666년이었다면 혹사병에 걸려 고통 속에서 죽었겠지만, 지금 나는 빗소리를 들으며 따뜻하고 향긋한 커피를 두고 앉아 노트북을 펴고 이 책을 쓰고 있다.

자, 이제 버크먼의 주장과 함께 이번 장을 마무리해보자.

우주가 우리에게 관심이 없다는 걸 알게 되면, 드넓은 우주에서 나 자신이 하찮은 존재라는 사실을 직면하게 된다. 이 사실을 최대한 받아들이자. (지나고 나면 다른 식으로 생각한 적 있다는 게 재미있지 않을까?) 수천 주라는 놀라운 선물을 진정으로 즐긴다는 건 '놀랄 만한 일'을 하겠다고 마음먹는 게 아니다. 오히려 정반대다. 추상적이고 지나치게 부담스러운 비범함이라는 기준에서 벗어나 우주의 중심이라는 신과 같은 환상을 뒤로하고, 구체적이고 유한한 동시에 종종 경이롭기까지 한 실제 삶으로 향하는 것이다.[68]

22

영웅이 되자

주변 사람들과 어울리기 위해 맞지도 않는 옷에 몸을 구겨 넣어야 했던 적이 있는가?

아마 다들 그렇겠지만, 나는 언제나 조금 달랐고 조금 이상했다. 항상 다르게 행동하고 처신하고 말해야 어울릴 수 있다고 생각했다. 억지웃음을 지으며 갈팡질팡하는 동안, 속으로는 내가 누구인지, 남들 눈에 어떻게 비치는지 불만스러웠다. '남들은 모두 저렇게나 침착해 보이는데 왜 나는 광대 같지?' 수년간 나는 100퍼센트 외향적인 척했지만, 사실 내향적인 기질도 많았다. 그래서 기력을 회복하고 생기를 되찾을 혼자만의 시간이 필요했다. 게다가 스물여섯이 될 때까지 내가 난독증과 통합운동 장애를 갖고 있는 줄도 모르고 살았다. 오히려 그 덕에 증상에 대처하는 법을 익혔고, 지금은 누가 봐도 타고난 이야기꾼이다. 쉴 새 없이 오랫동안 이야기를 늘어놓을 수도 있다. 그러다 보니 나 자신을 설명할 때면 으레 이야기를 들려준다. 그러나 오랫동안 괴롭힘, 우울증, 불안감, 폭식증을 겪은 탓에 자신감을 잃었던 적도 있다. 게다가 이 책을 쓰면서 추가로 ADHD인 사실을 알았다. 모르는 것보다 늦게라도 아는 게 낫긴 하다!

어린 시절, 나는 무자비할 정도로 괴롭힘을 당했다. 정신 질환, 이혼, 알코올에 약물 오용까지 겹쳤고 집안 사정도 좋지 않았다. 스스로 '어설프고 가난한 뚱보'라고 생각했고, 그 생각을 떨치기 힘들었다. (5년이나 일하고도) 자격증이라고는 거의 없던 열여덟 살 때의 나는 기술을 배워야 한다는 말을 듣고 전기 기사가 되었다. 스무 살이 되어 (사고 이후로 1년간 걷지 못하다가) 다시 걷는 법을 배울 때는 은행에 들어가라는 말을 들었다. 그래서 창구 직원으로 취업했다. 스물셋일 때는 성적도 능력도 신통치 않으니 대학에 가기는 어렵겠다는 말을 듣고 건설 현장에서 철골 구조물 설치하는 일을 했다. 벽돌을 나르고, 남의 성생활에 조언도 하고, 클럽에서 문지기도 해봤다. 누가 어떤 직업을 대도 아마 거의 해봤을 것이다. 그리고 무슨 일을 하든 "정말 잘하시네요, 이 일이 천직인가 봐요"라는 말을 들었다. 그러나 대학을 졸업하고 7년이 지나서야 내가 훨씬 더 많은 걸 해낼 수 있고, 남의 말을 듣는 데서 멈출 것이 아니라 나 자신의 한계와 서사를 깨야 한다는 사실을 깨달았다.

　나는 대학 졸업 후 꿈에 그리던 4대 컨설팅 회사 취업에 성공했다. 동료들은 좋은 학교 출신에 입도 험하지 않았다. 그러나 나는 좀 달랐다. 문신으로 뒤덮인 전직 클럽 문지기이자 수습 전기 기사였다. 최선을 다해 동료들처럼 보이려고 했지만 불안감이 일기 시작했다. 그렇다. 우리는 결코 다른 사람처럼 될 수 없다. 우리는 매력적이지 않은 결점까지 포함해서 자신을 포용해야 한다. 쉬운 일은 아니다. 그래서 종종 사람들은 자신과 남들이 정한 한계를 수용하며 주변에 섞이는 훨씬 더 쉬운 길을 택하는 것이다.

　예전에 상사에게서 말 좀 줄이고, 텔레비전 쇼 진행자처럼 굴지도 말고, 차분하게 지내라는 말을 들었다. '친근함'을 덜어내고 '전문적'인 태도를 보이라는 말도 들어봤고, 사람들한테 차마시겠냐는 말 좀 그만하라는 소리도 들었다. 난 이 모든 걸 수용했다. 조용히 주변에 섞여 남들처럼 지내야 했던 것 같다. 이 시기에 나 역시 남들처럼 직장에서 '퍼스널 브랜드Personal brand'라는 걸 알게 되었다. 그러나 퍼스널 브랜드는 절대로 개인적이지 않다. '전문가'가 되는 것에 관한 엄선된 결과이다. 나 자신을 드러내되 너무 많이 드러내지 말고, 진정성을 보여주되 적당히 보여야 한다는 말이다.

나는 다른 사람이 되려다 수년간 시행착오를 겪었고, 결국 두 손 두 발 다 들었다. 이제 나는 꾸밈없이 지내며 하루하루 '퍼스널 브랜드'를 잊으려 하고 있다. 나는 (절제해서 표현하자면) 가장 세련되고 영리한 사람은 아닐 것이다. 오히려 조금 어설프면서도 에너지 넘치고 진정성 있다. 지금은 1년에 한 번 핼러윈에만 가면을 쓴다. 있는 그대로 사는 게 나 자신뿐만 아니라 행복한 삶을 위해 한 일 중 최고였다고 단언할 수 있다. 다들 다른 사람처럼 될 것도 아니면서 왜 그렇게 노력하는가? 어떻게 해야 진정한 자아를 더 포용할 수 있을지 생각해보는 건 어떨까?

진정한 자아를 찾는 과정을 미국의 비교신화학자 조지프 캠벨Joseph Campbell이 제시한 영웅의 여정에 빗대보자. 모험을 하며 교훈을 얻고, 새로 발견한 지식을 바탕으로 승리를 거두고, 완전히 달라진 모습으로 귀환하는 영웅의 흔한 이야기 틀과 비교해보자는 것이다. 영웅의 여정은 기본적으로 세 단계로 요약할 수 있다.

출발 영웅이 익숙한 세상을 뒤로하고 모험을 떠난다.
입문 영웅이 낯선 세상을 헤치고 나가는 법을 배운다.
귀환 영웅이 익숙한 세상으로 돌아온다.

우리는 지금껏 겪어온 고난을 딛고 현재의 모습을 하고 있으며 앞으로도 끝없이 영웅의 여정을 거칠 것이다. 아마 지금도 누군가는 문제를 겪고 있거나, 누군가는 귀환 중일 수도 있을 것이다. 진정한 영웅이라면 다들 비슷한 경험을 한다는 사실을 빨리 알아야 한다. 그래야 스스로 써 내려온 이야기를 가치 있게 여기고, 나 자신이 남들과 다른 존재라는 사실을 깨닫게 될 것이다. 진정한 자아를 포용하자.

TIP 1 **여정에 감사하기.** 고난을 겪지 않았다면 지금처럼 단단해지지 않았을 것이다. 그렇다. 힘들었지만, 더 강해졌다.

TIP 2 **다름을 인정하기.** 사과를 오렌지와 비교할 수 없다. 그 누구도 서로 같지 않기에 저마다 끝내주게 특별하다. 이 사실을 잊지 말고 있는 힘껏 포용하자. 나 자신의 이야기를 환영하고 포용할 때, 그 이야기가 나만의 초능력이 될 것이다.

TIP 3 **내 이야기 포용하기.** 대개 자신의 과거를 돌아보며 조금 덜 힘들어도 됐을 텐데 하는 생각도 들 것이다. 그러나 이야기에는 고통이나 괴로움이 있어야 나름의 재미가 있다. 영웅이 부모의 전폭적인 지원을 받으며 단번에 성공했다면, 별 울림이 없지 않은가? 고통과 괴로움이 있어야 진정한 영웅이 탄생하는 법이다.

TIP 4 **내 이야기 들려주기.** 나는 수년간 폭식증에 맞서 싸운다는 사실을 엄마를 제외하고 누구에게도 말할 수 없었다. 그러나 결국 털어놓자, 어깨에 지고 있던 커다란 바윗돌을 내려놓은 듯 홀가분했다. 그 이후로 여러 행사장에서 수만 명을, SNS에서는 수백만 명을 대상으로 내 이야기를 들려주었다. 폭식증에 관해서는 지금 생각해도 여전히 가슴이 아프다. 그러나 직접 겪은 일 때문에 놀랍게도 수백만 명의 사람을 도울 수 있다. 누가 알겠는가. 당신의 경험담을 듣고 누군가가 자신만의 영웅의 여정을 시작할 수 있을지?

나는 시간을 거슬러 불안에 떨며 슬퍼하던 어린 나와 한 마디라도 나누고 싶다. 그럴 수 있다면 어린 나의 눈을 들여다보며 이렇게 말할 것이다. "넌 멋있는 사람이야. 남들 앞에서 네 얘기를 해봐. 남다른 게 멋있는 거라고." 그리고 힘껏 안아주고 싶다.

우리는 생각만큼 끔찍한 사람이 아니다. 항상 모든 것을 다 알고 있다는 다른 사람들의 생각이 과연 옳을까? 오늘 잠시 시간을 내서 당신이 그동안 무슨 일을 겪었고, 어떤 선행을 베풀었으며, 어떤 모습을 하고 있는지 떠올리고 지금의 나를 두 팔 벌려 포용하자.

미처 깨닫지 못했어도 우리는 모두 영웅이다. 아니면 곧 깨닫게 될 것이다.

23

휴식 윤리도 지켜보자

최근에 나는 딱 이틀만 병가를 내서 넷플릭스나 보고 싶다고 생각하고 있었다. 이메일이나 전화에는 신경 끄고 아무 생각 없이 말이다. 신중했어야 했다. 이번 주에 병가 낼 기회가 있었는데 고열에 콧물, 기침, 두통까지 몸 상태가 정말 말이 아니었다. 그러면 이메일, SNS에 눈길 한번 안 줬을까? 전혀 아니었다. 먹을 거라도 숨겨놓은 듯 디지털 세상에서 헤어 나올 수 없었다. 그저 한 번 보는 것쯤이야 괜찮다고 생각했다.

우리는 대개 활동하고 성과를 내며 의미를 찾는다. 그러면 가만히 있을 땐 어떻게 하나? 마치 음악을 즐기고 있다가 음악이 멎으면 의자를 차지해 앉는 게임과 같다. 나는 벤처 자본가 제리 콜로나Jerry Colona가 작가이자 사업가인 팀 페리스Tim Ferriss 의 팟캐스트에서 했던 말에 깊은 인상을 받았다. "우리는 계속 게임을 이어가고 싶어 하지만, 가끔은 물러나 한 템포 쉰 다음 게임에 나서야 합니다." 제리, 내 말이 그 말이에요!

나는 원래 쉬기보다 나서서 행동하는 편이다. 어디 내가 도울 사람 없나? 그런데 곰곰이 생각해보자. 하루도 빠짐없이 눈코 뜰 새 없이 바쁘다면 열정에 창의성까지 장착하고 일할 수 있을까? 행복이나 할까? 열세 시간 이상 모니터 앞에 붙어 있으면 하루를 편안하게 보내며 즐거움을 찾을 수 있을까? 멍하니 문서를 작성하고 이메일에 답장이야 잘 하겠지만 과연 생산성 있는 일일까, 아니면 실속 없는 짓일까? 자유 시간이 없는데 앞으로 닥칠 문제를 위해 답과 해결책을 떠올릴 수 있을까? 이쯤 하면 다들 이해할 테니, 질문을 마치겠다.

시간을 투자할수록 결과도 좋을 것이라는 속설은 바로잡을 필요가 있다. 대개 직업윤리는 신경쓰면서 똑같이 중요한 휴식윤리에는 별 관심이 없다. 동료가 주말에도 출근해 프로젝트를 끝내고 '기대 이상의 성과를 낸 것'은 분명 놀라운 일이다. 아주 존경스럽다. 그런데 그 사람을 좀 깨워야 하지 않을까? 책상에 앉아 졸며 침을 질질 흘리고 있을 테니 말이다. 그는 지난 2주간 가족과 3분도 같이 보내지 못했을 것이다. 자주 그러지 않았을까?

자, 다들 착각하지 말자. 또 어떤 사람이 자기 삶을 희생하지 않고도 마감일에 맞춰 고객 만족을 이뤄냈다면, 그때도 놀라워할 텐가? 다시 한번 말하지만, 일과 삶의 균형에서 그런 일은 없다. 일을 상대로 삶의 균형을 맞추려고 하면 항상 일이 이긴다. 그러나 삶이 먼저고, 일은 나중이다. 일은 삶의 일부에 불과하다.

나 역시 일에 파묻혀 뭔가를 하는 게 더 쉽다! 가만히 신경 끄고 있다 보면 좀이 쑤신다. 할 일이 산더미처럼 쌓여 있는데 어떻게 가만히 있겠는가? 솔직히 그러고 있을 자격도 없다고 생각한다. 쉬고 있을 수 없다. 그런데 우리는 뭘 증명하려는 걸까? 이메일을 여러 통 받고 그날 모두 대응한 적 있는가? 나는 거대한 글로벌 조직에 몸담고 있어서 이메일에 대응하려면 하루가 52시간이라도 모자랄 것이다.

『선과 모터사이클 관리술』의 저자 로버트 피어시그는 우리에게도 어둠 속 식물처럼 아무것도 하지 않는 시간이 필요하다고 주장했다.

만약 식물이 쉼 없이 햇볕만 쬔다면 매우 위험할 것이다. 어둠도 필요하다. 식물은 낮에 햇볕을 받아 이산화탄소를 산소로 전환하지만, 어둠 속에서는 산소를 가져다가 다시 이산화탄소로 전환한다. 우리도 마찬가지다. 우리에게는 활동할 시간도, 가만히 있을 시간도 필요하다.[69]

나는 여기서 휴식 윤리가 어때야 하는지 조언하고 싶지만 그럴 수 없다. 저마다 다르기 때문이다. 움직이는 걸 좋아하는 사람이 있는가 하면, 가만히 있어야 하는 사람도 있다. 또 어떤 사람은 혼자 있고 싶어 하지만, 누군가는 사람들과 어울리고 싶어 한다. 나는 혼자 움직이는 걸 좋아하고 (가사 없는) 프로그레시브 하우스 음악과 자연을 사랑한다. ADHD를 앓고 있어서 이런 환경에서야 제대로 휴식을 취할 수 있다. 그러나 가족, 동료, 친구들은 이런 나를 별나다고 생각한다. 이 책을 쓰고 있는 지금도 영국 출신 DJ 프레드 어게인이 런던의 한 공연장에서 선보인 세트리스트를 듣고 있는데, 10점 만점에 10점이다. 추천한다.

나처럼 프로그레시브 하우스 음악과 자연을 사랑하고 약간 빠르게 걷는 걸 즐기지 않는 한 휴식 윤리를 어떻게 설정해야 하는지 정확히 짚어줄 수 없다. 저마다 즐기는 방식이 다를 테니 말이다. 그래도 일을 조금 내려놓는 방법은 있다.

TIP 1 **적정선 지키기.** 우리는 뭐든 극과 극을 달릴 수 있다. 일에 치여 살면 번아웃이 올 테고, 설렁설렁 일하면 별 진전이 없을 것이다. (특히 다리) 운동을 너무 많이 하면 변기에도 못 앉을 정도로 다리가 후들거릴 테고, 하는 둥 마는 둥 하면 쥐가 날 것이다. 오랫동안 혼자 있다 보면 고독에 몸부림치고, 사람들 사이에 섞여 있으면 피곤하기만 하다. 일과를 생각해보자. 뭘 더 하는 게 좋고, 뭘 좀 줄여야 할까?

TIP 2 　휴식 허락하기. 나 자신에게 휴식을 허락한 다음, 다른 약속을 지키듯 먼저 챙기자. 쉬는 건 약하다거나 게으르다는 의미가 아니라 오히려 번아웃에 시달리지 않기 위해 꼭 필요한 일이다. 미국의 농구 선수 르브론 제임스는 (밤에 아홉 시간, 낮에 세 시간 해서) 하루에 열두 시간 잔다고 하는데 그가 게으르다고 생각하는가? 아닐 것이다. 그는 최고의 농구 선수니까.

TIP 3 　일정 잡기. 일일 일정과 주간 일정에 휴식을 우선 사항으로 잡아두자. 업무와 회의에 시간을 할당하듯 휴식과 원기 회복에 전념할 시간을 따로 내는 것이다. 이 순간을 나 자신과 타협할 수 없는 약속으로 여기고 다른 약속처럼 잘 지키도록 하자.

TIP 4 　지루하다면 고집하지 말기. 어떤 환경에서 무엇을 해야 휴식과 충전에 도움이 되는지 알아보자. 흔히 생각하는 것처럼 가만히 있을 필요는 없다. 여러 방식을 실험해보자. 한낮에 요가 수업을 듣고, 한 시간 동안 책을 읽고, 아니면 주말에 하이킹을 할 수도 있다. 뭘 하든 즐기는 게 가장 중요하다. 하기 싫은 일은 오래 가지 못할 것이다. 안 그런 사람도 있겠지만 나는 8초 이상을 가만히 앉아 있지 못한다. 묘하게도 헬스장에 있을 때 세상 가장 평온해진다.

TIP 5 　꾸준히 하기. 휴식 윤리를 확립하는 데는 시간과 노력이 필요하다. 그러니 가끔 실수해도 포기하지 말자! 스스로 휴식이 왜 중요하며 애초에 휴식 윤리에 관한 계획을 왜 세웠는지 계속 떠올리자. 나처럼 기록에 집착한다면 행동을 추적해야 순조롭게 나아갈 수 있을 것이다. 괜찮은 행동이라면 이력을 기록해보자. 소중할수록 소소한 것까지 파악해야 한다. 그래도 결국 실패한다면 의욕을 잃지 않도록 일종의 벌칙을 도입해보자. 예를 들어 가족과 저녁을 먹을 때 예전 습관이 도져 '딱 한 통만'이라며 이메일에 대응하면 집 청소를 하거나 벌금을 내겠다고 약속할 수 있다.

TIP 6 **여기저기서 도움 받기**. 휴식 윤리를 지킬 수 있게 도와주는 장치를 여기저기 두자. 이럴 때 쓸 만한 앱이 정말 많다. 달력 앱에서 미리 알림을 설정해도 좋고, 냉장고에 휴식 지침을 붙여놓거나 원래대로 돌아가지 않게 도와줄 친구를 둘 수도 있다. 내 친구 제임스가 이 역할을 꽤 잘 한다. "오후 9시야. 지금 이 댓글에 대답을 해줘야겠어?" "그래, 아닌 것 같군."

할 말 끝났으니 난 이제 햇볕 좀 쬐러 가야겠다.

의견에 얽매이지 말자

이번 장은 두 부분으로 나눠 우리 자신과 남들의 의견에 어떻게 대처할지 알아볼 것이다.

1부: 우리 자신의 의견

누구에게나 언제 어디서나 강경하게 나오는 친구나 가족이 있을 것이다. 온갖 일에 옳고 그름을 따지는 사람 말이다. 누군지 잘 모르겠다면, 설마 내가?

우리는 어떤 상황을 보고 웃기다, 놀랍다, 부당하다, 처참하다는 식으로 주관적인 잣대를 들이댄다. 우리의 의견이 전혀 필요하지 않은 상황에도 이러쿵저러쿵 참견한다. 옆자리 동료가 회의 때 한 말이 틀렸다고, 맞은편 동료가 고객을 다르게 응대 했어야 한다고 생각하는 것이다. 당신의 의견이 무언가를 바꿀 수 있을까? 아마 아닐 것이다. 그렇게 소극적으로 있어 봐야 생 각대로 흘러가는 일은 없을 테고, 아마 혼자서만 딴 세상에 사는 기분이 들 것이다. 그러니 조금 어렵겠지만 이렇게 한번 생각해 보자.

시험에 들거나 문제를 마주할 때 '통제할 수 있는 것'인지, '통 제할 수 없는 것'인지 정하는 것이다. 꽤 도움이 된다. 통제할 수 있는 것은 영향권 안에 있으므로 직접 나서서 바꿀 수 있다. 결과 에 영향을 미칠 만한 행동을 할 수 있다는 의미다. 언제 전화를 걸고, 이메일을 보내고, 회의할지는 다 정할 수 있는 일이다. 통제 할 수 없는 것은 어쩔 도리가 없다. 결과를 내 입맛대로 바꿀 수 없다는 말이다. 집주인이 계약 연장을 거부하고, 폭풍우 탓에 공 항이 폐쇄되고, 중요한 화상 회의 중에 인터넷 연결이 끊어지는 일 등이 여기에 해당한다. 세상에는 내 뜻대로 할 수 없는 일이 정말 많다. 스스로 정한 일이 아니어서 그런 것일 뿐이다.

나는 통제할 수 있는 일에는 재빨리 행동에 나서서 결과에 영향까지 미친다. 통제할 수 없는 것을 마주해도 상황을 바꿔보 려고는 하지만, 한발 물러나 결과를 보는 식으로 좀 더 소극적으 로 바뀐다. 그래도 일어날 일에 영향을 미칠 수 있는지 가늠하고 행동과 결과를 별개로 생각한 뒤에 할 수 있는 만큼은 한다. 그러면 마음대로 안 되는 상황 속에서도 최선을 다했다고 자부할 수 있다.

바꿀 수 없는 것, 즉 통제할 수 없는 것에 좌절하거나 화를 낸다면, 남에게 던지려고 빨갛게 달군 석탄을 들었다가 되레 화상만 입을 것이다. 스스로 할 수 있는 일인지 따져보자. 없다면, 이쯤에서 더 중요한 일에 집중하고 통제할 수 있는 것을 살펴보는 편이 낫다.

2부: 남들의 의견

우리는 주변 사람들을 기쁘게 해주고 싶어 한다. 특히 아끼는 사람이라면 더욱 그렇다. 그러나 우리를 본체만체하거나 인정하지 않는 사람까지 기쁘게 해주려고 시간과 노력을 낭비하기도 한다. 이러다 보면 결국 좌절하고 의기소침해질 수 있다.

아무리 노력해도 모두를 만족시킬 수 없다는 사실을 알아야 한다. 어떤 사람은 단순히 부정적이고, 남을 인정할 줄 모르고, 매사에 걱정만 하고, 또 어떤 사정이 있을지도 모른다. 그 사람은 아마 아직 이 책을 읽지 못해 자기가 그런 줄 모를 것이다. 우리는 우리를, 우리의 노력을 인정해주는 사람에게 집중하고 그들과 긍정적인 상호작용을 이어가야 한다.

노력해도 받아주지 않는 사람을 봐도 나 자신을 탓하지 말

자. 상대가 결정할 문제다. 긍정적인 자세를 유지하며 우리를 인정해주는 사람에게 집중해 언제든 곁에 있을 준비를 하자. 그러나 이런 사람하고만 일을 하고 시간을 보낼 수 있는 건 아니다.

출근하면 우리의 노고나 기여를 인정하지 않는 껄끄러운 동료나 상사와 함께 일해야 할 수도 있다. '왜 다들 내가 얼마나 일을 잘 하는지 모르는 거지? 이상하네.' 직장 밖에서도 우리를 인정할 줄 모르는 사람을 끊어내지 못할 수 있다. 아끼고 사랑하지만 비난을 일삼거나 좀처럼 힘이 돼주지 않는 가족이 있을 수 있다. 나는 전에 몇 번 "가족이니까 사랑한다 치자. 그런데 널 좋아할 필요까진 없잖아"라는 말을 속수무책 듣고만 있었다. 이럴 때는 우리 자신을 인정하고 증명하는 방법을 찾으면서 부정적인 말에 선을 그으면 도움이 될 것이다. 남의 결정에 이래라저래라 할 수는 없다. 할 수 있는 일에 집중하자.

미국의 자기 계발 전문가이자 작가인 셰인 패리시Shane Parrish는 '브레인 푸드Brain Food'라고 이름 붙인 자신의 블로그에 이런 글을 올렸다. "살면서 나쁜 사람을 피하는 일은 아주 중요하다. 우리는 어느샌가 주변 사람을 닮는다. 성가시기 짝이 없는 사람을 곁에 두면, 머지않아 당신도 그렇게 될 것이다."[70]

어떻게 해야 우리를 자극하는 의견을 그냥 흘려보낼 수 있을까?

TIP 1　**내 의견 돌아보기.** 한 발짝 물러나 왜 의견을 갖게 되었는지 생각해보자. 어디서부터 그런 의견을 떠올린 걸까? 사실을 바탕으로 한 걸까, 아니면 감정이 앞선 결과일까? 상황을 완전히 이해하지 않고 섣불리 결론을 내린 것은 아닐까? 자신을 망치기 전에 돌아보자.

TIP 2　**남의 관점에서 생각하기.** 저마다 경험과 의견이 다르다는 사실을 잊지 말아야 한다. 그러니 의견을 나누거나 토론할 때, 남의 관점을 이해하도록 노력하자. 나 자신의 관점을 넓힐 수 있고, 심지어 어떤 상황을 보고 폭넓게 이해할 수도 있다. 몸서리치게 별로라고 해도 말이다. '파인애플 피자도 피자가 맞지, 그렇고말고.'

TIP 3　**털어내기.** 〈겨울왕국〉의 엘사가 다 잊으라고 했듯 '털어내자'. 도움이 안 되는 의견을 붙들고 있거나 통제할 수 없는 것에 화를 내봐야 비참한 기분만 들 뿐이다. 스트레스나 불안감을 일으키는 의견을 내버리고 중요한 것, 즉 바꿀 수 있는 것에 집중하는 법을 배우자.

TIP 4　**오해하지 말기.** 남의 반대에 부딪히거나 인정받지 못하면 인신공격을 당했다고 생각하기 쉽다. 그러나 의견은 주관적이며 모두 자기 생각과 믿음을 가질 권리가 있다. 그러니 오해하지 말고 공통점을 찾거나 반대 의견을 받아들이는 데 익숙해지자. 어쩌면 상대는 힘든 시기를 보내고 있을지 모른다. 요즘 어

떻게 지내는지 물어보자. 그리고 이렇게 말해보자. "솔직하게 털
어놔 봐."

TIP 5 **경청하기.** 의견을 나눌 때는 남의 말에 집중하자. 온전히
관심을 기울이고 남의 생각이나 감정을 방해하거나 모른 체하
지 말라는 것이다. 다들 자신이 옳다고 생각하고, 그것을 증명하
고 싶어 한다. 그러나 당신이 틀릴 수도 있다. 그러니 남의 말 좀
듣자. 뭔가 배울 게 있을지 모른다. 사실 나도 다를 게 없다. 경청
문제라면, 내 코가 석 자다.

　이 문제에 관해 (내가 의견이 있는 것은 아니지만) 내 의견을 묻
는다면 이렇게 말하고 싶다. 의견은 일상적인 것이다. 그러나 의
견에 얽매일 필요는 없다. 통제할 수 없는 것에 관해서는 의견을
삼가고, 통제할 수 있는 것에 집중하면 더 행복하고 충만하게 살
아갈 수 있다. 게다가 모두를 만족시키려 하지 않고 우리를 인정
하는 사람에게 집중하면 더 끈끈한 관계를 맺을 테고 그 상호작
용 과정에서 더 큰 즐거움을 찾을 수 있다.

25

삶을 뒤집어 생각해보자

한 역사 속 인물이 이런 말을 남겼다. "내 삶은 결코 일어난 적 없는 끔찍한 불운으로 가득했다."(몽테뉴의 말-옮긴이)

공감을 불러일으키는 이 말을 증명하는 연구가 있다. 이 연구는 상상 속 재앙 중 실제로 일어나는 경우가 얼마나 되는지 들여다봤다.[71] 참가자들에게 오랫동안 어떤 걱정을 안고 있었는지 적게 하고, 상상 속 걱정 중 실제로 일어나지 않은 걸 생각해보라고 요청했다. 그랬더니 걱정 중 85퍼센트가 상상에 그쳤고 15퍼센트만이 실제로 일어났다고 대답했다. 게다가 참가자 중 79퍼센트가 문제를 마주하고도 예상보다 잘 대처했거나 배울 만한 교훈을 얻었다고 했다. 즉 걱정 중 97퍼센트는 과장과 오해로 혼자서 벌벌 떠는 데 지나지 않는다는 말이다.

이번 장은 조금 다르게 접근해보겠다. 혼자서 해도 좋고 친구, 동료, 사랑하는 이와 함께 해도 좋을 활동을 소개하려 한다. 오래 걸리지 않을뿐더러 내 관점을 180도 바꿔놓은 활동이기도 하다!

다들 옛날 일을 떠올려보자. (1년도 더 전에) 발표, 말실수, 큰돈 들어가는 일, 마감일 등 어떤 걱정에 사로잡혀 있던 시절로 돌아가 보는 것이다. 그때로 돌아가 다시 그 걱정을 느껴보자. 불편하겠지만 한 번은 해보자.

최악을 예상했는데 실제로는 그에 못 미치지 않았는가? 무엇을 배웠는가? 걱정을 딛고 더 강해졌는가?

1단계　마감일, 발표 준비, 껄끄러운 대화 등 현재 걱정하는 일 가운데 세 가지를 적고, 앞장에서 소개한 것처럼 통제할 수 있는 것과 통제할 수 없는 것으로 나누자. 스토아 철학의 '통제의 이분법'으로도 알려진 방식이다. 스토아 철학의 대표 인물 중 한 사람인 에픽테토스는 2,000년 전쯤에 어떤 일은 우리 뜻대로 할 수 있지만, 어떤 일은 그럴 수 없다는 생각을 밝혔다. 뜻대로 할 수 있는 것은 의견, 동기, 욕구, 반감처럼 우리 자신이 할 수 있는 일이다. 뜻대로 할 수 없는 것은 신체, 재산, 평판, 직장처럼 우리 자신이 어찌

할 수 없는 일이다.[72]

2단계 통제할 수 있는 것에는 동그라미를 치고, 통제할 수 없는 것에는 밑줄을 긋자.

3단계 이번 주말엔 통제할 수 있는 것을 해결하든 통제할 수 없는 것을 덜어내든 둘 중 하나를 하고 결과를 돌아보는 시간을 가져 보자.

이게 우리가 할 수 있는 전부다.

혹시 그만 걱정하고 싶을 때 떠올릴 정말 귀중한 질문이 필요한가? 걱정의 구렁텅이로 빠진다는 생각이 들면 스스로 이렇게 물어보자. "이게 1년 후에도 중요할까?" 아마 그렇지 않을 것이다. 한 3퍼센트 확률로 중요할지 모르지만, 그 정도는 다 대처할 수 있다.

통제할 수 있는 것은 다루고 통제할 수 없는 것은 털어내자. 서문에서 언급했던 메리 슈미크는 이렇게 말했다. "걱정이란, 방정식을 풀려고 하면서 껌을 씹는 것과 같다."[73] 문제 해결에 아무 도움이 되지 않는다는 말이다. 물론 말이 쉽지만, 그래도 우리는 할 수 있다. 그건 그렇고 껌 있는 사람 어디 없나?

지금 당장 시작하자

"나무 심기 가장 좋은 때는 20년 전이었다. 두 번째로 좋은 때는 바로 지금이다."- 중국 속담

새롭게 뭔가를 시작할 시기를 재고 있는가? 프로젝트만 끝나면 상담하러 가고, 몸매 관리도 시작하고, 오랫동안 꿈꾸던 커리어 전환에 나서겠다고 생각하고 있는가? 그렇다면 당신은 혼자가 아니다. 자꾸 미루기만 하는 나 역시 '연쇄 유예 동호회'의 자랑스러운 일원이다. 할 수만 있다면 여러분을 직접 만나 인사를 나누고 싶지만, 너무 바쁜 탓에 동호회 모임이 있다고 해도

갈 겨를이 없다. 우리는 대부분 새롭게 뭔가를 시작하려 할 때, '이것만 다 하면'이라며 완벽한 시기를 기다리기만 하는 문제에 빠진다. 그러나 완벽한 시기라는 게 그저 속설에 불과하다면 어떻게 할 텐가?

2022년에 글로벌 여론조사 기업인 유고브에서 실시한 연구에 따르면, 영국인 중 21퍼센트가 새해 결심을 한다. 그러나 결심을 그대로 지킨 사람은 28퍼센트뿐이었고, 53퍼센트가 일부를, 17퍼센트가 어떤 것도 지키지 않았으며, 어처구니없게도 2퍼센트는 기억조차 하지 못했다. "결심이요? 무슨 결심?" 새해 결심 중 상위 세 개는 여느 때와 다를 바 없이 건강과 관련된 것이었고, 저축이 그 뒤를 이었다.[74]

그런데 우리는 왜 실행에 앞서 완벽한 시기를 기다릴까? 왜한 단계씩 나아가는 대신 모든 걸 단번에 하려는 걸까? 그러면서 크나큰 부담을 온몸으로 느끼고 있는 건 아닐까? 정말이지우리는 일을 어렵게 만드는 것을 밥 먹듯 한다. 새해 첫날부터다이어트를 시작해 뱃살과 이별하겠다고 다짐한다. 누가 크리스마스 초콜릿을 대신 버려주기를 바라면서 말이다. 돈을 더 모으는 건 부엌 단장을 새로 마친 다음으로 미룰 수 있다. 음, 어쩌면 그리스에서 휴가를 즐긴 다음일지도 모르겠다. 이미 깨달았겠지만 완벽한 시기는 절대 오지 않을 것이다.

기다리고 있을수록 첫발을 내딛기는 점점 더 어려워진다. 현재에 편안함을 느낀 나머지 변화에 뛰어들기 어려워지는 것이다. '난 당연히 밖에 나가서 달릴 수 있어. 그런데 드라마를 놓치겠지? 내일 나가자.'

3년 전, 나는 글을 쓰고 영상을 촬영하며 콘텐츠를 만들어내려 노력했고, 심지어 TED 강연자 자리에도 지원했다. 나는 주변 사람들에게 TED 강연을 하고 책을 쓸 거라고 알리고 다녔다. 준비된 상태였을까? 그럴 리가. 무서웠을까? 매우. 그러나 하루라도, 일주일이라도, 일 년이라도 더 빨리 시작했다면 좋았을까? 100퍼센트 그렇다. 나 자신이 너무나도 미약한 존재라고 생각해 첫발을 내딛는 데 정말 많은 용기가 필요했지만, 완벽한 시기가 절대 없다는 것 역시 깨달았다. 그래서 일단 뛰어들어 시작했다. 나는 난독증이고 무대 위에 혼자 올라 말한 적도 없었다. 주변 사람들에게 내 계획이 터무니없이 들리지 않았을까?

그러나 계획 덕에 이해할 수 없는 일이 벌어졌다. 나는 나 자신을 작가이자 연설가로 바라보고 작가와 연설가라면 할 법한 일에 나섰다. 지금껏 자기 챙김 프로젝트에 수백만 명의 동참을 유도했고, 앞으로 10억 명까지 모을 생각이다. 앞서 말했듯, 나는 열아홉에 럭비장에서 끔찍한 부상을 당했고, 자격증도 일도 없었고, 희망도 미래도 없어 삶을 끝내고 싶었다. 여러분이 어떻게 생각하든 아마 여러분이 맞을 것이다. 그러나 나는 이 책을 펴냈고, 2023년 5월에 TED 강연까지 끝냈다.

그렇다면 왜 다들 첫발을 내딛지 못하는 걸까? 실패할까 봐 두려워서? 아직 준비가 안 된 것 같아서? 사실 시작할 준비를 할 필요도 없다. 과정 자체에서 배우고 성장할 것이며, 지금 시작해도 얼마나 많이 이룰 수 있는지 발견하고는 분명 놀랄 것이다. 나는 1년 차에 뜻을 같이하는 사람을 약 40만 명 모았다. 2년 차에는 120만 명, 3년 차에는 360만 명이었고, 내년이면 1,000만 명 이상이 될 것이다. 지금처럼만 늘어난다면, 5년 차에는 아마 3,000만 명에 도달할 것이다. 더 빨리 시작했다면 좋았을까? 그렇다. 준비 없이 뛰어든 과거의 나 자신에게 감사해하고 있을까? 매우 그렇다.

매년 새해 결심 상위를 차지하는 '건강'과 관련된 다른 예시도 살펴보자. 나는 최근 금주하기로 했다. 노동자 계급 출신의 영국 남자로서 참으로 훌륭한 영국 문화를 따라 나는 열네 살에 친구들과 공원에서 값싼 술을 마시기 시작한 이후로 가장 오랫동안 술 한잔 입에 대지 않았다. 처음엔 이렇게 생각했다. '내가 뭘 하려는 거지? 술 없이 어떻게 사람을 사귀고, 쉬고, 데이트하지?' 다시는 술을 안 마실 것 같았지만, 결국 (예전에 금주를 다짐했을 때보다 석 달을 더 버텨 신기록을 세우며) 다섯 달을 결심대로 지내다 또 마시기는 했다. 내년에도 다시 금주할 생각이다.

이번에 금주하면서 나는 평소라면 술과 함께 내 몸을 채웠을 18만 8,000칼로리를 막아냈다. 53파운드, 즉 24.41킬로그램에 맞먹는 수치다. 체지방도 5퍼센트나 감소했다. 지금은 초콜릿에 심하게 중독되었지만, 한 번에 하나씩만 먹는다! 게다가 돈도 2,500파운드 이상 아낄 수 있었다. 그동안 술에 빠져 돈을 미친 듯이 쓴 것처럼 보이겠지만, 런던에서 맥주 한 잔에 8파운드인 걸 생각하면 그 정도 돈은 우습다.

어떻게 해야 예전 습관을 버리고 새로운 습관에 첫발을 내디딜 수 있을까?

TIP 1 **롤 모델 설정하기.** 금주할 때 나는 술을 마시지 않는 멋진 사람들과 어울리는 게 큰 도움이 되었다. 이때 좋은 점은 롤 모델을 개인적으로 만날 필요가 없다는 것이다. 유튜브, 팟캐스트, 책 등을 통해 전 세계적으로 유명한 인물들과 가까워질 수 있다. 나는 베스트셀러 작가 리치 롤Rich Roll과 마크 맨슨Mark Manson, 『취하지 않았을 때 느끼는 뜻밖의 기쁨The Unexpected Joy Of Being Sober』의 저자 캐서린 그레이Catharine Gray에게서 힘을 얻는다.

TIP 2 **작게 쪼개기.** 남아프리카공화국의 사제였으며 노벨 평화상 수상자이자 역사 속 위인으로 거듭난 데스몬드 투투Desmond Tutu는 "코끼리를 먹을 수 있는 방법은 한 입씩 먹는 것뿐"이라고 말했다. 당장 일이 벅차고 버거울 때에는 이룰 수 있는 작은 목표로 쪼개라는 의미다. 이렇게 하면 의욕을 잃지 않고 집중하며 하나하나 해나갈 수 있을 것이다.

TIP 3　　**시각화하기.** 목표를 이루고 나면 어떤 기분이 들지 상상해보자. 어떤 삶이 펼쳐질지 생각하면서 오감을 발휘해 그 순간을 맛보는 것이다. 한 걸음 더 나아가 주변 사람들에게 목표를 알려도 좋다.

TIP 4　　**파킨슨 법칙에서 배우기.** 파킨슨 법칙Parkinson's Law이란 업무량이 업무 수행에 할당된 시간에 맞춰 늘어난다는 법칙이다. 시간을 늘리지 않으려면 목표를 덩어리째 가져다 시각화한 후 잘게 쪼개 하나씩 이룰 계획을 세워야 한다. 그러면 그다지 벅차 보이지 않을 것이다.

TIP 5　　**여러 데이터 이용하기.** 살을 빼고 싶다면 감량에만 집중하지 말자. 자극받을 만한 더 많은 데이터를 생각해보는 것이다. 돈을 얼마나 아낄 수 있을지, 체지방을 얼마나 감소할 것인지, 몇 보나 걸을 것인지 등을 따져보자. 큰 그림을 그릴수록 한눈팔지 않고 지킬 수 있는 계획을 세우게 될 것이다!

TIP 6　　**긍정적 강화와 부정적 강화 이용하기.** 작게 쪼갠 목표를 이루면 스스로 격려하자. 작은 선물도 좋다. 그 반대라면, 휴식 윤리를 다룬 23장에서 말했듯 설거지하거나 자선 단체에 기부하겠다고 친구나 가족에게 자그마한 약속을 할 수 있다.

TIP 7　　**사회적 압박 역이용하기.** 시각화하자던 세 번째 TIP에서 말했듯, 미래의 내 모습을 세상에 드러내면 목표에 집중하며 꼭 달성해야겠다는 압박감을 느끼게 될 것이다. 마음 약한 사람은 군이 드러내지 않아도 좋다.

완벽한 시기는 절대 없으며, 그게 언제인지 귀띔하는 사람도
없다. 그러니 당장 시작하는 게 어떨까? 다 잘될 것이다.

연이은 회의에서 살아남자

미리 알린다. 꼬리에 꼬리를 물고 이어지는 회의는 비효율적일 뿐만 아니라 뇌에 스트레스 지수까지 높인다. '밸런스' 게임을 하듯 양자택일을 해보자. 가만히 있지 말고 무조건 골라야 한다. 자, 첫 번째 시나리오다. 휴식 없이 다섯 번이나 연이어 화상 회의를 한다. 화장실에 가고 싶은데, 할 일은 점점 더 늘어나 자리에서 일어날 수가 없다. 웃기는 상황 아닌가? 이제, 두 번째 시나리오다. 회의가 똑같이 다섯 번이지만, 다들 5~10분 일찍 끝난 덕에 일어나 스트레칭도 하고 1분 정도 창가에 앉아 커피를 마시다가 동료의 환상적인 분기 재무 현황 발표 자리에 가면 된다. 이야, 커피를 마시다니!

당신이 무엇을 고를지 예상할 수 있다. 첫 번째 시나리오를 고르는 사람이 있다면, 28장으로 넘어가라는 말 외에는 딱히 해줄 말이 없다. 사실 선택은 빤하지만, 자기도 모르게 휴식도 없이 이 회의에서 저 회의로 옮겨 다니지 않는가? 팬데믹 이전보다 250퍼센트 더 많이 회의한다는 마이크로소프트의 연구 결과[75]를 생각해보면 그다지 놀랍지 않다. 그렇다면 최소한 회의 말고 다른 일은 줄어들지 않았을까 싶은데… 잠깐, 업무량이 줄기는커녕 오히려 늘었다. 완벽하다, 완벽해! 다들 연이은 회의 탓에 머리가 어떻게 될 것 같은 요즘 시기에는 정말 뭔가 해야 한다.

눈만 뜨면 매일 끝도 없이 회의하느라 시간을 다 보내는 사람이 아닐지라도, 다행히 배울 만한 내용이 있으니 미리 걱정하지 말기 바란다.

최근에 마이크로소프트에서 실시한 또 다른 연구에 따르면, 연이은 회의는 스트레스를 일으킬 뿐만 아니라 뇌에도 해롭다.[76] 연구진은 (샤워 캡, 아니 어쩌면 에미넴처럼 금발로 탈색하려고 예전에 썼을지 모를 염색 캡처럼 생긴) '뇌파 분석 캡EEG cap'을 이용해 연이어 네 개의 회의에 참석한 두 집단의 참가자들에게서 뇌파 활동과 스트레스 추이를 측정했다. 한 집단은 회의 사이에 10분씩 쉬었고, 다른 집단은 쉼 없이 회의에 참석했다.

결과는 충격적이었지만 그다지 놀랍지 않았다. 회의 사이에 휴식을 취한 집단은 뇌에서 스트레스를 일으키는 활동을 잠잠하게 만들 수 있었지만, 다른 집단은 눈에 띄게 (스트레스와 관련된 베타파가 더 높아져) 스트레스가 증가했다. 실제로 연달아 회의에 참석할 때마다 스트레스는 복리로 늘어났다. 연구 결과 드러난 중요한 사실이 세 가지 있다. 첫째, 회의 사이에 휴식을 취하면 뇌가 '리셋'할 시간을 줘 회의하는 동안 켜켜이 쌓였던 스트레스를 줄일 수 있다. 둘째, 연이은 회의는 집중력을 흐트러뜨리고 몰입을 방해할 수 있다. 셋째, 쉴 틈 없는 회의가 높은 스트레스의 원인일 수 있다. 이런 상황을 상상해보자. 3분 뒤에 다른 사람과 만나 회의해야 하는데, 지금 참석하고 있는 회의가 끝날 기미가 보이지 않는다. 불안한 건 당연하다.

만약 아홉 번이나 연달아 회의를 마친 후 여전히 생산적인 기분이 든다면, 다시 생각해보기 바란다. 바쁜 것과 생산적인 것 사이에는 큰 차이가 있지만, 우리는 그 둘을 심하게 혼동한다. 2020년 3월 이후로 평균 근무일이 13퍼센트 가량 늘어나 우리는 어느 때보다도 오래 일한다. 이게 다 유비쿼터스 기술이 발전한 탓이다.[77] 그러나 영국 경제사회연구소National Institute of Economic and Social Research에 따르면, 2008년에서 2020년까지 영국 내 (진정한 GDP인) 생산성은 평균 0.5퍼센트 증가하는 데 그쳤다. 반면 이전 34년 동안에는 2.3퍼센트였다.[78] 물론 이유야 많지만, 많이 회의하고 오래 일한다고 해서 개인, 조직,

사회에 긍정적인 효과가 돌아가지 않는다. 그런데 왜 우리는 여전히 이러고 있을까?

우리는 휴식 없이 연이어 회의에 참석하는 것이 어떤 기분인지 안다. 마치 자기 자신을 따라잡으려고 끝도 없이 러닝머신 위에서 뛰는 것과 같다. 그러나 이런 상황을 바꿀 수 있다면 어떨까? 시간을 아끼고 스트레스를 줄이면서 더 생산적이기까지 할수 있다면? 해결책은 단순하다.

TIP 1 **일정 단축 설정하기.** 일정을 잡을 때 회의가 조금씩 일찍 끝나게 자동 설정하는 것이다. 그렇게 하면 뇌를 리셋할 시간이 생겨 스트레스를 해소할 수 있다. 더불어 시간도 아낄 수 있다. 실제로 (하루에 회의를 여섯 번 한다고 가정할 때 평균 7.5분을 아낄 수 있으니) 1년에 4.8주를 나 자신을 위해 아껴둘 수 있다. 대단하지 않은가? 모든 조직에서 이렇게 움직인다고 가정해보자. 그러면 전 직원 5,000명에 4.8주를 곱해 총 2만 4,000주를 아낄 수 있다는 결과가 나온다. 전일제 직원을 추가로 500명 고용하는 것과 맞먹는 수치다.

TIP 2 **단축의 세계로 초대하기.** 누군가 30분이나 1시간 하는 회의에 자꾸 초대한다면, 어떻게 일정을 짜야 하는지 알려주자. 얼마 안 걸릴 테고, 모두가 이득을 볼 것이다.

TIP 3 **만반의 준비하기.** 만반의 준비를 하고 있어야 시원시원하게 결정을 내리며 회의를 끝마칠 수 있다. 안건을 알리고 참석자를 선정한 뒤 (키보드나 화면을 두드리며) 멀티태스킹하지 말고 (집중력 있게) 정시에 딱 마치고는 예정보다 빨리 결과를 공유하면 된다. 이런 것도 안 지키는 회의는 거절하자. 다들 신속하게 회의를 끝마치려는 움직임에 동참하기 시작할 것이다.

TIP 4 **회의 돌아보기.** 앞으로 2주간 나 자신과 동료들의 일정을 거침없이 파헤쳐 보자. 방법은 이렇다.

1단계 전체 일정을 확인하고 다음 질문에 답하도록 하자. 하나라도 '아니오'라고 대답한다면 다음 단계로 이동하면 된다.

- 회의의 목표, 안건, 결과가 명확한가?
- 회의가 정해진 시각보다 5~10분 일찍 끝나는가?
- 회의가 점심시간이나 출근 전, 퇴근 후가 아니라 근무 시간 중에 열리는가?
- 내가 기여자, 전문가, 승인권자, 의사결정자인가?
- 내가 결과에 영향을 받는가?
- 회의록이나 실행 항목을 검토하는 것으로도 충분하지 않은가?
- 회의에서 내 역할이 명확한가?
- 내가 팀 내 유일한 참석자인가?

2단계 다음 행동 방침 중 하나를 선택하자.

- 회의 초대 거절하기

- 회의 참석 횟수 줄이기
- 회의 시간 단축하기
- 마이크로소프트 팀즈Microsoft Teams, 이메일 등 여러 의사소통 수단 제안하기
- 참석자 중 일부 제외하기
- 최신 안건, 목표, 예상 결과 요청하기
- 회의 일정 삭제하기

우리는 기계 인터페이스가 (아직은) 아니다. 그러니 나 자신뿐만 아니라 남들까지도 기계처럼 대하면 안 된다. 잠시 한숨 좀 돌리자. 버거운 회의에 적용할 해결책은 간단하다. 짧게나마 쉬면 된다.

난 이만 가봐야겠다. 또 회의가 있어서.

28

소외되는 걸 즐기자

나는 2022년 6월에 정리해고된 이후 여름 내내 일자리에 지원하고 면접을 보며 앞으로 무엇을 할지 준비해야 했다. 그러면서도 여전히 SNS에 글을 게시했다. 이런 생각을 품고 있었기 때문이다. '사람들이 '행복한 직장 생활' 하면 나를 떠올릴 정도가 되기 위해서는 싫어도 계속 사람들 앞에 나서야 해.' 그래서 직장에 다닐 때보다 글을 게시하는 데 더 매달렸던 것 같다.

구직에 나선 지 석 달 만에, 딜로이트에서 미래 웰빙 담당자로서 꿈꾸던 일을 시작할 수 있었다. 얼토당토않은 말 대신 '실제로 효과가 있는' 전략을 세울 수 있게 전 세계 정부와 조직을 돕는 일이었다. 계약서에 서명하자마자 그간 어깨를 짓누르던 바윗돌이 사라진 것처럼 가뿐했다. 노동 계급 출신인 내게 돈은 항상 걱정거리였다. 그래서 계약서에 서명하기 전까지 마음을 놓을 수 없었다. 머릿속에서는 이런 말이 맴돌았다. '생활비며 공과금을 어떻게 충당하지? 걱정이 끝이 없군.' 그러나 계약서에 서명하자마자 멕시코 여행을 예약했다. 출근하기 전에 세상일에 신경 좀 끄고 지내기 위해서였다.

그리고 2주간 저 멀리 멕시코를 여행하는 동안 나는 매일 나가 놀면서도 (내 입으로 말하니 부끄럽긴 한데) 평소처럼 부지런한 인플루언서가 되기 위해 게시할 글을 미리 준비해 게시 일정까지 짰다. 예약 게시 기능을 이용하고 SNS는 보지 말아야겠다고 다짐했다. 그래서 디지털 기기에 손을 뻗지 않으려 SNS 앱을 지우기까지 했다.

그렇다고 SNS를 멀리할 수 있었을까? 절대 아니었다. 글이 게시되는 시간을 알고 있다 보니 잘 게시되었는지 확인했고, 메시지나 이메일도 살폈다. 누가 언제 연락해도 대응해야 한다는 생각을 떨칠 수 없었다. 인생이 바뀔 만한 기회를 놓칠지도 모르지 않은가? 어떤 행사에서 연설해달라는 요청을 받는다면? 누군가 연락해온다면? 책 계약을 따낸다면? 나는 지구상에서 가장 아름다운 장소에 머물며 다이빙을 하고 카리브해에서는 수영과 마가리타와 타코까지 즐기고 있었다. 여름 내내 새로운 일

자리를 찾으려 뼈 빠지게 노력했으니 지친 몸을 잠시 쉬며 일상에서 멀어져도 좋지 않았을까? 그러나 어쩔 수 없었다. 그러다 뭔가를 놓치면 어떡하나 싶었다.

'하나만 더 확인하겠다'며 앱을 다운로드하고 삭제하기를 반복하며 12일을 보냈다. 그리고 이렇게 생각했다. '받은 편지함, 게시물, 댓글을 확인할 일상으로 돌아가기 전에 아직 이틀이 더 남았어. 지금 신경 끄지 않으면 앞으로도 SNS에 매달리고만 있을 거야.' 그래서 숙소에 휴대전화를 놓고 해변에서 온종일 시간을 보냈다. 밤에도 휴대전화를 놓고 밖에 나갔다. 나는 모래사장을 어루만지는 파도 소리를 들으며 저녁을 먹으러 천천히 걸었다. 식당에 도착해 저녁을 먹으면서는 연인과 가족들이 웃고 떠드는 모습을 보았고, 숙소로 돌아가는 길엔 바닷물에 발을 담그며 오랫동안 걸었다. 놓치는 걸 두려워하던 내가 어느샌가 잊히는 걸 즐기고 있었다. 휴대전화가 방전되었지만 공항에 갈 때까지 충전하지도 않았다.

다들 본능적으로 이 기분이 뭔지 알 것이다. 잠시 생각해보자. 멕시코 해변에 있지 않아도 이런 경험을 해본 적 있을 것이다. 그러면 소외되는 걸 즐긴다는 개념인 조모JOMO, Joy Of Missing Out에 대해 더 알아보자.

조모는 쉴 틈 없이 분주한 현대 생활에서 벗어나 과거를 돌아보며 나 자신은 물론이고 삶에서 중요한 사람들과 다시 가까워지는 걸 의미한다. 때로는 거절하는 것도 괜찮다는 것, 모든 걸 할 시간도 없고 하고 싶지 않다는 사실을 이해하는 것을 의미하는 개념이기도 하다.

그렇다면 조모는 왜 중요할까? 무엇보다도, 소외되는 걸 두려워하는 포모FOMO, Fear Of Missing Out가 큰 문제다. 밀레니얼 세대 열 명 중 일곱 명 정도(69퍼센트)가 포모를 경험한다. 전 연령층에서 가장 높은 수치다. 게다가 이들은 일부러 사람들 사이에서 포모를 조장하려 할 가능성도 가장 높다. 33퍼센트나 실제로 그랬다고 응답했다. 다른 연령층에서는 12퍼센트였다.[79] 사실 밀레니얼 세대만의 문제는 아니다. 남녀노소 누구나 잊을 만하면 포모라는 괴물과 싸운다. 그렇지 않다고 생각한다면 주저 없이 SNS를 열고 5분간 스크롤을 내리며 게시물을 확인해보자. 더 자세히는 SNS를 주제로 한 46장에서 살펴볼 예정이다.

이외에도 우리는 캠핑, 파티, 휴가를 못 갈 때뿐만 아니라 회의, 마감일, 성적표 생각에도 포모를 경험한다. 링크드인에 따르면, 직장인 중 70퍼센트가 휴가 중에도 편히 쉬지 못한다고 토로했다. 가장 큰 이유가 무엇일까? 56퍼센트가 뒤처지고 싶지 않기 때문이라고 응답했다.[80]

게다가 응답자 중 다수가 부업에 나설 때만 일에서 신경을 끈다고 했다. (부업이라니, 존경스럽다. 하긴 지금 이 책을 쓰는 나도 부업 중이긴 하다.) 직장인 중 70퍼센트 이상이 부업을 하고 있으며, 그

중 40퍼센트가 열정적으로 부업을 하며 휴일을 보낸다고 한다.

그런데 왜 이러고들 있을까? 살아남기 위해서는 일하고 돈을 벌어야겠지만, 다음 달 공과금 걱정을 할 필요가 없다 해도 쉼 없이 일하려 든다. 누가 시키지도 않았는데 살기 위해 일하기보다는 일하기 위해 산다. 나도 별반 다를 게 없으니 옳다 그르다 말하지 않겠다. 다만 우리가 일주일 내내 멀리 떠난다고 해서 세상이 무너질까? 회사가 무너질까? 그렇다고 생각한다면 대단한 착각이다.

다른 사람들과 비교하며 따라잡으려다가는 기진맥진해 정신적으로 문제를 겪을 수 있다. 반면 소외되는 걸 즐기다 보면 기운이 번쩍 날 수 있다. 한 발짝 물러나 한숨 돌리고 정말 중요한 일에 집중할 수도 있다. 물론 이런 식으로 사는 게 항상 쉽지는 않다. '꼭' 해야 할 것만 같은 일을 거절하거나 SNS의 유혹에 저항하기 어려울 수 있기 때문이다. 그러나 조금만 연습하면 일상에서 조모를 실천할 수 있다.

그렇다면 어떻게 해야 소외되는 걸 즐기기 시작할 수 있을까? 다음 조언을 살펴보자.

TIP 1 **본보기 되기.** 직장인 중 67퍼센트가 업무 문제로 문의할 일이 생기면 휴가 중인 동료에게라도 연락하겠다고 응답했다.[81] 그런데 그런 사람은 되지 말자. 휴가 가서 전화나 이메일을 받고 싶은 사람이 있겠는가? 문의하기 전에 다시 한번 생각하자.

TIP 2　**한 가지 일에 집중하기.** 멀티태스킹은 착각에 불과하다. (일부를 제외하고 우리 모두) 한 번에 한 가지 일만 하면서, 여러 일거리 사이를 끊임없이 옮겨 다닐 뿐이다. 중요한 일을 처리할 일정을 잡고, 휴대전화나 다른 데 한눈팔지도 말고 그 일 하나만 하자.

TIP 3　**현재라는 선물에 충실하기.** 과거는 역사고 미래는 미지의 영역일 뿐, 우리는 선물과도 같은 귀중한 현재 이 순간에 존재한다. 현재에 충실하자. 다시는 돌아오지 않을 시간이다.

TIP 4　**확신할 수 있을 때만 승낙하기.** 어떤 일에 전념하기 전에 주의부터 기울여야 한다. 충동적으로 결정을 내리지 말자. 시간, 에너지, 자원은 모두 소중하다. 어떤 요청에, 특히 부담스럽게도 빨리 결정해야 할 상황에 부딪혀도 차분히 생각해보자. '거절'할 태세를 갖춘 채 상황을 하나하나 뜯어보고 현명하게 결정할 수 있을 때에만 승낙하면 된다. 확신할 수 없다면 거절해야 한다.

TIP 5　**휴식 시간 누리기.** 우리는 대개 '생산적'인 일을 하고 있지 않을 때 시간을 낭비한다고 생각한다. 그러나 23장 '휴식 윤리'에서 말했듯, 휴식은 그 어떤 생산적인 일 못지않게 중요하다. 그러니 다음에 휴식 시간을 갖게 된다면 죄책감 느끼지 말고 받아들이자. 다들 그럴 자격이 있다.

　누구 나랑 같이 멕시코에서 타코 먹을 사람?

29

고독에 잠겨보자

고독이라는 말이 긍정과 부정 중에서 어떤 쪽으로 들리는 가? "진정한 고독은, 외로움이라는 실패한 고독과는 다르다. 무 궁무진한 가능성을 품고 있지만 쉽게 경험할 수 없다."[82] 우리는 대면 행사나 디지털 교류를 알리는 알림 소리를 들으며 현실과 디지털 세상에서 사람들과 어울려 살아간다고 생각한다. 요즘 처럼 과하다 싶을 정도로 서로 연결된 세상에서 고독, 아니 잠시 혼자 있는 시간을 생각해본다는 것 자체도 쉽지 않다. 거짓말을 조금 보태지 않고는 쉽사리 초대를 거절할 수 없다. 거절에 약간 의 죄책감도 따라 붙는다. 그래서 우리는 종종 사교 행사에 참석하거나 언제나 디지털 세상에 연결되어 있어야 한다고 느낀다. 뭔가 놓칠까 봐 두려운 것이다.

　나는 그동안 내가 틀림없이 외향적인 E라서 항상 사람들과 어울려야 하며 혼자서는 시간을 보낼 수 없다고 생각했다. 다 이유가 있었다. (다른 이유는 상담할 때 말하기로 하고 하나만 공개하자면) 혼자서 시간을 보내려고 한 적이 없었기 때문이다. 어른이 되고 나서도 다 자란 건 생각하지도 않고 남들에게 인정받으려 노력했다. 격려, 보상, 수상은 물론이고 (자전거 전국 일주, 이층버스 당기기, 2개국 이상 도보 여행 같은) 극한 도전이 필요했다. 스스로 어떻게 생각하는지는 중요하지 않았다. 남들이 하는 말만 중요했다. 그러나 지난 수년간 나 자신을 돌아보며 모두를 만족시키고 누구에게나 호감을 사면서까지 가치를 증명하겠다는 생각을 버렸다. 그러면서 내가 결코 외향적이기만 한 사람은 아니라는 사실도 깨달았다. 나는 내향적인 I이기도 했다. 대부분 그렇다. 자신을 둘 중 하나로 생각하고 예외를 고려하지 않지만, 사람 성향을 둘로 딱 나누는 건 정확한 분류가 아니다. 삶도 우리도 그리 간단하지 않다. 혹시 너무 몰아세운 거라면 미안하다. 사자자리라 그런지 주장이 세다. 크흠….

　나 자신이 외향적인 동시에 내향적이기도 한 양향인Ambivert이라는 사실을 깨달았고, 양향형에도 여러 유형이 있다는 것도 알아냈다. 크로아티아 출신 의사 도미나 페트리치에 따르면, 양향형에는 세 종류가 있다.

- **사교적 내향인** 특정 상황, 특정 사람을 마주할 때나 필요할 때 사교적일 수 있는 내향인.
- **반사회적 외향인** 사교 활동 전에 충전할 시간이 필요하거나 전형적인 외향인보다 혼자인 편을 좋아하는 외향인.
- **사회적 내향인** 필요하다면 더 외향적으로 행동할 수 있는 내향인.[83]

나이 들면서 괴팍해지는지 나는 전반적으로 반사회적 외향인인 것 같다. 마음에 쏙 드는 결과다. 어느샌가 고독이 규칙적인 운동만큼이나 내게 중요한 존재로 자리잡았기 때문이다.

러시아의 대문호 표도르 도스토옙스키는 고독을 "마음을 위해 꼭 일용해야 할 양식과도 같은 것"이라고 평했다.

미국의 자기 계발 전문가이자 작가인 셰인 패리시는 자신의 블로그에 이런 글을 남겼다.

외로움은 친구 수가 아니라 마음가짐에 달렸다. 사람들과 많이 만나지 않아도 만족하며 살 수 있고, 사람들 사이에 있어도 가슴이 미어질 정도로 외로울 수 있다. 혼자 시간을 보내야 충전할 수 있는 사람이 있는가 하면, 단 몇 분이라도 혼자 생각하며 시간을 보

내느니 차라리 죽는 게 낫다고 생각하는 사람도 있다.[84]

나도 혼자 지내느니 '죽음'에 한 표다.

사람들과 함께 있어도 외로운가? 혼자 보내는 시간이 불안하거나 불편한가? 그렇다면 고독이 필요하다. 여기서 고독이란 혼자 있지만 외롭지 않은 상태다. 고독에 잠기면, 나 자신을 돌아보고 내면의 자아를 마주할 수 있다. 오늘날 우리는 기술 발전 덕분에 끊임없이 사람들과 연결되어 있어 언제나 사람들 사이에 있다고 생각한다. 그러나 온라인 세상에서의 연결은 덧없는 겉핥기, 즉 우리 뇌에 패스트푸드나 다름없다는 사실을 알아둬야 한다. 요기는 될지 몰라도 잘 사는 데 필요한 영양분과 자양분이 없다는 말이다. 시공간에 구애받지 않고 빠르지만 얕은 이런 연결은 외로움을 낳는다. 고독은 외로움과 비슷한 것 같지만, 무궁무진한 가능성이 기다리는 상태다. 어떻게 해야 고독에 잠길 수 있을까?

고독은 나 자신이라는 닫힌 공간 속에서 바깥세상과의 압력을 일정하게 유지하는 역할을 한다. 계속해서 소란스럽고 불안한 환경에 있다 보면, 내면의 혼란과 긴장이 빠져나갈 곳이 없다. 우리 안에 차곡차곡 쌓여 점점 커질 뿐이다. 잠시나마 숨 돌릴 틈이 있다 해도 결국 폭발할 지경에 이른다. 스트레스가 치솟으면 자신의 불안한 마음을 무심코 남에게 겨냥할 수도 있다. 심하면 통제력을 잃고 혼돈을 일으키기까지 할 것이다. 반면 차분히 진정하고 혼자서 의미 있는 시간을 보낼 때는 주변에서 받는 압력이 줄어들기 시작한다. 그 결과 스트레스, 불확실성, 투쟁으로 생긴 부정적인 감정을 새로이 생긴 주변 '빈' 공간으로 점차 흘려보낼 수 있다.

바쁜 나날을 보내던 권력자들 역시 고독이 얼마나 중요한지 알고 있었다. 드와이트 아이젠하워는 제2차 세계대전 동안 정기적으로 한적한 오두막에 가서 산책에 카드놀이, 골프까지 했으며 '일'에 관해서는 단 한 마디도 꺼내지 않는다는 원칙을 지켰다. 같은 시기, 대서양 건너 영국에서는 윈스턴 처칠이 제2차 세계대전 대공습이 한창이던 때에도 몇 시간이나 욕조에 몸을 담그거나 시간 날 때면 그림을 그렸고 (저마다 취향이 있는 법이니까) 벽돌을 쌓기도했다. 당연히 1940년대는 지금과 매우 달랐다. 그래도 다들 내가 무슨 말을 하려는지 이해했을 것이다.

요즘 인물을 예로 들자면 빌 게이츠가 있다. 그는 다들 정신없이 빠져드는 디지털 세상을 앞에 두고 자신만의 철학을 가지고 있는 것 같다. 그는 여전히 1년에 두 번 일주일씩 혼자서 태평양 북서부 삼나무 숲속 어딘가에 있는 비밀의 오두막으로 떠나 스스로 '생각 주간'이라고 이름 붙인 시간을 보낸다. 헬리콥터나 수상비행기를 타고 도착해서는 책과 보고서에 둘러싸여 지낸다. 보고서를 최대한 많이 검토하려다 보니 하루에 열여덟 시간을 그러고 있기도 하고, 꼭두새벽까지 깨어 있기도 한다. 이때 검토했던 것 중 하나가 1995년 인터넷 익스플로러의 출시로 이 어지기도 했다.[85] 이래도 고독에 잠기지 않을 텐가?

다들 몇 주씩이나 외딴 오두막에 갈 사정이 안 된다는 것쯤은 잘 알고 있다. 그렇다면 매일 고독에 잠길 작은 기회를 만들어볼 수는 있지 않을까? 잠시, 링크드인의 CEO였으며 현재는 이사회 의장인 제프 와이너가 되었다고 상상해보자. 그에게 도움과 식견 을 구하며 시간을 내달라고 하는 사람이 얼마나 많을까? 생각만 해도 숨이 턱턱 막힌다. 목표를 향해 선봉에 나서 수천 명에게 의 미 있는 일을 할 기회와 더불어 급여까지 챙겨줘야 할 책임을 지 고 있다고 상상해보자. 무엇보다도 사업 평판이 나와 내 능력에 달린 상황이기 때문에 결정 한번 잘못 내리면 공개적으로 망신 당할 수 있다. 벌써 쓰러질 것 같지 않은가?

와이너는 끊임없는 요구와 압박 속에서도 매일 최소 90분 동안 아무것도 하지 않는다.

나는 (30분에서 90분씩) 다 합쳐 매일 90분에서 두 시간 정도 휴 식을 취한다. 숨 돌릴 시간을 갖는 것이다. 출근해서 퇴근할 때까 지 연이어 회의에 붙들려 있다 보면 시간을 마음대로 쓸 수 없어 순식간에 내 하루를 남이 좌우하는 기분이 든다. 나는 이런 일을 겪어봤고 동료들에게서도 목격했다. 이런 기분으로는 재미를 느

낄 수도, 일을 계속해 나갈 수도 없다.[86]

그렇다면 살면서 어떻게 고독에 잠길 수 있을까?

TIP 1 **고독을 위한 시간 마련하기.** 매일 10분만이라도 규칙적으로 고독에 잠길 시간을 마련하자. 이 시간에 명상하거나 일기를 쓰고 산책을 즐길 수도 있으며, 가만히 앉아서 호흡만 해도 좋다.

TIP 2 **전자기기와 잠시 헤어지기.** 집에 휴대전화와 노트북을 놓고 나간다면, 당장은 누구와도 연락할 수 없다. 길을 잃을 수도 있으니 너무 멀리까지 나가지는 말자. 그러나 전자기기와 잠시 헤어져 공원 한 바퀴를 돌다 보면 신기하게도 해방감을 맛볼 것이다.

TIP 3 **헤드폰 벗어두기.** 나는 거의 항상 헤드폰을 끼고 다닌다. 그러나 이제는 헤드폰 없이 산책하러 나가거나 지하철을 타려 한다.

아마 시간을 들여 노력을 기울여야 고독을 즐기는 경지에 이를 것이다. 그러나 일단 고독을 경험하기 시작하면 누구에게나 가장 중요한 시간, 즉 나 자신을 마주하는 시간을 가질 수 있을 것이다. 내향인이든 외향인이든 양향인이든, 설사 이름이 정숙이거나 소란이라도, 두려워 말고 고독을 받아들여 일과로 정해놓자. 내가 할 수 있다면 분명 당신도 할 수 있다. 철학자 사르트르는 "혼자 있을 때 외롭다면 같이 있는 사람, 즉 자기 자신이 마음에 들지 않는다는 증거"라고 주장했다. 그러니 혼자 시간을 보내며 나 자신을 알아가는 동시에 고독이 선사하는 이점을 누리도록 하자.

누가 뭐래도 말이다.

좋은 사람들을 곁에 두자

모두 알고 있듯, 우리는 주변 사람들의 영향을 크게 받는다. 습관을 들이는 것부터 결정을 내리는 것까지 누구와 어울리는지에 따라 성공을 향해 내달릴 수도, 벽에 가로막힐 수도 있다. 미국의 기업가이자 동기부여 연설가인 짐 론Jim Rohn은 우리 자신을 "가장 많은 시간을 함께 보내는 다섯 사람의 평균"이라고 주장해 큰 주목을 받았다. 나는 이렇게 주장할 수 있다. 우리의 기분, 평소 습관, 건강 역시 가장 많은 시간을 보내는 다섯 사람의 평균일 것이다. 주위를 보고 확인해보자. 꼼짝없이 관리자, 동료, 연인, 친구, 어쩌면 가족까지 지척에 있는 다섯 사람의 평균이 되고 마는 걸까? 시체 여럿을 조합한 프랑켄슈타인처럼 여기저기서 바닥난 인내심, 이상한 유머 감각, 좋지 못한 인성, 답안 나오는 게으름을 합친 결과물이 된다고 상상해보자. 정말 무시무시하다.

다행히 개인적으로 모르는 사람을 롤 모델로 삼아 삶의 지혜와 지침을 얻어도 된다. 1930년, 미국의 자기 계발 전문가 나폴레온 힐Napoleon Hill은 상상 속에서 회의를 열어 정기적으로 롤 모델의 의견을 들어보라고 제안했다. 그는 에디슨, 카네기, 나폴레옹을 상상 속으로 초대해 매일 아침을 먹곤 했다. 분명 흥미로운 대화를 나눴을 것이다. 롤 모델과 아침을 같이 먹을 수는 없지만 그들의 생각과 통찰력만큼은 곁에 둘 수 있다.

우리는 인터넷과 SNS 덕에 전 세계에서 가장 성공한 사람들과 역사상 가장 위대한 인물들에게서 끊임없이 귀중한 정보와 번뜩이는 영감을 얻을 수 있다. 손가락만 몇 번 놀리면 인류 역사상 어느 때보다도 많은 정보를 알게 된다. 팟캐스트, 책, 블로그라는 놀라운 수단과 함께 세계 최고 인물을 우리 삶에 초대할 수도 있다. 그렇다면 누구를 초대해야 할까?

서문에서 예고했듯 메리 슈미크가 《시카고 트리뷴》에 실은 '97학번에게'라는 가상의 졸업식 축사를 다시 살펴보자. "어떤 조언을 따를지 신중하게 생각하고, 그 조언을 마주하는 날까지 차분히 기다리세요. 조언은 어찌 보면 과거를 추억하는 것이다.

버리고 지나온 것들 중에서 하나를 낚아 깨끗이 닦아낸 후 못난 부분에 덧칠을 해 원래 가치 이상으로 재활용하는 것과 같지요."[87]

좀 거창하게 들릴지 모르지만, 나는 팟캐스트와 책 덕분에 사고방식을 바꾸고 더 넓은 세상으로 나아갈 수 있었다. 사실 자라면서는 책을 가까이하지 않았다. 스물세 살이 되어서야 알게 된 난독증 탓이었다. 독서에 취미를 못 붙이는 게 당연했다. 그 무렵 나는 팟캐스트와 오디오북을 듣기 시작했다. 베스트셀러 작가 루이스 하우즈Lewis Howes와 팀 페리스의 팟캐스트를 한두 편 들어보고 시간이 될 때마다 즐겨 찾다가 미처 깨닫기도 전에 500편 이상이나 되는 전체 방송을 다 듣고 있었다. 진행자와 출연자의 시각을 바탕으로 새로운 세상을 마주하고 훨씬 더 많은 것을, 꿈꿔온 일 이상을 할 수 있을 것 같은 기분이 들기 시작했다. 타고난 건설 노동자라고 (자부하며 집 한 채 장만하는 건 일도 아니라고) 생각하던 내가, 이제는 원하는 일이 무엇이든 해낼 수 있다는 사실을 깨달은 것이다.

억만장자이자 투자자 워런 버핏의 오른팔인 찰스 멍거는 이렇게 말했다.

내 평생, 책 한 권 안 읽고도 지혜로운 사람을 본 적이 없다. 정말이지 전혀 없다. 버핏과 나는 남들이 놀랄 만큼 읽는다. 우리 애들은 날 보고 웃는다. 내가 발 달린 책 같다나. 개인적으로, 진지하게 책을 읽기 시작하면서 내 삶이 달라졌다고 생각한다. 지금껏 세상에 등장했던 위대한 인물들에게서 깨달음을 얻으며 난생처음 더 잘해낼 수 있다고 확신했다.[88]

이제 우리는 굳이 읽을 필요도 없다. 듣고, 보고, 스트리밍할 수 있다.

두려워 말고 사고의 틀을 깨 나가도록 하자. 롤 모델과 가상 회의실에 초대할 아침 손님을 누구나 인정하는 성공한 사람 중에서 찾지 않아도 된다. 더 나은 나 자신으로 거듭날 수 있도록 영감을 주는 사람이라면 누구든 좋다. 나의 열정을 격려해준 선생님, 항상 기분 좋게 해주는 친구일 수도 있다. 나만의 이상한 아침 식사에 엄마도, 할아버지도 초대할 수 있다. 만나면 기분이 좋아지고 의욕이 샘솟는 사람을 곁에 두면 된다. 나는 팀 페리스를 개인적으로 만난 적이 단 한 번도 없지만, 그가 펴낸 책을 전부 읽었으며 대개 일주일에 두세 시간 그의 방송을 듣는다. 몇 시간 내내 나쁜 소식을 전하는 뉴스에만 매달리기보다는 식견을 넓혀주고 기분 좋은 콘텐츠를 소비하는 편이다.

미국의 기업가이자 강연자인 데릭 시버스도 비슷한 방식을 제시한다. 꽤 괜찮다.

내게는 세 명의 멘토가 있다. 문제에 부딪혀 그들의 도움이 필요할 때면, 도움을 요청하기 전에 먼저 시간을 갖고 어떤 문제인지 자세히 쓴다. 그리고 멘토의 시간을 많이 빼앗지 않으려 맥락, 문제, 선택지, 생각을 최대한 요약한다.

요약한 글을 보내기 전에 멘토의 답을 예상해보려 노력한다. 이후 다시 글을 읽으며 도움을 요청하기도 전에 확실해진 사항을 고쳐 쓴다. 그리고 그들의 과거 발언과 철학을 바탕으로 다시 한번 멘토가 뭐라고 할지 예상해본다. 이 과정을 전부 거치고 나면 굳이 멘토를 성가시게 할 필요가 없다는 사실을 깨닫는다. 답이 명확해졌기 때문이다.

오히려 계속 영감을 줘서 고맙다고 멘토에게 이메일을 보내야 할 판이다. 사실 나는 수년간 멘토와 대화를 나눈 적이 없다. 그들 중 누구도 자신이 내 멘토인지를 모른다. 게다가 그들 중 누구도 내 존재 자체를 모른다.[89]

그렇다면 어떻게 해야 우리 삶에 도움이 될 만한 인물을 초대할 수 있을까?

TIP 1 **최소 기준 잡기**. 우선 가장 먼저 나아졌으면 하는 것이 무엇인지 파악하자. 직업, 관계, 건강, 개인적 성장 등 우리가 원하는 목표를 이룬 롤 모델이 이 세상에 있을 것이다.

TIP 2 **탐색하기.** 특히 계발하고 싶은 분야를 다루는 팟캐스트, 책, 영상, 블로그를 찾아 자주 들여다보자.

TIP 3 **명단에 없으면 받지 말기.** 클럽 문지기로 일하던 시절, 나는 종종 사람들에게 이렇게 말해야 했다 "죄송합니다만, 명단에 이름이 없어서 들어가실 수 없습니다." 초대하지 않을 사람을 고려하자. 가상의 아침 식사 자리에 과거 문지기였던 나를 세워두어도 좋다. 일당 없이 기꺼이 나서주겠다. 나는 온 마음을 다해 아끼는 사람이 몇 있지만 그들의 버릇, 사고방식, 식습관 같은 것까지 받아들일 생각이 없으며 조언을 듣지도 않을 생각이다. 미안하지만 그들까지 초대할 필요는 없다.

당신은 아놀드 슈왈제네거나 달라이 라마와 친분이 있는 사이는 아니겠지만, 그들의 생각과 통찰력만큼은 곁에 둘 수 있다. 인쇄기의 등장과 경이로운 기술 발전 덕에 이제 우리는 언제 어디서나 어떤 방식으로든 전 세계에서 내로라하는 인물을 내 삶에 초대할 수 있다. 누구를 초대할 것인가? 그리고 당신이 가장 많은 시간을 보내는 다섯 사람의 평균이 당신이라는 사실을 기억하면서 누구를 초대하지 않을 것인가?

나는 이만 아침 식사를 하러 가야겠다. 서둘러 몇 자리 더 준비하고 말이다.

(31)

신선한 공기를 마시자

　잠깐 질문! 기운을 내고 싶을 때 여러분은 무엇을 하는가? 내 경우에는 커피 한 잔, 아니 여섯 잔을 마실 테고, 특히 축 처져 있어 힘을 내야 할 때는 에너지 음료를 집어들 것이다. 쉼 없이 일하면서 이것 말고 기운을 낼 방법이 또 있을까? 그런데 원기를 회복하고 활기를 되찾으며 기운까지 차리는 데 더 간단하고 자연스러운 방법은 없을까? 게다가 합법적이라면? 아마 어렵겠지만, 남미에서 들여와도 아무 문제없을 것이다. 마약이 아니다. 단지 밖에 나가서 신선한 공기를 마시면 된다.

　다들 무슨 생각을 할지 빤히 보인다. '신선한 공기라고? 저자 양반, 그런 건 지금 아무짝에도 쓸모없어. 올해 들어 하루에 네 시간도 제대로 못 자서 완전히 지쳤다고.' 자, 이제 주목하자. 한 연구에 따르면, 야외에서 자연에 둘러싸인 채 신선한 공기를 마시면 최대 90퍼센트까지 에너지를 끌어올릴 수 있다![90] 사실이다. 플라시보 효과가 아니다. 신선한 공기를 마시면 실제로 여러 이점을 경험할 수 있다.

우선 폐가 깨끗해지고 호흡 기능이 좋아질 수 있다. 온종일 섭씨 21도와 23도 사이로 유지되는 실내에만 틀어박혀 있을 땐 먼지, 알레르기 유발 물질, 오염 물질, 각질을 품고 있는 공기만 들이마신다. 음! 그러나 밖에서는 심호흡 한 번에 폐에 있던 온갖 더러운 물질을 내보내고 깨끗하고 산소가 가득한 공기를 채울 수 있다. 물론 사는 곳에 따라 다르긴 하다. 런던, 뉴욕, 뉴델리에 산다면 좀 더 외곽으로 나가야 적당한 곳을 찾아낼 것이다.

신선한 공기에서 경험할 수 있는 이점은 여기서 그치지 않는다. 앞서 소개한 연구에 따르면, 신선한 공기를 몇 번만 들이마셔도 기분이 좋아지며 스트레스와 불안감이 감소하고 인지 기능까지 향상된다. 그러니 기진맥진하거나 버거운 기분이 든다면, 아마 지금일지도 모르지만, 이 책을 들고 밖으로 나가 몇 분만 주변 환경에 흠뻑 빠져보자. 기분이 얼마나 좋아지는지 아마 놀랄 것이다. 그래서 기분이 안 좋을 때 '바람 좀 쐬고 오겠다'고

하는 모양이다. 독일 함부르크로 가는 비행기 안에서 방귀와 체취가 뒤섞인 공기를 들이마시며 이번 장을 쓰고 있는 내가 할 말인가 싶지만, 여러분은 밖으로 나가보기 바란다.

플로렌스 나이팅게일은 과학 연구가 등장하기 훨씬 전에 이미 "간호하며 알아낸 분명한 사실은 환자에게 가장 필요한 것은 신선한 공기고, 그다음이 바로 빛"이라며 신선한 공기의 힘을 알고 있었다. 동의한다. 우유로 수혈을 받고 천식에 담배를 처방받고도 운이 좋으면 마흔 살까지 살던 19세기 후반에 병원 일에 종사했다면 나라도 그렇게 생각했을 것이다. 말이 나왔으니 말인데, 산책하러 가야겠다.

시간을 내거나 마음먹고 밖에 나가는 게 항상 쉬운 일은 아니다. 도시에서 산다면 특히 그럴 것이다. 나 또한 현관 밖으로 나간다 해도 푸르른 초원이나 드넓은 모래사장으로 가는 것이 아니라 바쁜 일정에 치여 겨우 자유 시간을 낼 수 있을 뿐이다. 그러나 조바심 낼 필요는 없다. 일상에 신선한 공기를 더할 방법은 많다.

TIP 1 **동네 한 바퀴 돌기.** 일정을 정해놓고 동네 한 바퀴를 돌자. 아무도 신경써 주지 않을 테니 스스로 챙겨야 한다. 지인 중에서 눈코 뜰 새 없이 바삐 지내는 사람 하나는 하루도 거르지 않고 동네 산책에 나선다. 그래서 오후 열두 시 반에서 한 시 사이에는 전화통화만 가능하다고 말한다. 그런 자세, 아주 마음에 든다.

TIP 2　**창문 조금 열어두기.** 관리자가 늘 하던 대로 책상 위에 일거리를 어마어마하게 두고 가서 도저히 밖에 나갈 시간이 없다면, 창문을 조금 열어 신선한 공기를 마시도록 하자. 괜찮은 방법이다.

TIP 3　**아침저녁으로 시간 내기.** 매일 아침이나 저녁에, 그러니까 출근 전과 퇴근 후에 밖에서 시간을 보내도록 일정을 짤 수 있다. 산책하거나 가볍게 달릴 수 있고, 집 앞에 앉아 차 한잔 해도 좋다.

TIP 4　**밖에서 일하기.** 1장에서 말했듯, 가능하다면 산책하면서 화상 회의를 할 수 있다. 단, 날씨부터 확인하자. 밖에 책상과 의자가 있다면 하루쯤은 사무실을 바깥으로 옮겨보는 건 어떨까? 햇빛 때문에 노트북 화면이 안 보일까 봐 걱정된다면, 택배 상자를 가져다 그 안에 노트북을 놓는다. 화면이 정말 잘 보일 것이다.

혹시 아직도 확신이 안 든다면, 지금 뭘 놓치고 있는지 생각해보자. 계절이 변하는 모습, 새가 지저귀는 소리, 얼굴에 와 닿는 따스한 햇볕⋯. 시간만 낸다면, 21장에서 말했듯 자연을 가득 채운 아름다움과 경이로움을 발견할 수 있을 것이다.

지치고 스트레스까지 심해 기운 차릴 만한 게 필요할 때 무턱대고 커피부터 마시지 말자. 밖에 나가서 몇 분만이라도 신선한 공기를 마시며 자연이 선사하는 마법을 느껴보자. 몸과 마음이 고마워할 것이다. 커피를 포기하기 어렵다면 커피잔을 들고 나가 밖에서 마셔도 좋다. 난 그럴 생각이다.

추위를 즐겨보자

유럽과 세계 스트롱맨 대회를 석권한 톰 스톨트먼, 루크 스톨트먼 형제부터 방송인 편 코튼과 조 로건까지, 이들의 인스타그램을 보면 한겨울에 바다에 뛰어들고, 얼음 욕조에도 들어가고, 그도 아니면 찬물로 샤워한다. 이렇게 스스로 학대하는 사람들 사이에 나도 있다. 도대체 왜 굳이 얼어붙을 듯 차디찬 고문을 경험하고 있을까? 일시적으로 몸을 차갑게 하는 한랭 요법 Cold therapy은 인스타그램에서 자랑하려는 목적뿐만 아니라 건강에 여러 이점을 가져다준다는 이유로 인기를 끌고 있다.

그러나 오스트리아 출신의 얼음 수영 선수인 요제프 쾨베를

Josef Köberl 같은 사람은 한 발 더 나아간다. 그는 얼음물에서 보내는 시간을 처음에는 짧게 시작했다가 점차 늘려갔다. 세계 기록을 여러 번 세웠고, 특히 얼음 속에 잠긴 채 두 시간 반을 견뎌 이전 기록 보유자의 기록을 경신했다. 이후로 기록이 또 깨졌지만, (내 팟캐스트를 위해 인터뷰를 하는 동안 냉동고에서) 쾨베를은 세 시간 이상을 버텨 또다시 신기록을 세우겠다고 밝혔다. 그런 혹독한 추위를 견딜 수도, 견디고 싶지도 않을 사람이 대부분이 겠지만, 쾨베를을 보면 인체가 얼마나 강력할 수 있는지 새삼 깨닫게 된다. 인체는 극한의 환경에서도 적응하고 심지어 더 튼튼해질 수 있다.

그러나 당신은 한랭 요법의 이점을 경험하겠다고 세계 기록을 깰 필요도, 오스트리아 빙하를 향해 여행을 떠날 필요도 없다. 찬물 샤워를 하거나 얼음 욕조에 몸을 담그는 것처럼 간단한 방법으로도 신체적, 정신적으로 커다란 이점을 경험할 수 있다.

신체적인 이점부터 살펴보자. 아주 많다. 한랭 요법으로 저온에 노출되면 신진대사와 지방 연소가 촉진되어 체중 감량과 관리에 도움을 받을 수 있다. 면역계 역시 강해져 감염과 질병에 쉬이 무너지지 않고 맞서 싸울 수 있다. 염증이 줄어들고, 격렬한 운동이나 부상 이후에도 근육통이 완화되어 더 빨리 회복할 수 있다. 물론 장점이 있으면 단점도 있는 법이니 직접 해보고 잘 맞는지 알아봐야 한다.[91]

이게 끝이 아니다. 찬물로 샤워하거나 목욕하면 정신 건강에도 긍정적인 영향을 받을 수 있다. 여러 연구에 따르면, 찬물에 노출되었을 때 기분을 좋게 해주는 화학물질인 엔도르핀이 나온다고 한다. 엔도르핀은 기분을 좋게 해주는 데서 그치지 않고, 스트레스 지수를 낮추고 우울증까지도 완화할 수 있다. 따라서 얼음장처럼 차가운 환경을 경험한다면, 정신 건강까지도 개선할 수 있을 것이다.[92]

그러나 정말 와 닿는, 주목해야 할 사실이 있다. 한랭 요법은 스트레스에 대한 내성도 키워주는 것으로 보인다. 독일 바이로이트 대학교에서 2022년에 발표한 연구에 따르면, 추위에 노출되면 혹독한 환경에 더 효과적으로 적응하도록 훈련된다. 이때 경험하는 회복력은 삶의 다른 부분까지 흘러 들어간다. 매일 겪는 스트레스에 잘 대처하게 해주고 정신적으로나 정서적으로도 더욱 단단해지도록 돕는다.[93] 적어도 나한테는 그렇다.

오랜 고민 끝에 찬물 샤워에 나설 준비가 되었다면, 방법을 일러주는 조언을 참고해보자.

TIP 1 **찬물로 시작하기.** 수도꼭지를 돌려 찬물을 틀자. 가능하다면 운동 후에 시도해보도록 하자. 몸의 온도가 이미 약간 올라간 상태여서 찬물이 훨씬 더 활기를 북돋워주는 느낌이 들 것이다. 최근에 몇 사람에게 추천했는데, 미친놈 소리만 듣고 그들의 행동을 바꿔놓지는 못했다. 잘 맞는 걸 하면 된다!

TIP 2 **손부터 적시기.** 최소 10초간 손부터 찬물에 적시자. 그리고 이때 나 자신에게 격려의 말을 전해보자. '넌 할 수 있어' 같은 말을 되뇌며 내면의 용기를 끌어내자. 아자!

TIP 3 **본격적으로 시작하기.** 찬물에 뛰어들어 온몸을 적시자. 그 자극을 받아들이고 감각 하나하나가 깨어나는 걸 느껴보자. 이때 뜨거운 모래 위를 걷는다거나 승리의 춤을 춘다고 상상하는 것도 좋다. 발레 무용수처럼 빙글빙글 돌고 있다고 생각하는 것을 추천한다.

TIP 4 **참지 말고 소리 내기.** 차가운 물 속에서 '히 호 하 헤 헤 헤 하' 하며 이상한 소리를 내도 좋다. 단, 같이 사는 사람들한테 미리 말해놓아야 한다. 그러면 소리를 내도 놀라거나 걱정하지 않고, 그저 좀 웃긴 일이 벌어지는 중이라고 생각할 것이다.

TIP 5 **시간 정해놓기.** 찬물 즐기는 시간을 짧게 시작했다가 점점 늘리도록 하자. 찬물을 끼얹고 비누칠하고 씻어낸 다음, 수도꼭지를 돌려 따뜻한 물로 보상하자. 달콤하게 다가오는 따뜻함에 스르르 녹을 것이다.

전설적인 '아이스맨' 윔 호프Wim Hof도 잊지 말자. 그는 특정한 호흡 기법과 명상을 더해 한랭 요법의 잠재력을 완전히 풀어내고자 했다. 그리고 비범한 업적을 이루며 인체가 한계에 다다르면 얼마나 놀라운 일을 할 수 있는지를 몸소 보여주었다. 놀랍게도 반바지만 입고 킬리만자로를 등반했으며 맨발로 북극권 위에서 하프 마라톤에 도전하기도 했다. 우리도 할 수 있다.

나 역시 한랭 요법과 함께 차디찬 여정을 이어오며 정신적으로 꽤 놀라운 결과를 경험했다. 불안감과 스트레스를 유발하던 시험과 고난이 다 지나간 듯, 맹렬한 급류에도 휩쓸리지 않는 강둑의 돌이라도 된 듯 훨씬 더 단단해진 기분이다. 찬물 샤워부터 시작하면, 나머지는 그다지 어려워 보이지 않을 것이다. 껄끄러운 이메일, 이상한 전화, 악천후, 취소된 열차 같은 건 '아이스맨'에게 아무것도 아니다. 게다가 찬물 샤워를 시작한 이후로 아프지 않았다. 과학적으로 증명된 건 아니지만, 앞으로도 계속할 생각이다! 깜빡할 뻔했는데, 찬물로는 샤워를 짧게 끝내게 돼 효율적이기도 하다. 이제 할 말 다 끝났다.

그러나 꼭 내 말대로 할 필요는 없다. 한번 해보고 어떤 변화가 있는지 살펴보자. 작게 시작해서 꾸준히 하며 추위를 접하는 시간을 점차 늘리자. 불편한 건 순간이지만, 효과는 오래 갈 수 있다. (아직 '아이스 보이'인 나 말고 윔 호프나 요제프 쾨베를 같은) 아이스맨처럼 우리도 안에 숨겨진 힘을 찾을지 모른다.

지금쯤이면 다들 한랭 요법의 세계로 뛰어들 (생각을 해보거나) 준비가 되었을 것이다. 추위로 스스로를 학대하는 사람들 사이에 끼어 긍정적인 효과를 신나게 누려보자.

(33)

수면의 세계에 눈떠보자

아, 수면. 꿈이 살아나고 피곤이 스르르 녹아 없어지는 더없이 행복한 마법 같은 상태. 내가 알기로 수면은 이래야 한다. 그러나 이제 수면은 찾기도, 손에 넣기도 힘든 존재가 되었다. 우리는 바쁜 삶을 대단하게 생각하고 밤늦게까지 불을 밝히는 사람을 칭송하는 사회에 살고 있다. 그래서 수면 박탈을 명예로운 훈장처럼 여겨 적게 자고도 생명을 부지할 수 있다며 자랑스레 떠벌린다. 여기서 잠깐, 널리 알려진 비밀 하나를 말할까 한다. 수면 부족은 서서히 그러나 확실히 생명을 앗아간다. (일론 머스크의 주장처럼) 대여섯 시간 자고도 살 수 있다고 생각하지만, 아니다. 피곤하지 않았던 게 마지막으로 언제인가?

우리를 수면으로 인도하는 동시에 (얄궂게도) 눈이 번쩍 뜨일 만큼 놀라운 책인 『우리는 왜 잠을 자야 할까』를 쓴 매슈 워커를 만나보자.[94] 그는 책에서 수면에 숨은 과학을 밝히고, 살면서 꼭 챙겨야 할 수면을 무시하면 얼마나 비참한 결과를 맞게 되는지 풀어낸다. 그 결과란 썩 좋지 않다. 성인의 35퍼센트가 권장 수면 시간인 일곱 시간을 못 채운다는 사실을 알고 있는가? 끝도 없이 하품하며 눈을 벌겋게 뜬 채 카페인, 신맛 나는 사탕 그리고 순전히 의지력에 기대 좀비처럼 살아가는 인구가 3분의 1이라는 의미다.

그러나 수면 박탈의 결과는 익히 알고 있는 것처럼 혼미한 정신과 짜증을 유발하는 데서 그치지 않는다. 비만, 당뇨, 심혈관 질환, 심지어 면역력 저하 등 뷔페를 차릴 만큼 다양한 건강 문제와 관련이 있다. 영국 워릭 대학교에서 실시한 연구만 봐도 야간 수면 시간이 꾸준히 여섯 시간 미만이면 조기 사망 위험이 12퍼센트나 높아진다고 한다.[95] 와, 잠 좀 자자.

겁주려는 건 아니지만 워커의 경고는 분명하다. 지금 잘 자두지 않으면 나중에 대가를 크게 치를 것이다. 다행히도 수면 박탈의 손아귀에서 빠져 나와 원래의 수면 리듬을 되돌리고, 아기처럼 쌔근쌔근 잘 수 있는 실질적인 해결책이 있다. 원래대로 돌아가야 한다. 양이 몇 마리인지 세거나, 수면제를 복용하거나, 그도 아니면 '긴장 좀 풀자고' 와인 몇 잔 마시라고 할 생각은 없다.

일단, 수면 습관을 세우고 꾸준히 지키자. 규칙을 갈망하는 몸을 위해 주말에도 매일 같은 시간에 자고 일어나도록 하자. 금요일과 토요일이면 밤에 나가서 진탕 마시고 밤새 텔레비전 앞에 붙어 있고 싶은 마음은 나도 안다. 그러나 우리의 몸과 마음은 평소대로 지내야 고마워할 것이다. 나도 예전에는 그렇게 즐기며 살았다. 일요일에서 목요일까지는 열 시 반에 잠자리에 들었지만, 금요일과 토요일에는 몇 잔 걸치고 새벽 두세 시에 잠들었다. 당연히 항상 피곤했다. 지루하게 들리겠지만, 하루도 빠짐없이 피곤한데 지루한 건 당연하다. 활기 넘치고 깨어 있는 기분이 들어야 지루하지 않다.

잠깐, 할 말이 한참 남았다. 여러분은 침실 환경이 어떤가에 따라 대단히 큰 차이가 생긴다는 사실을 알고 있는가? 침대를 (책을 또 펴낸다면 무엇보다 먼저 주제로 삼을) 수면 보호 구역, 즉 휴식이 모든 걸 지배하는 아늑한 안식처로 삼아야 한다. 침실은 선선한 동시에 어둡고 조용해야 한다. 신성한 침실에서 전자기기를 쫓아내자. 저 멀리에 두고 충전하고, 방해 금지 모드로 설정하면 된다. 대신 양서 한 권을 곁에 두자. 다들 알겠지만 한 장 한 장 넘길 수 있는 종이책으로 말이다. 스르르 잠이 들고 한잠 푹 잘 것이다.

이제 낮잠도 좀 자자. 다들 제대로 본 것 맞다. 우리는 수면 박탈과의 전투에서 비밀 무기로 적절한 낮잠을 꺼내 들 수 있다. 여러 연구에 따르면, 짧게 20분 남짓 낮잠을 자도 강력한 효과가 있어서 정신이 맑아지고, 창의력이 샘솟고, 전반적인 인지 수행 능력이 향상될 수 있다.[96] 그러니 그날 하루 여섯 번째 회의에 참석해 더는 고개를 들기 힘들고 눈꺼풀이 무겁게 느껴질 때는 가능하다면 낮잠을 청해보자. 나는 몇 년 전에 잠깐 아르헨티나에서 농장 일을 할 때, 매일 낮잠을 잤다. 그때처럼 행복하고 편하고 활기 넘친 적이 있었는지 모르겠다. 매일 밤 세척하던 어마어마한 포도송이들을 생각하면 정말 놀라운 일이다.

이쯤에서 옛날얘기를 하나 꺼내볼까 한다. 나는 저녁형 인간이었고, 밤에도 불을 밝히며 '여섯 시간이면 충분하지'라고 생각해 수면 박탈을 훈장처럼 여겼다. 얼마나 멋모르고 순진한 시절이던지. 그러다가 워커의 책을 읽고 나서 달라져야겠다고 생각했다. 나 자신을 돌보기 위해 잘 챙겨 먹고 운동하고 스트레칭까지 했지만, 여전히 굼뜨고 졸린 것 같았다. 한 단계 더 나아가야할 때라고 직감했다. 그래서 침실에서 화면이 있는 기기를 없애고 매일 같은 시간에 은은한 조명 아래 책을 읽으며 긴장을 푸는 수면 습관을 들였다. 오후 두 시 이후로 카페인을 완전히 끊고 술도 줄였다. 결과는? 기적적인 변화가 있었다. 애꿎은 알람시계를 열일곱 번이나 내려치다가 겨우 몸을 일으키던 과거의 내 모습은 사라지고, 매일 아침 여섯 시면 당장 나가도 될 정도로 활기차게 벌떡 일어났다.

　이제 방 안에서 밝게 빛나는 커다랗고 파란(블루 라이트) 코끼리를 몰아내자. 늦은 밤 드라마를 몰아보고 SNS에 올라온 글을 죄다 확인하고 싶은 유혹을 차단하자는 것이다. 평화롭게 눈을 붙이고 있어야 할 시간에 디지털 세계에 빠져 헤어 나오지 못한 경험은 누구나 있을 것이다. '조금만 더' 하면서 붙어 있다 보면 눈 깜짝할 사이에 새벽 두 시다. '또야!' 화면에서 나오는 파란빛은 수면 호르몬을 사정없이 파괴해 자연스러운 생체 리듬을 방해한다. 그러니 다들 잘 자고 싶다면 전자기기부터 재우도록 하자. 기기 사용 금지 시간을 정해놓고 잠자리에 들기 최소 한 시간 전에 전자기기를 끄는 것도 좋은 방법이다.

　파란빛을 말한 김에 우리에게 필요한 자연광의 힘도 살펴보자. 우리 몸은 햇빛의 자연스러운 주기에 맞춰져 있다. 그러니 휘게를 소개한 17장에서 말했듯, 아침엔 밝은 빛을 맞이하자. 커튼을 열어젖히고, 산책하러 밖에 나가거나, (런던에서는 희망 사항에 불과하지만) 창문 사이로 들어오는 햇볕을 쬐면 된다. 생체 시계가 제대로 돌아가기 시작해 잘 시간이 되면 어느새 더 쉽게 잠들 것이다. 파란빛은 적게, 자연광은 최대한 많이 쬐도록 하자. 아주 쉽다.

　고백할 게 있다. 나는 매슈 워커처럼 수면 전문가는 아니다. 그러나 그의 책 덕분에 수면이라는 놀라운 초능력에 눈떴다. 수면은 남에게 보여주려고 일과에 끼워 넣는 대상이 아니라 신체적, 정신적 건강을 위해 꼭 필요하다. 걸핏하면 밤새우고 카페인으로 연명하는 사람들을 보며 자기도 그렇게 살고 싶다고 칭송하는 건 이제 그만하자.

허프포스트 미디어그룹 회장이자 편집장인 아리아나 허핑턴Arinanna Huffington은 성공을 꿈꾸며 밤을 새우다가 그릇된 길에 빠져 '번아웃은 필수'라는 집단 망상에 사로잡혀 있었다. 그러다 2007년에 크나큰 고통과 함께 현실을 깨달았다. 수면 박탈과 탈진으로 실신해 책상에 머리를 부딪히며 광대뼈가 부러지는 사고를 겪은 것이다. 허핑턴은 저서 『제3의 성공Thrive』에 이 경험을 소개하며 자기 챙김에 집중하기 위해 자신을 어떻게 바꿨는지도 밝혔다. 특히 수면을 최우선하고 그 과정에서 (본인 표현으로) 수면 전도사가 되었다고 한다. 우리도 빨리 마무리 짓고 어서 자러 가자.

TIP 1 **뜨거운 목욕 즐기기.** 허핑턴은 자기 전에 목욕용 소금을 넣은 뜨거운 물에 목욕하기를 좋아한다고 밝혔다. 나도 대단히 좋아한다. 뜨거울수록 좋다. 그리고 나서 김을 내뿜으며 발코니에 앉아 몸을 식힌다. 침실 온도를 화씨 60~67도, 섭씨로는 15~19도에 맞추자. 베개에 머리를 대자마자 잠에 스르르 빠질 것이다.

TIP 2 **오후엔 카페인 삼가기.** 나는 잠드는 순간까지 커피를 달고 살았다. 그러나 오후 두 시 이후에 카페인을 섭취하면 정말 잠들기 힘들다. 디카페인 차를 마신 후로는 잠자리에서 더는 말똥말똥한 정신으로 깨어 있지 않게 되었다. 카페인 내성은 사람마다 다르다. 우리 엄마는 자기 전에 양치하면서도 커피를 마실 수 있는데, 이건 좀 아닌 것 같다. 수면 전문가들은 대개 오후 두 시 이후로 카페인을 섭취하지 말라고 한다. 이 말을 지킨다면 큰 문제를 겪지는 않을 것이다.

TIP 3 **수면 습관 들이기.** 우리 몸은 규칙을 갈망한다. 그러니 주말까지도 항상 같은 시간에 잠들고 일어나자. 물론 가끔 이 습관을 지키지 못할 때도 있을 것이다. 그러나 파티광 여러분, 최대한 규칙적으로 생활해보자. 눈꺼풀이 무겁다는 게 무슨 말인지 모를 날이 올 것이다.

TIP 4 **수면 보호 구역 마련하기.** 침실을 수면 보호 구역으로 바꿔보자. 방을 선선한 동시에 어둡고 조용하게 만들고, 전자기기를 쫓아내 그 자리에 양서 한 권을 두자. 침실에는 침대와 책, 딱 두 개만 있으면 된다.

TIP 5 **기기 사용 금지 시간 정하기.** 늦은 밤 디지털 세상의 유혹에 빠진다면, 수면 패턴을 지킬 수 없을 것이다. 화면에서 나오는 파란빛이 자연스러운 생체 리듬을 방해하기 때문이다. 기기 사용 금지 시간을 정해 잠자리에 들기 최소 한 시간 전에 전자기기를 떼어놓고 가능하다면 다른 방에 두자. 그리고 큰맘 먹고 구식 알람시계를 사놓자. 수면 호르몬이 원래대로 돌아올 것이다.

TIP 6 **자연광 쬐기.** 우리의 생체시계는 햇빛의 자연스러운 주기에 맞춰져 있다. 아침에 커튼을 열고, 밖에 나가서 산책하거나 햇볕을 쬐며 밝은 빛을 맞이(하고 나처럼 햇볕이 별로 들지 않는 곳에 산다면 자연광 램프를 사용)하도록 하자. 자연광은 수면-기상 주기를 조절해주고, 자는 데 도움이 되는 수면 호르몬이 방출되도록 돕는다.

TIP 7 **낮잠 자기.** 적절한 낮잠은 강력하고 절대적인 게임체인 저다. 나는 세비야에서 며칠 동안 지내며 현지인들처럼 매일 오후에 20분씩 잠을 청했다. 대단히 즐거웠다. 20분간의 짧은 낮잠으로도 정신이 맑아지고, 창의력이 샘솟고, 전반적인 인지 수행 능력이 향상될 수 있음을 수많은 연구가 입증했다. 나는 집에 있을 때 낮잠을 더 청하려 한다.

매슈 워커는 지혜를 담아 "잠은 우리의 초능력"이라고 말했다. 그러니 저항 말고 수면을 소중히 여겨 푹 자면서 삶을 바꿔보자.

다들 좋은 꿈 꾸시길.

34

행복과 기쁨의 차이를
들여다보자

행복happiness과 기쁨joy의 차이를 아는가? 만약 안다면 경의를 표한다. 나는 이번 장을 쓸 때까지 몰랐다. 내가 발견한 둘 사이의 차이를 가장 간단명료하게 표현하자면, 행복은 대개 외부 요인에 달렸으나 기쁨은 우리가 스스로 내면에서 키워 나가는 것이다.

좀 더 자세히 살펴보자. 우리는 선물, 임금 인상, 아니면 잠재 고객을 유치하는 데 성공한 뒤 얻는 칭찬처럼 외부에서 일어나는 일에 행복을 느낀다. 즐겁고 만족스럽다. 하지만 빨리 사그라 들기도 해서 꼭 오래 간다고 볼 수도 없다.

반면에 기쁨은 주변에 무슨 일이 있어도 계속 이어지는 훨씬 더 깊은 감정이다. 고통에서 느끼기도 하며 나 자신, 가진 것, 자신의 부족한 점과 화해할 때도 느낄 수 있다. 기쁨은 돈으로 사거나 얻을 수 있는 것이 아니다. 내면에서 찾아온다. '나는 괜찮은 사람이고 주어진 상황에서 최선을 다하고 있어.' 나는 그간 거쳐온 과거가 없다면 매일 느끼는 기쁨의 3분의 1도 느끼지 못할 것이라고 생각한다. 과거를 돌아볼 때마다 상처받지만 한편으로 매우 고맙기도 하다. 삶이 다르게 흘러갔다면 지금처럼 글을 쓰고 있지도 않을 테니 말이다.

우리는 직장에서 최악의 날을 보낼 때는 물론이고, 좋은 날을 보낼 때도 행복을 주는 외부 요인에 매달리기 쉽다. 초콜릿 한 조각, 와인 한 잔, '저마다 가책을 느끼는 즐길 거리'에 손을 뻗을 수 있다는 말이다. 이런 쾌락적 즐거움을 탐하면 당장의 문제는 잊을 수 있지만 잠깐일 뿐이다. 결국 죄책감이나 불만을 그대로 느끼게 되어 다시 초콜릿이나 와인에 손을 뻗고, 만족감은 처음보다 못 할 것이다.

자, 여기서 아리스토텔레스가 주장한 행복인 에우다이모니아가 무엇인지 알아보자. 가장 단순한 형태는 (쾌락의 모범생 사촌으로서) 삶에서 의미와 목적을 찾고, 나 자신의 잠재력에 도달하려고 노력하는 데서 오는 (기쁨이라고 하는) 기분이다. 외부에서 오기보다 내면에서 느낄 수 있는 더 깊은 즐거움을 말한다.

니체는 "살아야 할 이유를 아는 사람은 어떤 상황도 견딜 수 있다"고 말했다. 우리는 삶에서 의미와 목적을 찾으며 외부 환경에 휘둘리지 않는 더 깊은 즐거움을 맛볼 수 있다. 이를 보여주는 최고이자 최악의 경험을 한 인물이 빅터 프랭클이다. 그는 4년간 강제 수용소에 감금되어 변변찮은 배급으로 연명하며 내일을 기약할 수 없었다.

4년을 이어간 프랭클의 생존 경험은 인간의 회복력과 결단을 전 세계에 보여주는 상징이 되었다. 그는 삶의 의미를 찾는 데서 동기를 얻을 수 있다고 믿었고, 이를 (자신의 에우다이모니아로 여기며) '의미에의 의지'라고 칭했다. 그리고 출소하자마자 한 글자 한 글자를 그대로 기억해내 '의미에의 의지'를 담은 책을 펴냈다. 나라면 흉내조차 내지 못할 일이다. 강제수용소에서 책을 다 쓰고 기억하기는커녕 정신이 멀쩡할 때조차도 열쇠를 어디에 두었는지 떠올리느라 애를 먹기 때문이다.

프랭클은 강제수용소라는 경험을 통해 '의미를 찾는' 사람들이 살아남는 모습을 목격했다.

1944년 크리스마스에서 1945년 새해 사이에 어느 때보다도 사망률이 크게 증가했다. 고된 작업 환경, 배급 악화, 날씨 변화, 새로운 전염병이 문제가 아니었다. 다들 크리스마스 전에는 집으로 돌아갈 거라는 순진한 희망에 빠져 살았기 때문이었다. 때가 가까워져도

좋은 소식이 없자, 수감자들은 용기를 잃었고 절망감에 휩싸였다.[97]

프랭클의 통찰은 삶의 방향과 목표를 제시하며 실존적 질문을 마주하는 전 세계 많은 사람을 도왔다. 삶에서 목표와 이유를 찾는 것은 무엇과도 비교할 수 없을 만큼 중요하다. 삶이 우리 앞에 어떤 문제를 던져도 극복할 수 있게 해주기 때문이다. '의미에의 의지'라는 프랭클의 생각은 강력한 희망과 영감의 메시지를 전달한다. 역경에 처했을 때 술에 기대기보다 더 나은 방향으로 우리를 이끌어 줄 의미와 목적을 찾는 것이 더 중요하다는 사실을 일깨워준다.

나는 정말 힘들었던 시절에 한 친구에게서 빅터 프랭클이 쓴 『죽음의 수용소에서Man's Search for meaning』를 받았다. 당시 너무 불안해서 현관을 나설 때마다 바지에 실례할 것 같았고, (불안감이 너무 심해) 성인용 기저귀를 차고 있었다. 내 경험은 프랭클에 비할 바가 아니고, 그렇다고 주장하는 것도 아니다. 나는 프랭클을 보고 과거와 미래의 경험 모두 남을 도울 때, 즉 이 책을 쓰고 하루도 빠짐없이 SNS에서 소통할 때 필요한 연료로 작용할 것임을 깨달았다.

그래도 나는 은밀하게 아름다움을 좇는 것도, 그 반대도 아니긴 하지만 여전히 우리 모두 행복을 추구하고 쾌락적 즐거움을 탐닉해야 한다고 생각한다. 그러나 매일 시간을 정해 더 깊은 즐거움을 느껴야 할 것이다. 나는 정오 조금 지나 가장 여유 있을 때 책상에서 일어나 할머니에게 전화를 걸곤 했다. 팬데믹 때 시작했지만 이후로도 매일 가장 즐겨하던 일이었다. 덕분에 좋은 시간을 보냈다. 그러나 이 책을 쓰던 2023년 4월 24일에 할머니의 부음을 들었다. 이제 다시는 할머니와 통화할 수 없을 것이다. 깊은 즐거움이란 하루하루를 위해 시간을 내는 데서 찾아온다. 나는 할머니가 더는 이 세상에 없다는 사실에 큰 충격을 받았지만, 매일 할머니와 통화하는 시간을 낼 수 있었음에 감사하고 후회하지 않는다.

그렇다면 어떻게 해야 우리 자신뿐만 아니라 남들을 위해서도 아리스토텔레스가 주장한 행복인 에우다이모니아와 깊은 즐거움을 삶에서 키워 나갈 수 있을까? 걱정할 필요 없다. 아이스크림은 계속 먹어도 좋다.

심리학자 마이클 스티거는 동료 둘과 함께 에우다이모니아를 바탕으로 행동하면 더 나은 행복감을 경험할 수 있는지 평가한 결과를 2008년에 「선행을 통한 행복」[98]이라는 제목으로 발표했다. 그는 쾌락적 행동으로 느낄 수 있는 단순한 즐거움이나 물질에 얽매이는 것보다 에우다이모니아에 뿌리를 두고 행동하면, 삶에서 매일 의미를 찾고 만족감을 얻을 수 있다고 말한다. 긍정적인 삶의 방식과 강력한 관계를 맺을 수 있다는 것이다. 이번 장에서는 연구에서 사용한 에우다이모니아 행동을 조언으로 제시할까 한다.

TIP 1   시간을 내 자원하기.

TIP 2   형편이 어려운 사람에게 기부하기.

TIP 3   자신의 미래 목표를 자세히 쓰기.

TIP 4   다른 사람의 행동에 글이나 말로 감사 표현하기.

TIP 5   다른 사람의 의견 경청하기.

TIP 6   누군가에게 개인적으로 중요한 일 털어놓기.

TIP 7   역경에 맞서 가치 있는 목표를 꾸준히 이어가기.

이제 그 유명한 빅터 프랭클의 말로 이번 장을 마무리하겠다.

성공을 목표로 하지 말자. 성공을 목표로 삼고 겨냥할수록 자꾸 놓치게 될 것이다. 성공은 행복처럼 추구의 대상이 될 수 없다. 성공은 결과여야 하며, 더 큰 대의에 헌신할 때 의도치 않게 찾아온다.

35

의지력을 파헤쳐 보자

상상해보자. 오후 세 시, 다이어트 중인데 한시도 쉬지 않고 일하다가 이제 막 일곱 번째 화상 회의를 끝냈다. 누군가 건네는 빵 한 조각에 '이 정도는 괜찮겠지' 하고 생각한다. 이럴 때는 그 맛있는 한입에 저항하느니 핵분열에 얽힌 문제를 푸는 게 더 쉬울 것이다. 왠지 익숙한가? '빵 한 조각' 대신 저마다 가책을 느낄 만한 걸 생각해보면 확실해질 것이다.

의지력은 온종일 쓰고 또 쓰면 근육처럼 피로해진다. 있고 없고가 아니라 샘솟았다가 사그라들기를 반복한다. 많은 사람이 자아 고갈Ego depletion이라고도 하는, 의지력이 바닥나는 상태를 경험한다. 의지력이란 정신에 깃든 한정된 에너지에 연결되어 있다고 보는 것이다. 이 에너지를 다 써버리면 자제력을 잃기 쉽다. 잘 나가는 사람들은 이런 사실을 간파하고 행동에 나서 자신에게 유리한 방향으로 하루를 꾸리고 결정을 내린다.

그렇다면 우리는 매일 얼마나 많은 결정을 내릴까?

여러 출처에 따르면, 매일 약 3만 5,000개라고 한다.[99] 놀라운 수치이자 결정 피로를 낳는 원흉이다. 온종일 많은 결정을 내릴수록 의지력이 저하되어 유혹에 빠지기 쉽다. 이스라엘 벤구리온 대학교와 미국 컬럼비아 대학교 연구진은 재소자의 가석방 신청서를 받아드는 이스라엘 판사 여덟 명의 판결 1,000건 이상을 검토했다. 판사들은 심사 초반에 65퍼센트를 허락했으나 후반에는 거의 허락하지 않았다. 끼니를 때우며 휴식 시간을 보낸 이후, 가석방 허가는 다시 65퍼센트로 껑충 뛰었다.[100] 이것이 바로 '배고픈 판사 효과Hungry judge effect'다. 또 다른 연구에 따르면, 매장 내 구매 중 62퍼센트가 충동적이라고 한다.[101] "배고플 때는 장 보러 가지 말라"는 말도 있다. 배고플 때 갔다가는 언제나 후회할 일이 생긴다. 이밖에도 비슷한 연구가 꽤 많으며, 모두 의지력이 유한하다는 사실을 보여준다.

그러나 최근 연구에 따르면, 우리는 의지력을 완전히 잘못 생각했을지도 모른다. 자아 고갈 이론이 사실이 아닐 수 있다. 이 생각을 고집하다 보면 행복과 성공에 해로울 수 있다.《미국

국립과학원회보Proceedings of the National Academy of Sciences》에 실린 한 연구를 보면, 고된 일을 한 뒤 의지력이 바닥났다고 생각한 사람들은 달콤한 레모네이드 한 잔에 에너지를 다시 얻었지만, 의지력이 무한한 자원이며 소모되지 않는다고 생각한 사람들은 어떤 반응도 보이지 않았다.[102] 자아 고갈이 생물학적 한계라기보다는 자신을 스스로 무너뜨리는 생각 때문에 일어날 수 있음을 시사하는 결과다.

게다가 여러 다른 연구들에 따르면, 무언가에 저항할 수 없다고 생각하면 굴복하기 쉽다고 한다. 예를 들어 흡연자를 대상으로 한 연구에서는, 저항할 수 없다고 생각하던 사람은 금연 이후 다시 담배를 입에 대기 쉬운 것으로 나타났다.[103] 운동, 다이어트 등 다른 분야도 마찬가지다.

캐나다 토론토 대학교 심리학과 교수 마이클 인즐리트Michael Inzlicht는 의지력이란 유한한 자원이 아니라 감정에 더 가깝다고 주장한다.[104] 의지력이 슬픔이나 흥분처럼 환경, 상황, 감정 상태에 따라 샘솟기도 하고 사그라들기도 한다는 것이다. 이런 시각은 주의를 기울이고 노력하는 우리의 방식에 중요한 의미를 갖는다. 정신적 에너지가 연료통이라기보다는 감정에 더 가깝다면, 그에 따라 관리하고 활용하면 된다. 예를 들어 힘든 일 앞에서 지쳤다며 연료통이 비었으니 그만해야겠다고 생각하는 것보다는 잠깐 의욕을 잃었다고 보는 것이 더 생산적이고 건강한 사고방식이다.

그러나 의욕 부족이 일시적이지 않을 때도 있다. 이때는 의식이 모르고 지나칠 귀중한 정보를 감정이 알려주기 때문에 정신적 에너지나 의지력이 계속 부족할 땐 감정에 주의를 기울여야 한다. 의지력은 의사 결정은 물론이고 시간과 노력을 들일 가치가 있는 일을 알아내는 데 유용한 도구로 작용할 수 있다. 또한 논리력과 함께 작동해 근본적으로 하고 싶지 않은 일을 피할 수 있는 새로운 경로를 찾아내 줄 수 있다.

이제 스스로 어떻게 생각할지 신경쓰자. 자제력이 부족하다고 생각하면 그렇게 될 것이다. 따라서 실패 앞에서 우리 자신을 탓하는 대신 친절한 말 한마디를 건네며 자기 연민을 보여줘야 한다. 그러다 보면 사고방식이 바뀌고 목표를 달성하려 할 때 의지력을 활용할 수 있다.

의지력이 유한하다고 생각하든, 감정이나 그밖의 다른 것으로 생각하든 다음 조언을 따른다면 스스로 의지력을 기를 수 있을 것이다.

TIP 1 　**전날 밤에 미리 결정하기.** 마크 저커버그와 티셔츠, 또는 스티브 잡스와 검정 터틀넥을 떠올려보자. 매일 내려야 하는 결정 개수를 줄이자. 중요한 일을 위해 의지력을 아낄 수 있다.

TIP 2 　**가장 중요한 것부터 하기.** 의지력을 소모되는 것으로 보든 아니든 우리는 아침에 일어나 가장 먼저 하는 일에 의욕을 많이 느끼는 편이다. 그러니 아침 시간에 가장 중요한 문제를 다루도록 하자.

TIP 3　계획 꼭 지키기. '시간 나면 헬스장에 가야지'라고 하지 말자. 대신 출근 전 일곱 시 반에 운동하겠다는 계획을 세우자. 말만 하면 거의 지키지 않는다. 안이하게 생각하지 말자.

TIP 4　사회적 압박 역이용하기. 맞다, 내가 좋아하는 것이다. 무엇을 할 것인지 친구와 가족에게 알려 사회적 압박감을 느끼도록 하자. 난 책 쓰기부터 울트라마라톤까지 항상 이렇게 했다. 내게 책임을 물을 사람이 있다는 것은 강력한 동기 부여 요소다.

TIP 5　간식 챙겨 먹기. 결정을 나중에 내려야 한다면, 일단 간식을 먹자. 당장 부족한 에너지를 다시 채우는 데 단 음식이 도움이 될 수 있다. 장기적인 해결책은 아니지만 잠시 힘든 순간을 벗어날 수는 있을 것이다. 앞서 말했듯, 의지력에 전혀 도움이 안 되더라도 그럴싸한 핑곗거리는 될 수 있다! 케이크 한 조각쯤은 변명하지 않아도 된다.

TIP 6　여지 남기지 말기. 술을 끊으려 하는가? 그렇다면 술집에 가지 말자. 우리가 어떻게 생각하든 의지력은 쉽게 시험에 들고 통과하지 못할 때도 있다. 따라서 의지력을 시험에 들게 하지 않는다면 실패할 일이 없다. 주변 환경이 성공과 실패 중 어디를 향하는지 잘 살펴보도록 하자.

판결을 내리든, 장을 보든, 금연을 시도하든, 뭘 하든 간에 의지력이 감정처럼 오르락내리락할 테니, 정말 중요한 일에 의지력을 발휘하자. 그리고 단것도 좀 챙기자. 안 될 게 뭐 있나?

36

이메일 앞에서 자신을 지키자

앉아 있는 게 흡연만큼 해롭다면, 이메일은 앉아 있는 것만큼 해롭다. 이메일이 서서히 목을 죄어오지만, 우리는 눈치도 못 채고 있다. 살인마의 마수에 걸린듯, 사무실에서 수시로 이메일을 보내는 상사의 손에 죽어나고 있는 것이다. 이메일 답장에 몇 시간을 보내고 나서 초조하고 불안해 도무지 쉴 수도 없는 기분이 든 적 있는가? 손에서 일을 놓아도 별 생각이 다 들고 편히 있을 수 없는가? 뒤집어 생각해보자. 받은 편지함을 들여다볼 때 에너지가 솟는 것 같은 느낌을 받은 적 있는가? 이미 답이 나온 것 같다. 우리는 심리학자 린다 스톤이 말한 '이메일 무호흡증

Email apnea'을 겪고 있다.[105]

이메일 무호흡증은 이메일을 쓰거나 화면 앞에 앉아 있는 동안 호흡이 얕아지거나 중단되는 현상이다. 스톤에 따르면, 80퍼센트 이상이 겪는다. 나도 이 문장을 쓰면서 생각해보니 흥미롭게도 숨을 쉬고 있지 않았다. 이런 걸 보면 이메일보다 화면과 더 관련된 것 아닌가 싶지만 내 생각일 뿐이다. 이메일 무호흡증은 별생각 없이 앉아 일하는 동안에 몰입한 나머지 적절히 호흡하는 걸 잊어버리면서 발생한다. 웃긴 일 아닌가? 태어나 지금껏 숨쉬었는데 이메일 앞에서 싹 잊는 것이다. 그 결과, 스트레스 증가, 근골격계 이상, 피로에 집중력 저하까지 정신적, 정서적, 신체적 문제를 겪을 수 있다.

거짓말 같은가? 10분간 이메일을 보고 있으면, 내가 한 말이 생각날 것이다.

호흡법을 소개한 5장에서 살펴봤듯, 영국에서는 성인이 화면 앞에서 하루 평균 일곱 시간 이상을 보낸다. 다들 얼마나 숨을 참고 있겠는가! 게다가 팬데믹 탓에 어쩔 수 없이 재택 근무하며 화면만 보고 있으니 상황은 더 나빠진다. 산소가 부족한 동지들이여, 절망하기에는 이르다. 이메일이 건강에 미치는 영향을 줄이기 위해 할 수 있는 간단한 방법이 있다.

TIP 1 **숨쉬기.** 중요한 것부터 챙기자. 계속 호흡하라는 말이다.

좋다. 10초간 복식호흡에 집중하자. 이런 간단한 운동만으로도 더 깊고 편안한 호흡 패턴을 찾아 이메일 무호흡증에 대응할 수 있다.

TIP 2 **규칙적으로 쉬기.** 25분 타이머나 자동 일정 설정 도구를 사용해 틈틈이 쉴 시간을 마련하자. 이 시간에 동네를 한 바퀴 돌거나 스트레칭할 수도 있고, 자리에서 일어나 기지개만 켤 수도 있다. 뭘 선택하든 화면에서 멀어져 몸과 마음에 쉴 시간을 주는 게 중요하다.

TIP 3 **눈 감기.** 몇 초간 눈을 감거나 눈에 힘을 풀고 먼 곳을 지그시 바라보는 것도 좋다. 눈에 쌓인 긴장과 피로를 줄여 일에 복귀하고 나서도 집중할 수 있을 것이다.

이런 간단한 방법을 통해 우리는 성가신 이메일 앞에서 호흡을 되찾을 수 있다.

그러나 문제는 무호흡증에서 끝나지 않는다. 세상에! 우리는 이메일 때문에 스트레스를 받고 버겁다고 느껴 성과를 내고 싶어도 발목이 잡힌 기분에 사로잡힌다. 그런데 왜 이메일을 주고받는 걸까? 어도비에서 실시한 설문 조사에 따르면, 근로자들은 하루 평균 약 세 시간을 업무 이메일을 확인하고 답장하는 데 보내고, 업무 시간 외에도 받은 편지함을 확인한다고 한다.[106] 게다가 두 시간 반은 개인 이메일을 확인하며 보낸다. 계속 이메일을 확인하다 보면 항상 '접속 중'이어야 한다고 생각하게 되어, 일에서 완전히 단절되지 못한 채 재충전을 할 수가 없다. 우리는 텔레비전을 보면서도(60퍼센트), 화장실에 가서도(40퍼센트), 전화 통화를 하면서도(35퍼센트), 운동하면서도(16퍼센트), 운전하면서까지(14퍼센트) 개인 이메일을 확인한다.

이메일 과부하에 맞서기 위해, 언제 어떻게 이메일을 확인할지 경계를 설정하는 것이 무척 중요하다.

추가 TIP 1 **시간 정해두기.** 온종일 계속 확인하기보다는 출근 직후, 점심시간, 퇴근 직전에 30분씩 보는 식으로 메시지를 확인하고 답장할 시간을 정해두자.

추가 TIP 2 **환경 설정하기.** 필터나 중요 메일 라벨 같은 도구를 활용해 별것 아닌 메시지는 보든 말든 알아서 하고 가장 중요한 메시지부터 챙기며 받은 편지함을 보다 효과적으로 관리하자.

추가 TIP 3 **구독 취소하기.** 안 읽은 이메일이 1만 통 이상이나 쌓인 친구들이 있다. 참 대단하다 싶다. 나는 뉴스레터나 관심 없는 메일을 받을 때마다 바로 구독 취소한다. 업무 이메일도 마찬가지다. 그 덕에 인터넷 사용량은 물론이고 불안감도 덩달아 줄었다.

추가 TIP 4 **알림 끄기.** 이메일 알림을 끈다. 배너도, 소리도 전부. 적당할 때 확인하면 된다.

추가 TIP 5 **다른 방법으로 소통하기.** 이메일에만 기대지 말고 인스턴트 메시지, 전화 통화, 대면 대화가 더 적절하지 않은지 생각해보자. 끝없이 이메일을 주고받느니 간단히 대화로 끝내면 스트레스를 줄이고 시간도 아낄 수 있다. 남들도 동참할 것이다. 아직은 희망 사항이지만.

알아둘 게 있다. 이메일은 그저 누군가 할 일이라서 보낸 것일 뿐이다. 각자 적당할 때 확인하고 응답하자. 메시지가 왔다고 해서 서둘러 응답할 필요는 없다.

37

주의력을 늘려보자

사람들은 여러 일을 저글링하듯 동시에 다루는 것이 효율적이라고 생각한다. 어쩌면 왼손으로 요리하고 발로는 요람을 밀면서 오른손에 이 책을 들고 있을지 모르겠다. 그러나 우리는 대체로 멀티태스킹보다는 싱글태스킹, 즉 한 번에 하나의 일만 한다. 안타깝게도 멀티태스킹할 수 있다고 자부하는 사람들은 종종 최악의 결과를 빚어낸다. 한 번에 여러 일을 하겠다고 나섰다가 오히려 생산성과 집중력이 떨어지기 때문이다. 일 사이를 넘나들며 여기저기에 주의를 기울이다 보면 자꾸 실수하게 마련이어서 일을 끝마칠 때까지 한참을 붙잡다가 성과마저 잘 내지 못한다. 게다가 스트레스와 불안감에 더해 급기야 번아웃까지 경험할 수 있다.[107] 어느 하나 빠짐없이 꼭 챙겨야 하는 일들 사이를 바삐 오갈 때 당신은 얼마나 행복한가? 너무 좋아서 환호라도 지르고 싶은가?

요즘에는 멀티태스킹을 문맥 교환Context switching이라고도 부른다. 줄리엣이 로미오에게 한 말을 패러디하자면, '이름이 뭐가 중요할까? 다른 이름으로 불러도 멀티태스킹은 여전히 멀티태스킹일 텐데.' 뭐라 부르든 대가는 어마어마하다. 매년 전 세계적으로 손해가 약 4,500억 달러에 이르는 것으로 추정된다.[108] 멀티태스킹으로 생산성이 40퍼센트나 저하되기 때문이다. 엄청난 수치다.[109]

미국 캘리포니아 대학교 어바인 캠퍼스 정보학과 교수 글로리아 마크는 방해를 완전히 이겨내고 일로 돌아가는 데 걸리는 시간이 평균 23분 15초라는 사실을 알아냈다.[110] 또한 근로자들이 일 하나에 집중하는 시간이 평균 3분이라는 것도 밝혔다. 이 연구에 따르면, 우리는 절대 집중할 수 없고 어느새 불안감과 각성도만 증폭되어 후속 디지털 요청에 대기하고 있는 모양새다. 아, (앞 장에서 말했듯) 잊지 말고 숨들 쉬자.

이제 (아놀드 슈왈제네거의 주장처럼) 멀티태스킹, 문맥 전환, 산만함에 작별을 고할 때다. 다들 너무 바빠서 그럴 틈조차 없을 것이다.

방해 없이 주의력을 온전히 발휘할 때 우리는 한 시간 반에서 두 시간 집중할 수 있다. 그러나 시간도 없는데 집중 시간이라는 건 도대체 언제로 잡아야 할까?

1. 잠시 시간을 가지고 하루 동안 주의력을 여러 번 측정하자.
2. 측정할 때마다 시간을 기록하고 다음 질문에 1~5점으로 답하도록 하자(숫자가 클수록 주의력이 높다는 의미다).
   • 지금 일에 얼마나 몰입하는가?
   • 지금 일에 얼마나 자극받고 있는가?
3. 3~5일 반복하고 어떤 양상을 보이는지 확인하자.
4. 결과를 바탕으로 나 자신만의 집중 시간을 알아낸 후, 가장 중요한 일을 계획하자.

나는 오전 열 시쯤에 가장 집중이 잘 된다. 아침에 이메일을 확인하며 하루 일정을 계획하고 나서부터 점심 식사 후 피곤해지기 전까지다. 다들 어떤가? 자신만의 집중 시간을 알아내 달력에 표시해두고, 안 지키면 삶이 결딴나기라고 할 것처럼 꼭 지키자.

때때로 패색 짙은 전투에서 싸우고 있다는 느낌이 들겠지만 주의력을 유지하기 위해 할 수 있는 일이 있다.

TIP 1　**눈에 힘 풀기.** 한시도 쉬지 않고 온전히 주의를 기울일 수는 없다. 운동할 때처럼 주의력에도 휴식이 필요하다.

TIP 2　**재충전하기.** 주의력이 사그라들기 시작할 땐 간단한 작업으로 분위기를 전환하자. 산책하러 나가거나 커피 한잔하거나 집안일을 하며 머리도 식히고 집중력도 되찾자.

TIP 3　**방해 차단하기.** 집중 시간은 곧 방해를 차단할 시간이기도 하다. 알림을 무음으로 설정하고, 이메일 창을 닫고, (51장에서 추천한, 적어도 내겐 도움이 되는) 가사 없는 음악을 틀고, 휴대전화를 다른 방에 두자.

TIP 4　**최악의 적에 맞서기.** 모두들 자기 자신을 방해할 것이다. 확실하다. 그러니 방해하게 될 계기를 멀리하자. 틱톡 한번 슬쩍 보는 건 괜찮겠지 했다가 금방 두 시간이 지날 것이다. 이런 유혹에 빠진다면 곰곰이 생각해보자. '지금 이걸 꼭 해야 하나?' 아마 아닐 것이다.

　잠깐, 내가 또 무슨 말을 하려고 했더라?

38

80/20 법칙을 적용하자

80/20 법칙이라고 들어본 적 있는가? 파레토 법칙Pareto prin-ciple이라고도 알려진 이 법칙은 전체 원인의 20퍼센트가 전체 결과의 80퍼센트에 영향을 미친다는 말이다. 아마도 여러분은 그럴 리 없다고 생각할 것이다. 빌프레도 파레토Vilfredo Pareto가 한 세기도 더 전에 주장한 이 법칙은 오늘날에도 여전히 사람들 입에 오르내리며 활용된다. 다들 지금 이렇게 생각할지 모르겠다. '아까는 뭔가 싫었는데 이젠 관심이 가는군, 저자 양반.' (〈장고: 분노의 추적자Django Unchained〉에 나오는 대사를 따라 해봤다. 역시 명대사다!)

이 법칙을 이용하면, 일부 행동이나 습관에 집중하며 우리의 목표와 포부를 달성하는 데 성큼 다가설 수 있다. 같은 시간과 노력으로 본전을 뽑고도 남을 가치를 얻어내는 것이다.

자, 일상적인 행동과 습관에 주의를 기울여보자. 일상적인 행동 중 약 45퍼센트가 습관이라는 사실을 알고 있는가? 미국 서던 캘리포니아 대학교에서 실시한 연구에 따르면, 이런 행동은 저절로 그리고 정확히 같은 상황에 발생한다.[111] 우리 삶의 상당 부분이 자동조종 모드로 흘러간다는 말이다. 하나 더 말하자면, 습관이라고 다 똑같진 않다. 일부가 더 큰 영향을 미치기도 한다.

2022년, 나는 19일 만에 스페인에서 (산티아고 순례길 중 프랑스 길이라고 하는) 860킬로미터 되는 길을 걸었다. 이후에 울트라마라톤을 연이어 열아홉 번이나 참가했는데 이 얘긴 나중에 하자. 나는 순례길을 다 걷고 집으로 돌아온 뒤 원래 생활로 돌아오느라 정말 고생했다. 자는 시간이 한두 시간 바뀌었을 뿐인데 일상이 흔들렸다. 오전 여섯 시면 침대에서 곧바로 일어나 커피를 마시러 가던 내가, 간신히 손을 뻗어 알람을 끄고 부리토라도 된 듯 이불을 돌돌 말았다. '아니야, 오늘은 아니라고.' 아침 운동, 명상, 찬물 샤워까지 걸렀다. 첫 단추를 잘못 끼웠더니 돌아갈 길이 없었다. 퇴근 후에도 마찬가지였다.

어떻게 해야 하나 여기저기 알아보다가 꼭 필요한 걸 알아냈다. 기준이 될 핵심 습관에 집중해야 했다.[112] 핵심 습관부터 탄

탄히 세워야 다른 습관도 실천할 수 있기 때문이다. 나는 오후 아홉 시 반에 자러 간다. (수면을 다룬 33장에서 말했듯 30분 전에 미리 휴대전화를 멀리에 두고) 책을 읽다가 눈꺼풀이 감길 때 잠을 청하고는 날이 밝고 알람이 울릴 때 침대를 박차고 일어나 커피를 마시러 간다. 가끔은 한쪽 눈만 겨우 뜨기도 한다. 일단 아침 일찍 일어나면 나머지는 일사천리다. 아침 운동을 한 뒤 명상하며 마음을 다스리고 찬물 샤워로 활기를 더한다. 작은 행동 하나로 모든 게 착착 이루어지다니 정말 놀랍다.

여러분은 어떤가? 핵심 습관이 무엇인가? 잔물결이 퍼지듯 긍정적인 영향을 미치는 습관을 생각해본 적 있는가? 그 습관만 있다면, 판도라의 상자를 열어 그 안에 있는 더 생산적이고 의욕적이며 균형 잡힌 미래의 자신을 만날 수 있을 것이다. 복잡하게 생각할 필요 없다. 창의성을 일깨우는 모닝커피 한 잔, 정신을 맑게 해주는 일일 산책, 생각을 정리할 수 있게 해주는 일기 쓰기 정도면 충분하다. 자신만의 핵심 습관을 알아내고 타협할 수 없는 것으로 설정해 매일 하루도 빠짐없이 시간을 내어 꼭 지키자. 큰 차이를 경험할 것이다.

다시 80/20 법칙으로 돌아가보자. 우리의 노력 중 20퍼센트가 직장에서 80퍼센트의 가치로 이어진다면, 우리의 목표인 지치지 않는 연습에는 어떻게 적용될지 상상해보자. 목표로 삼은 일 중 단 20퍼센트가 아주 큰 이익을 낼 수 있을 것이다. 내게

20퍼센트는 45분간의 서킷 트레이닝이다. 근력 운동과 유산소 운동을 조합한 이 간단한 운동이 신체 건강은 물론이고 내 정신과 마음에도 도움이 된다. 일석삼조다.

핵심 습관과 80/20 법칙을 생각하며 스스로를 돌아보자. 당신은 어떤 20퍼센트를 가지고 있는가? 운동인가, 사랑하는 사람들과 보내는 좋은 시간인가, 아니면 자기 관리 같은 일에 전념하는 것인가? 한 사람에게 잘 맞는 것이 다른 사람에게는 안 맞을 수 있으니, 조언은 주의해서 듣자. 내 조언도 마찬가지다. 가장 큰 가치를 선사하는 핵심 활동과 습관을 알아내고 다른 무엇보다 먼저 챙기도록 하자.

내 핵심 습관은 아홉 시 반 취침이다. 이 습관부터 지켜야 시간을 내어 20퍼센트인 서킷 트레이닝을 할 수 있다. 핵심 습관은 20퍼센트의 일부일 수도 있다. 분리될 필요는 없다.

그러면 80/20 법칙을 최대한 활용하고 핵심 습관을 알아낼 수 있게 도와줄 실질적인 조언을 살펴보자.

TIP 1 **핵심 습관 알아내기.** 일상과 습관을 돌아보자. 목표와 생산성에 가장 큰 영향을 미치는 행동이 무엇인가? 이게 바로 자신만의 핵심 습관이다. 앞서 말했듯, 복잡하게 생각할 필요 없다. 간단히 아침 운동을 해도 되고, 따로 시간을 내어 집중력을 발휘하거나 명상을 해도 좋다. 핵심 습관을 알아내고 나면 타협할 수 없는 것으로 설정해 매일 가장 먼저 챙기자. 어떻게 챙겨야 할지 더 알고 싶다면 11장을 참고하기 바란다.

TIP 2 **일정 간소화하기.** 목표에 크나큰 이익을 안겨줄 가장 중요한 일이나 활동을 알아낸 뒤, 일정에 80/20 법칙을 적용하자. 영향력이 작은 일로 넘어가기 전에 중요한 일부터 끝내는 데 집중하는 것이다. 일정을 간소화하고 우선순위에 집중한다면 정말 중요한 일에 시간과 에너지를 더 쏟을 수 있다. 반대로, 당신에게 활력을 주는 일에 집중하면 다른 일에 쏟을 에너지와 집중력을 얻게 될 것이다. 원할 땐 그저 쉬어도 좋다. 다들 그럴 자격 있다.

TIP 3 **재차 파악하고 조정하기.** 가끔은 가만히 앉아 핵심 습관과 20퍼센트 행동이 삶에 어떤 영향을 미치고 있는지 생각해보자. 원하던 이점을 여전히 경험하고 있는가? 새로운 습관이나 행동을 통해 더 큰 이익을 얻을 수 있지 않을까? 우선순위와 상황에 따라 유연하게 대처할 태세를 갖추도록 하자. 언젠간 반드시 변화를 줘야 할 것이다. 성장하고 발전하고 있을 테니 말이다. 핵심 습관과 20퍼센트 행동의 효과를 정기적으로 파악하고 필요하다면 조금씩 조정하면서 삶에 더없이 긍정적인 영향을 미칠 수 있게 노력해보자.

짧은 삶 속에서 숨 돌릴 틈 없이 바쁜 우리는 노력을 최적화

해야 한다. 그러니 몇 가지 중요한 습관과 행동에 집중하자. 잔물결이 퍼지듯 긍정적인 영향과 큰 이익을 안겨줄 것이다. 핵심 습관과 함께 정말 중요한 20퍼센트를 지켜 나가야 한다.

39

시간을 똑똑하게 쓰자

매일 아침, 주머니에 1,440파운드가 꽂힌 채 일어난다고 상상해보자. 세상에, 이게 무슨 일인가! 별 건 아니고 자정까지 다 쓰면 된다. 이월할 수 없다. 그러면 다들 계획을 세워 지출하고, 투자하고, 저축하며 마지막 한푼까지 다 쓰지 않을까? 유감스럽지만 내가 날마다 1,440파운드를 줄 형편은 안 된다. 그래도 우리에겐 매일 24시간, 다시 말해 1,440분이 있다. 현명하게 쓰지 않으면 상상 속 1,440파운드처럼 사라질 그런 시간이다. '오늘 하루를 어떻게 보내면 좋을지' 얼마나 생각해보는가?

할 일은 산더미인데 시간이 부족하게만 느껴지는 세상 속에서 시간 관리 능력은 있으면 좋고 없어도 그만인 게 아니라 꼭 갖춰야 할 기술이다. 이력서에 일단 '엑셀 능력 우수'라고 써놓듯, 가볍게 둘러댈 만한 것도 아니다.

생산성이라는 말을 들으면 어떤 사람이 떠오르는가? 바빠도할 일 다 하는 사람인가, 아니면 시간을 가지고 하겠다고 한 일, 즉 최고의 자신이 되기 위해 할 일을 가장 먼저 챙기는 사람인가? 생산성이란 '기계'처럼 모든 일을 효율 따져가며 효과적이고 경제적으로 해내는 걸 말하는 것이 아니다. 오히려 하지 말아야 할 일을 선택하고 거절하는 것, 즉 내 시간을 어디에 투자할지 의식해서 결정을 내리는 것을 의미한다. 스스로 챙기지 않는다면 그 누구도 대신 챙겨주지 않을 것이다. 당신은 팀에서 가장 효율적이고 생산성 넘치는 직원일 수 있지만, 모든 일에 오직 승낙만 한다면 효율도 행복감도 줄어들기 시작할 것이다.

'딱 5분만 시간 좀 내달라'는 요청을 전부 들어줄 수 있다면 좋겠지만, 그랬다가는 잠자리에 들기 전에 양치할 시간조차 없을 것이다. 뭔가에 뛰어들기 전에 한 번 더 생각하고 충동적으로 나서지 말자. 시간, 에너지, 자원을 서서히 뺏길 수 있으니, 천천히 신중하게 응답해야 한다.

거의 모든 제안에 대뜸 '승낙'부터 하는 편인 우리에게 '느린' 승낙은 쉽지 않다. 특히 영국인은 거절이 어찌나 불편한지 '꼭 그런 건 아닙니다', '괜찮습니다', '그런 것 같지는 않습니다', '그러고 싶지만…' 등등 에둘러 말하는 사람이 많다. 나 역시 에둘러 말하다가 파티, 행사, 회의에 셀 수 없이 불려 다니고는 이렇게 생각한다. '도대체 여기서 뭘 하는 거지? 왜 승낙했을까?'

자기 챙김 프로젝트에서 중요한 것은 이미 가득 차서 넘치는 접시에 뭘 더 추가하는 것이 아니다. 더하는 것보다 덜어내는 것이 더 좋을 때도 있다. 선택적으로 거절할 줄 알아야 한다는 말이다. 요청을 듣고 망설여진다면 거절해야 한다. 죄책감 느끼지 말고 시간과 에너지를 지키자. 결정을 빨리 내려야 한다는 압박감을 느낄 땐 '거절'을 기본값으로 설정하자. 상황을 세세히 분석하고 자신의 목표, 가치관과 일치할 때만 '승낙'하면 된다. 어려우면 이렇게 생각해보자. '내일 내게 중요하지 않은 일이라면 5년 후에도 똑같겠지? 그럼, 거절이다.'

우리는 느린 승낙을 통해 선택하고 약속한 일에 더 주의를 기울임으로써 이를테면 휴식처럼 삶에서 중요한 일을 할 시간을 확보하고 지킬 수 있다. 거절이 껄끄러운 건 알지만, 이제는 시도해보자. 초대를 정중히 거절하고 자기 시간을 우선할 줄 알면, 개인 생활과 대외 활동 사이에서 균형을 찾을 수 있다. 꼭 챙겨야 할 건 사실 몇 가지 없다. 우선순위를 정하는 건 우리에게 달렸다.

워런 버핏은 하루 중 80퍼센트를 책을 읽으며 보낸다. 그는 사업상 일생일대의 결정을 내리기 전에 속속들이 파악부터 하는 걸 좋아한다. 그리고 자기 시간을 지키는 걸 두고 "매우 성공

한 사람이 대개의 성공한 사람들과 다른 점은 거의 모든 일을 '거절'한다는 것"이라고 표현했다.[113]

그러나 무엇을 거절해야 하는지는 어떻게 알 수 있을까? 이럴 때 유용하고도 간단한 방법이 있다면 좋을 텐데 말이다. 자, 놀라울 정도로 단순하지만 효과적으로 우선순위를 정할 수 있게 도와줄 아이젠하워 매트릭스Eisenhower Decision Matrix를 소개한다. 긴급한 일과 중요한 일을 구분할 수 있는 방법이다.

아이젠하워는 미국 대통령이자 제2차 세계대전 연합 원정군 최고사령관이었던 인물로, 당연히 꽤 바빴을 것이다. 그는 이런 말을 남겼다. "일이 위기에 처한 것처럼 보일 때, 우리는 중요한 미래보다는 긴급한 현재에 먼저 주의를 기울이지 않을 수 없습니다." 그리고 이 문제를 해결하려 아이젠하워 매트릭스를 만들었다. 함께 알아보자.

TIP 1 **아이젠하워 매트릭스 알아보기.** 가로세로 두 칸인 표를 그리고 각 칸에 다음 설명에 해당하는 일을 적는다.

- **중요하고 긴급한 일**: 즉각 주의를 기울여야 하는 일이다. 따라서 신속하고 효율적으로 대처해야 한다.
- **중요하지만 긴급하지 않은 일**: 중요하지만 바로 행동에 나설 필요는 없는 일이다. 그러나 반드시 추후 일정을 잡고 주의를 기울여야 한다.

- **중요하지 않지만 긴급한 일**: 긴급해 보이겠지만 우리 자신의
  목표나 행복에 크게 기여하지는 않는 일이다. 가능하다면 다른
  사람에게 맡기자.
- **중요하지도 긴급하지도 않은 일**: 시간을 허비하는 일이다. 할 일
  목록에서 지우고 정말 중요한 일을 위해 귀중한 시간을 지켜내자.

아이젠하워 매트릭스에 따라 중요성과 긴급성의 우선순위를 정
해 일을 맡기거나 제외한다면, 한정된 시간을 최대한 활용해 매
일 최고의 자신이 되는 데 필요한 일부터 챙길 수 있다.

TIP 2　　**다섯 번 거절하기.** 이번 주에 다섯 번 '거절'해보자. '그럴
것 같은데요', '그러고 싶지만', '확인해볼게요' 같은 말은 금지다.
대신 공손하게 거절하자. 우리 자신을 위한 일이기도 할뿐더러,
마지막 순간에 거절할지 모를 우리까지 계획에 넣어 다과를 주
문할 행사 담당자를 위한 일이다.

시간은 누가 달라고 해도 주지 않을 지갑과도 같다. 아니 그
보다 더 귀중하다. 아이젠하워 매트릭스를 활용해 효과적으로
우선순위를 매기고, 의식적으로 선택하고, 느린 승낙과 빠른 거
절을 실생활에 적용하자. 마지막으로 미국의 전 하원의원 레스
브라운Les Brown이 SNS에 올린 글을 소개한다. "매일 1,440분이
주어진다. 우리가 매일 긍정적인 영향을 끼칠 기회가 1,440번
있다는 의미다." 그러니 시간을 허투루 보내지 말자.

(40)

조금씩 자주 하자

눈앞에 500만 파운드와 31일간 매일 두 배로 불어나는 마법의 1페니(0.01파운드) 동전이 있다면 무엇을 고르겠는가? 500만 파운드 쪽으로 기울지 않을까? 그러나 여러분이 당장 혹해서 500만 파운드를 고르고 내게 동전 하나만 덩그러니 남겨주면 어떤 일이 벌어질지 알아보자.

흥청망청 써대지 않았다면 여러분은 10일째에도 은행 계좌에 여전히 500만 파운드를 가지고 있을 테지만, 내 손에는 약소하게 5.12파운드가 들려 있을 것이다. 런던에서 작은 잔으로 맥주 한 잔도 겨우 살까 말까 한 돈이다. 20일째가 되면 내 손에는

5,243파운드가 있겠지만, 여전히 여러분보다 499만 4,757파운드나 적다. 잠깐, 너무 그렇게 우쭐거리지 말아줬으면 한다. 슬슬 반전이 있을 것 같지 않은가?

29일째에는 내 손에 270만 파운드가 있을 것이다. 여러분보다 딱 230만 파운드 적다. 갑자기 여러분은 의문이 들기 시작할 것이다. 그러나 상황이 뒤바뀌는 건 30일째다. 내게 530만 파운드가 생긴다. 그리고 31일째에 의기양양하게 1,073만 7,418.24파운드를 세고 있을 나를 보며 여러분은 땅을 치고 후회할 것이다.

교훈이 뭘까? 작지만 꾸준하고도 현명한 선택이 시간이 지나며 엄청난 차이를 만들어낸다는 것이다. 이런 일이 돈뿐일까? 11장에서 소개한 최고의 자신을 위한 계좌도 마찬가지다. 목표를 향한 작지만 꾸준한 선택 역시 시간이 지나며 엄청난 차이를 낳는다. 긍정적인 행동으로 입금을 늘리는 동시에 출금을 줄이는 데 집중하면서 잔고가 쌓이는 모습을 지켜보자. 그건 그렇고, 마법의 동전이 어디 있는지 아는 사람 없는가?

이쯤에서 내가 들어본 놀라운 이야기 중 하나를 여기에 풀어내려 한다. 여러분은 (해냈다는 사실에 아직도 내게 전율을 일게 하는) 책 쓰는 일을 상상할 수 있는가? 그냥 책이 아니라 왼쪽 눈꺼풀로만 쓴 책 말이다. 무슨 말인가 싶을 것이다. 《엘르》편집장으로 활동하던 장 도미니크 보비Jean-Dominique Bauby는 도무지 헤아릴 수 없는 놀라운 일을 해냈다. 그는 어느 날 뇌졸중으로 쓰러진 뒤 깨어났지만, 감금 증후군 탓에 왼쪽 눈으로만 의사소통할 수 있었다.

그러나 보비는 포기를 몰랐다. 그리고 자기 몸속에 갇힌 경험을 가지고 『잠수종과 나비The Diving Bell and the Butterfly』라는 책을 썼다. 그것도 20만 번 넘게 눈을 깜빡여서 말이다. 한 단어를 전달하는 데만 2분이 넘었고, 다 합쳐 약 7만 8,936분 걸렸다. 시간으로 치면 1,315.6시간, 일수로 치면 54.81일이다. 정말 놀랍다. 이렇듯 눈 깜빡이듯 한 번에 하나씩 꾸준히 하면 놀라운 일을 이룰 수 있다. 양은 변해도 꾸준함이 핵심이다.

이제, 복리 효과를 체중 감량에 적용해보자. 걱정할 필요 없다. 각종 다이어트 방법을 추천하지도, 13장에서 소개한 생존 전문가 베어 그릴스처럼 동물 내장에 고환까지 먹으라고 권하지도 않을 것이다. 다이어트 없이, 헬스장에 발을 들여놓지 않고도 20파운드(약 9킬로그램)를 뺄 수 있을까? 사소하지만 혹할 만한 묘안이 하나 있다. 직장에서 온종일, 그러니까 하루에 여덟 시간, 즉 480분 동안 다리를 흔든다면, 체격에 따라 다르겠지만 약 300칼로리를 소모할 것이다. 달리 말하면, 290칼로리 정도 되는 맥도날드 치즈버거 하나를 없애는 것이다. 따라서 죄책감을 날려버리고 잠깐 쉬면서 치즈버거를 즐길 수 있다.

어쩌면 내가 건강 관련 도서 최초로 맥도날드 치즈버거를 긍정적으로 바라본 사람일 수도 있겠다. 후원 계약이 너무 기다려진다! 어쨌든 이 책은 거창한 계획, 멋들어진 기술, 복잡한 해결책과 거리가 멀다. 작지만 꾸준하고도 현명한 선택을 이어가야 한다는 쪽이다. 시간이 지나면 티끌이 모이고 모여 거대한 영향을 미칠 잠재력을 품게 된다. 일단 시작이 가장 중요하다. 헬스장에 못 가겠다고? 걱정할 필요 없다. 다리를 떨면 된다.

3년도 더 전에 SNS에 처음 이 여정을 시작했을 때에는 오랜 시간을 들여 글을 써서 게시하고도 '좋아요' 한두 개를 받는 데 그쳤다. 로마도 하루아침에 만들어지지 않았기에 단념하지 않았다. 이후로 1,500번 넘게 글을 올렸고, 지금은 주당 내 고향 헤이스팅스 인구 9만 8,000명보다 많은 10만~25만 명이 내 글을 본다. 100만 명에 도달하는 데 1년 반이 걸렸지만 지금은 매달 달성한다. 뭐든 꾸준해야 마법 같은 일이 벌어지는 법이다.

링크드인에서는 일주일에 글을 한 번만 올려도 상위 1퍼센트 사용자다. 처음엔 '좋아요' 한두 개 받는 데 그치겠지만 누군가에게 힘이 될지 모를 일이다. 누군가를 돕는다고 해서 온 세상이 바뀌지는 않겠지만, 그 한 사람의 세상만큼은 바꿀 수 있을 것이다. 게다가 일단 행동에 나서는 건 최고의 학습법이기도 하다. 처음엔 두려워도 나처럼 3년 만에 자기 자신을 매우 자랑스러워하며 시작한 것에 감사할 것이다. 지금 당장 시작하라고 조언한 26장을 참고해도 좋다.

이제 다들 감을 잡았을 것이다. 뭘 하든 '조금씩 자주'가 핵심이다.

그렇지만 항상 의욕을 가지고 있기란 불가능까지는 아니어도 때때로 어려울 수 있다. 나아지는 게 금방 보이지 않기 때문이다. 사실 변화가 전혀 없는 건 아니다. 체중 감량에 돌입했을 때를 떠올려보자. 매일 숫자가 훅훅 줄기를 꿈꾸며 체중계에 오른다. 그러나 이미 알듯 그런 일은 일어나지 않는다. 단기간에 에너지를 내뿜으며 노력을 쏟기보다는 생활방식을 바꿔야 승리감을 맛볼 수 있다. 꾸준히 노력하고 헌신해야 시간이 지난 뒤 후행 지표로서 꿈에 그리던 발전을 마주하는 것이다.

미국의 사상가이자 미디어 전략가인 라이언 홀리데이는 "모든 성공은 후행 지표"라고 주장했다.[114] 글을 술술 써 내려가든, 헬스장에서 개인 최고 기록을 세우든 뭔가 잘 되는 건 오랜 시간 쌓인 연구, 연습, 준비가 낳은 결과라는 것이다. 바벨 벤치 프레스를 생각해보자. 어느 때보다 무거운 바벨을 들어올린다는 것은 꾸준히 단련하고 노력을 기울여 얻은 후행 지표다. 승진은 꾸준히 성과를 내서 얻은 후행 지표이며, 자신 있는 연설은 철저한 준비로 손에 넣은 후행 지표다.

따라서 금방 성공하지 못한다 해도 조금씩 자주 하면 훗날 그토록 찾아 헤매던 성공을 마주할 것이다. 성공은 조금 늦게 찾아올 수 있다. 즉각적인 결과나 변화를 기대하지 말자. 대신 작지만 목표에 맞는 일을 꾸준히 선택하고, 그것이 복리로 불어나 지속적인 영향을 미칠 수 있을 때까지 시간을 충분히 가져야 한다. 저축, 취미 생활, 건강 증진, 관계 향상 모두 핵심은 매일 하는 행동에 있다. 꾸준히 노력하며 작은 행동의 힘을 믿어보자. 오, 어느덧 조언할 시간이다.

TIP 1 **한 단계씩 끝내기.** 코끼리를 먹으려면 어떻게 먹어야 할까? 한 입씩 먹으면 된다. 목표를 일상에서 실천할 수 있는 더 작은 일이나 습관으로 쪼개자. 할 말이 산더미 같은데 1장부터 52장까지 쪼개서 하는 나처럼 말이다. 혹시 산책할 텐가? 신발 신고 밖에 나가기만 하면 된다. 운동화 끈을 매는데 산책할 기분이 아니라면 다시 집 안으로 들어와도 좋다. 습관을 들이다 보면 신발을 신고 이어서 산책까지 하러 갈 날이 찾아올 것이다.

TIP 2 **같은 시간 같은 장소 지키기.** 하고 싶은 게 뭐든 집중할 시간이나 루틴을 정해놓자. 간단히 매일 아침 15분을 정해서 명상, 글쓰기, 운동하는 시간으로 쓸 수 있다. 꾸준함이 핵심이다. 그러니 이런 시간을 타협할 수 없는 일정으로 잡아두자. 나는 아침에 일어나 운동한 다음에 명상하는 걸 좋아한다. 좀 이상하게 들리겠지만, 명상은 샤워하면서 해야 제맛이다.

TIP 3 **작은 성공 축하하기.** 꾸준히 행동하는 과정에서 진전을 이룬다면, 크든 작든 축하하자. 앞으로 향하는 작은 발걸음에 더 박차를 가할 수 있으니 축하할 만하다. 노력에 스스로 보상하자. 나 자신을 위한 선물도 좋고, 남들에게 성취를 알려도 좋다.

TIP 4 책임감 갖기. 책임감을 느끼도록 감시할 파트너를 찾거나 뜻이 맞는 사람들 모임에 참여하자. 앱, 일기, 해빗 트래커를 사용해 나 자신의 발전을 추적하며 스스로 책임감을 느낄 수도 있다. 몇 번을 해도 내게는 잘 맞는 방법이다. 소중할수록 소소한 것까지 파악해두자.

TIP 5 인내하기. 앞서 말했듯, 지속적인 변화를 이루는 데는 시간이 걸린다. 금방 결과가 나타나지 않으면 단념하기 쉽지만, 꾸준함이 지닌 힘을 믿자. 노력이 쌓아 나갈 복리 효과를 생각하자. 헌신하고 인내하는 자세를 잃지 말고 꾸준한 행동이 의미 있는 결과를 가져온다는 사실을 굳게 믿어보자.

천릿길도 한 걸음부터이듯, 작은 발걸음이 모여 놀랄 만한 변화를 이끌어낸다. 이제 여러분만 괜찮다면, 나는 가서 치즈버거를 먹고 마법의 동전을 찾아야겠다.

41

생각부터 고쳐먹자

내가 만약 여러분에게 아침에 100만 파운드(한화로 약 17억 3,000만 원)를 준다면 받겠는가?

물론 다들 받을 것이다. 누가 그런 횡재를 마다하겠는가? 너무 기뻐서 날아갈 것 같지 않을까? 끙끙 앓던 돈 문제며 온갖 부정적인 감정이 마법처럼 사라질 것이다. 나라도 그럴 것이다. 짜증나는 일도 화나는 일도 없고 행복한 하루를 보내지 않을까? 아마 내 동료들도 '똑같을' 것이다.

그러나 조금 씁쓸한 반전을 준비했다. 100만 파운드를 손에 넣을 수 있고, 그것을 10억 파운드로 불릴 수도 있다. 그러나 돈을 선택하는 순간 내일부터는 이 세상 사람이 아니다. 갑자기 흥이 깨질 것이다. 사실 매일 일어나는 간단한 행동이 세상에 있는 돈을 모두 긁어모은 것보다 더 가치 있다. 동기를 부여하겠답시고 무슨 허튼소리를 하나 싶겠지만, 내 말 좀 들어보기 바란다. 다들 하루가 지닌 가치를 인정해야 한다. 살아 있다는 것이 귀중한 선물이라는 사실을 깨달아야 한다.

우리는 400조 분의 1의 확률을 뚫고 태어났다.[115] 어마어마한 확률이다. 무엇과 비교할 수 있을까? 여기에 딱 맞는 불교의 가르침이 있다. 구멍 뚫린 나무판자가 망망대해를 떠다니는 가운데 드넓은 바닷속에서 거북이 한 마리만 헤엄치고 있다. 우리가 태어날 확률은 거북이가 물 밖으로 고개를 쑥 내미는 순간 나무판자를 만나 판자에 난 구멍에 고개를 갖다 대고 쉬는 것만큼이나 희박하다. 이 이야기를 들으면 말도 안 되는 확률을 뚫은 우리가 얼마나 운이 좋은 사람인지 깨달을 것이다. 다들 똑같이 느꼈으면 한다.

이것도 한번 생각해보자. 여우비가 내리기로 유명한 자메이카 해변에 비가 내린다. 그 비는 주룩주룩 내리는 비일까, 아니면 물로 변해 반짝이며 흩날리는 햇살일까? 답은 영국 관광객과 자메이카 어부 중 누구에게 묻느냐에 따라 다르다. 불공평하고 화나고 위험한 상황에 부딪힐 때 해결책을 찾거나 최대한 빨리 빠져 나와야 하는 건 분명한 사실이다. 그러나 모든 일마다 곧바로 판단해 '옳다'거나 '그르다'고 할 필요는 없다. 우리 자신과 남의 의견을 두루 살펴본 24장을 참고하면 도움이 될 것이다.

우리는 우리 삶의 건축가이며, 자신의 인식을 형성할 힘을 가지고 있다. 그러니 펜을 들고 자신을 위한 더 나은 설계도를 그려보자. 잘 그리든 아니든 상관없다. 스스로 행운을 만들고 자신만의 이야기를 쓸 수 있다는 사실을 빨리 깨달을수록 굉장한 힘을 얻을 것이다. 그리고 포기하지 않는 한 계속 그 힘을 붙들고 있을 것이다.

아마 지금쯤 여러분은 이렇게 생각할 것이다. '저자 양반. 다 좋은데, 이건 이야기에 불과해. 난 자메이카 어부도 아니고 운도 없어서 삶이 잘 풀리지도 않는다고.' 당신 혼자만의 생각이 아니다. 많은 사람이 그렇게 느낀다. 영국 하트퍼드셔 대학교 심리학과 교수인 리처드 와이즈먼은 10년간 행운 프로젝트Luck Project를 진행하며 행운이 우리 삶에서 어떤 역할을 하는지 탐구했다. 그래서 운이 좋다고 생각하는 사람과 나쁘다고 생각하는 사람의 차이를 살펴보며 우연한 기회가 어떻게 생기는지, 또 우리 삶에 어떤 영향을 미치는지 알아내려 했다.

연구 결과, 행운은 부와 권력을 쥔 사람에게만 있는 마법 같은 힘이 아니라 생각, 행동, 인식에 영향을 받고 결정되기도 했다.[116] 흔히들 생각하는 것과 달리, 타고나는 것이 아니었다. 스스로 '운이 좋다'고 생각하는 사람은 네 가지 법칙을 바탕으로 행운을 만들어낸다. 그들은 우연한 기회를 만들고 발견하는 데 능하고, 직감에 귀를 기울여 행운으로 이어지는 결정을 내릴 줄 안다. 뿐만 아니라 긍정적인 미래를 꿈꾸고, 오뚜기처럼 일어나는 자세로 불운을 행운으로 바꾸는 재주가 있다. 반면 '운이 나쁘다'고 생각하는 사람은 정반대로 행동하며 긴장, 걱정, 꽉 막힌 사고방식 탓에 우연한 기회를 놓치는 편이다.

와이즈먼은 '운이 나쁘다'고 생각하는 사람이 본인의 미래를 바꿀 수 있는지 알아보기 위해 '행운 학교'를 열고 참가자를 모집해 행운을 가져다줄 활동을 하도록 했다. 결과는 놀라웠다. 한 달 후, 참가자 중 80퍼센트가 전보다 행복하고 삶에 더 만족한다고 했으며, 무엇보다도 운이 좋아진 것 같다고 응답했다. 운이 좋다고 생각하는 사람은 운이 더 좋아졌고, 운이 나쁘다고 생각하는 사람 역시 운이 좋다고 생각하게 된 것이다.

비결은 다음과 같다.

TIP 1 **새로운 가능성 포용하기.** 목표 하나에 집착하는 대신, 마음을 열고 주변을 잘 살펴보자. 열린 자세로 새로운 기회를 탐색하다 보면 행운을 가져다줄 상황을 자주 발견할 것이다.

TIP 2 **긍정적으로 생각하기.** 부정적인 일에만 주의를 기울이면 열정이 꺾이고 미래의 가능성마저 가로막힌다. 사소한 문제에 그만 불평하고 더 나쁜 일이 일어나지 않았다는 사실에 감사할 줄 알게 되면, 미지의 세계로 뛰어드는 일이 한결 쉬워질 것이다.

TIP 3   **평범함에서 벗어나기.** 사회 활동이든, 식습관이든, 업무든 판에 박힌 흐름에 몸을 맡기다 보면 삶이 단조로워질 수 있다. 안전하게 꽁꽁 둘러싸인 고치를 뚫고 나가면 뜻밖의 혁신을 마주할 것이다.

지금껏 소개한 개념을 절묘하게 포착하고 있는 중국의 고사 하나를 소개해볼까 한다. 바로 새옹지마 이야기다.

변방에 살던 한 노인이 말을 기르며 생계를 유지하고 있었다. 어느 날 소중한 말 한 마리가 도망치고 말았다. 안타까운 소식을 듣고 위로하러 찾아온 이웃들 앞에서 노인은 이렇게 말했다. "이게 나쁜 일이라고 어찌 속단할 수 있겠소?"

시간이 지나 도망쳤던 말이 멋진 말 한 필을 데리고 돌아왔다. 잘되었다며 축하하는 이웃들에게 노인은 이렇게 말했다. "이게 좋은 일이라고 어찌 속단할 수 있겠소?" 아니나 다를까 아들이 새 말을 타다가 다리가 부러지는 사고를 당했다.

위로하는 이웃들에게 그는 차분히 말했다. "이게 나쁜 일이라고 어찌 속단할 수 있겠소?" 1년 후, 나라에서 몸이 성한 장정을 모두 징집해갔다. 노인의 아들은 다리 부상 덕에 전장에서의 죽음을 모면할 수 있었다.

교훈이 뭐냐고? 다들 속단하지 말자는 말이다. 불운 속에 희망이 숨어 있을 수 있고, 행운도 알고 보면 위장한 불운일 수 있다. 대개 다른 사람들은 운이 좋아서 일이 잘 풀리는데 자기는 운이 나빠서 되는 일이 없다고 생각한다. 타고나기를 출발선부터 앞선 사람이 있고, 마음먹은 대로 안 되는 일이 많은 것도 분명 사실이다. 그러나 손에 쥔 것만으로도 언제나 뭔가를 이룰 수 있다. 삶은 카드 게임과 같아서 어떤 카드를 받을지는 모르지만, 게임을 풀어가는 방식만큼은 자신의 생각대로 할 수 있다. 우리는 스스로 운을 만든다. 동의하지 않을지 모르지만, 사실이다.

행운이나 불운을 타고 태어나는 사람은 없다. 모두 관점의 문제다. 살면서 맞는 최악의 순간이 나중에 보면 더 좋은 일로 향하는 중요한 전환점일 때도 있다. 과거로 돌아가 아무리 몸부림쳐도 상황을 조금도 바꾸지 못할 수 있다. 스무 살 때 나는 세상에서 가장 운이 나쁘다고 생각했다. 다리와 발목이 부러져 1년간 휠체어 신세를 지면서 직장을 잃고 우울했기 때문이다. 그러나 이제 나는 세상에서 가장 운이 좋은 사람이다. 그 불행했던 (어쩌면 행운이었던) 사고가 일어나지 않았다면 지금 발코니에 앉아 이 문장을 쓰고 있지 않을 테니 말이다.

먹구름이 잔뜩 낀 듯 앞이 보이지 않는 절망 속에서도 우리는 희망을 찾아야 한다. 좌절과 실망을 촉매삼아 성장하고 회복력을 키워야 한다. 의미 있는 성장이나 변화 중 그 무엇도 고통 없이 얻을 수 없다. 문제를 겪으며 우선순위를 재평가하고, 숨겨진 힘을 발견하거나 더 의미 있는 방향으로 삶의 경로를 재설정할 수 있다. 또한 변방의 노인처럼, 불행해 보이는 일이나 행운의 이면에 더 큰 기회나 목적이 숨어 있기도 하다는 사실을 기억해야 한다.

자, 이제 우리는 행운이 마구잡이로 찾아오는 것이 아님을 알았다. 행운은 준비된 자, 그러니까 저 너머에 기회가 숨어 있을 수평선을 주시하고 행동에 나서는 사람을 따른다. 끈기 있고, 미리 준비하고, 몇 번 실패해도 두려움 없이 기회를 붙잡으려는 사람을 돕는다. 행운은 스스로 만드는 것이지만, 확률을 완전히 배제할 수는 없다. 통제할 수 없는 외부 요인이 항상 존재한다. 그러나 행동, 태도, 선택처럼 뜻대로 할 수 있는 일에 집중하다 보면, 그 확률조차 유리하게 바뀔 것이다.

명심하자. 행운은 우리에게 찾아오는 게 아니라 우리가 만들어내는 것이다. 마지막으로 질문 하나만 하자. 일이 잘 풀리는 게 아직도 그저 운이 좋아서라고 생각하는가?

42

환경에 주목하자

다음 두 가지 중 활기찬 느낌이 드는 것은 무엇인가? 사람들이 가득 들어찬 비행기에서 연신 땀 흘리는 신사들의 체취를 들이마시고, 이앓이를 하는 게 분명한 아기의 칭얼거림을 들으며, 이코노미 좌석에 뒤틀린 채 앉아 있는 세 시간? 아니면 살결에와 닿는 햇볕, 가볍게 살랑거리는 산들바람, 바람결에 바스락거리는 나뭇잎 소리를 들으며 보내는 오후?

우리는 모두 환경의 산물이다. 이 속에 담긴 뜻은 무엇일까? 이 말은 우리가 생활하는 물리적 공간만 의미하는 것이 아니다. 주변 여러 환경이 미치는 영향을 유심히 살피고, 환경을 개선하는 데 주저 없이 나서야 한다는 말이다. 이번 장에서는 내게 큰 울림을 준 미국 기업가 짐 번치Jim Bunch의 다양한 환경 개념을 소개하려 한다.

물리적 환경　우리는 환경이라고 하면 본능적으로 물리적 환경부터 떠올린다. 생활 공간이나 업무 공간은 물론이고 자가용 안, 입는 옷, 사용 중인 기기까지도 포함하는 개념이다. 깨끗하고 정돈된 상태는 사고방식과 생산성에 큰 영향을 끼칠 수 있다. 내 생각에 물리적 환경의 권위자는, 아름다우면서도 동기까지 부여하는 환경을 조성할 줄 아는 곤도 마리에近藤 麻理惠[117]다. 우리는 어떻게 해야 정리수납 전문가 곤도 마리에처럼 '설레는' 업무 겸 학습 환경을 만들어낼 수 있을까?

TIP 1　**의도 정하기.** 승진을 원하는가, 아니면 부업을 시작하고 싶은? 작업 공간을 조성할 때는 목표를 먼저 생각해야 한다. 그러면 어떻게 설계해야 목표를 향해 노력하고 성취감을 맛볼 수 있을지 영감이 떠오를 것이다.

TIP 2　**불필요한 것 버리기.** 7년이나 된 영수증같이 불필요한 건 버리자. 잡동사니는 모두 사라질지어다! 아끼는 것은 지난 세월을 추억하며 그대로 둬도 좋지만, 그외에는 가능하다면 기부하자.

TIP 3　**통합하기.** 곤도는 비슷한 물건을 같이 보관하라고 권한다. 그러면 무엇을 가지고 있는지 파악할 수 있어 똑같은 걸 또 주문하지 않을 수 있다. 돈도 아낄뿐더러 물건을 찾는 데 드는 시간도 아낄 수 있다. 그건 그렇고, 한 사람에게 펜이 얼마나 필요할까? 내 펜을 다 세어보니 서른여덟 자루였다. 하나 가질 사람?

TIP 4 중요 물품 모아놓기. 여러분은 일할 때 일에만 집중하고 싶지 않은가? 그렇다면 야근할 필요 없이 근무 시간에 모두 끝마칠 수 있도록 한 번쯤 쓸 법한 물품을 전부 준비해놓자. 길어지는 근무 시간에 신음하면서도 여기저기로 뭔가를 찾으러 다니는 사람이 너무 많이 보인다. 매우 비효율적인 근무 방식이다.

TIP 5 설렘 더하기. 곤도는 자잘한 장신구든, 식물이든, 꽃병이든 설레는 것을 책상에 두라고 말한다. 자그마하지만 절로 미소가 지어지는 물건이 있지 않은가? 바로 그것이다. 내게는 할머니의 낡은 탁상시계가 그것이다.

신체 환경 겉모습만 봐도 그 사람이 어떤 음식을 먹는지 알 수 있다고 한다. 먹는 게 형편없다면 기분도 똑같다. 단순한 논리다. 아마 우리 몸은 여기서 소개하는 환경 중에서 가장 중요할 것이다. 지금 건강을 챙기지 않으면 나중에 큰 대가를 치를 것이기 때문이다. 운동과 적절한 영양 섭취로 건강을 돌보면 행복감, 생산성, 창의성에도 큰 변화를 가져올 수 있다. 규칙적인 신체 활동과 균형 잡힌 식단은 기적을 일으켜 에너지를 샘솟게 하고 정신을 맑게 해준다. 오후 두 시, 기운이라고는 찾아볼 수 없는데 30분 후 상사와 독대를 앞두고 있다. 이럴 땐 어떤 간식을 먹어야 할까? 에너지를 충전할 수 있는 견과류, 바나나, 오렌지, 커피, 오트밀, 치아시드를 권한다.

밈 환경 책, 팟캐스트, 뉴스, 온라인 콘텐츠 등 우리가 소비하는 모든 정보로 구성되는 환경이다. 따라서 스스로 접하는 정보의 질에 신경써야 한다. 뉴스 매체를 신중히 고르자고 조언하는 4장에 더 자세한 내용이 담겨 있으니 참고하기 바란다. 우리는 입에 넣는 음식을 신중히 선택하듯, 어떤 정보를 소비할지 고려해야 한다. 정보를 바탕으로 생각, 믿음, 행동이 정해지기 때문이다. 나는 개인적으로 뉴스 소비를 제한하고, (항상 끔찍한 기분을 안겨주는) 나쁜 소식을 전하는 뉴스는 제한적으로만 본다. 온라인 세상에서는 SNS에 글을 기고하면 꼭 마주하는 부정적인 평에 굳이 반응하지 않는다. 반응해봐야 유해하기만 하다. 정말이다. 그런 것에 신경쓸 바에는 내 일을 인정해주고 변화를 이뤄내려는 긍정적이고 활기찬 사람들과 교류하는 게 낫다.

영적 환경 영성은 종교와 연관되는 편이지만, 우리 자신에 국한하지 않고 더 넓은 세상을 바라보게 해주기도 한다. 자연에서 위안을 찾든 철학을 탐구하든, 영적 환경을 조성하다 보면 당장 닥친 걱정뿐만 아니라 디지털 세상에서 마주하는 당면한 관심사 이상의 무언가를 발견하게 될 것이다. 바다에서 위안을 찾은 내 동생은

1년 내내 서핑을 즐긴다. 하와이가 아니라 영국에서 말이다. 날씨는 문제가 아니라던 자기 말을 잘 지키고 있는 것 같다.

금융 환경　스트레스의 최고봉은 아마 재정 상황일 것이다. 실제로 우리 중 37퍼센트가 직장 밖 스트레스 원인 중 1위로 금전적 압박을 꼽았다.[118] 금융 환경을 개선하려면 신중한 계획과 똑똑한 선택이 필수다. 어떻게든 개선하고 싶은 사람이 많을 텐데 돈 관리에 관해 이야기를 풀어놓은 50장을 참고하자.

관계 환경　어떤 사람들과 어울리느냐에 따라 경력이 좋게도 나쁘게도 바뀔 수 있다. 즐거울 수도 있지만 지치기만 할 수도 있다. 유해한 관계 속에서 부정적인 영향을 받으면 자꾸 발목만 잡힐 수 있다. 긍정적이고 힘이 되는 교류에서 성장에 필요한 기운을 받게 된다. 우리 자신에게 영감과 동기를 주는 사람과 어울리자. 나를 지치게 하는 사람과는 죄책감 느낄 필요 없이 거리를 두자. 관계에 관해 조언한 30장을 보면 도움이 될 것이다.

　미국 방송국 CBS의 앵커였다가 긍정심리학 연구원으로 변신한 미셸 길란은 저서 『행복을 방송합니다』에서 '전략적 후퇴 Strategic retreat'에 관해 이렇게 썼다.

전략적 후퇴는 비겁해 보이는 후퇴와 달리 용기 있는 행동이며, 나중에 더 좋은 관계를 맺을 환경을 조성하는 데 도움이 될 수 있다. 게다가 오랜 세월 전투에서 승리 전략으로 사용되기도 했다. 이런 점에서 우리는 유해한 인물이 주는 나쁜 영향을 무찌르기 위해 전략적 후퇴를 선택할 수 있다. 전략적 후퇴를 통해 자신을 재정비하고 전보다 더 강력한 상태로 전투에 임할 수 있는 것이다.[119]

유해한 사람을 멀리한 후 얼마나 기운이 샘솟는지 알면 다들 깜짝 놀랄 것이다. 마치 온 세상을 짊어지다가 자유를 얻은 듯한 기분이 들 테니 말이다.

네트워크 환경　네트워크 환경은 가까운 관계를 넘어 확장하며 우리가 참여하는 커뮤니티와 집단까지 포함한다. 관계 환경의 확장판이다. 우리는 인터넷 덕에 영향력 있고 영감을 주는 인물을 온라인 세상에서 만나 네트워크를 형성할 수 있다. 관심 분야에서 뜻이 맞는 사람들과 교류하며 지식을 확장하고 성장 기회를 얻을 수도 있다. 내게는 링크드인이 네트워크 환경이다. 여기서 나는 세상을 바꾸고 싶어 하고 내게 매일 영감을 주는 놀라운 사람들을 만나고 인맥을 관리한다. 여러분이 링크드인에서 네트워크 환경을 조성할 필요는 없다. 인스타그램을 즐기고, 동료와 어울리고, 봉사활동을 하면서도 가능하다.

자연 환경 둘 중 한 곳에서 숨을 들이마신다고 상상해보자. 하나는 지하철 안이고, 다른 하나는 공원이다. 어디에서 더 기운이 날까? 대부분의 사람은 자연 환경에 큰 관심을 두지 않는 것 같다. 서핑이나 하이킹처럼 야외에서 취미를 즐기든, 단순히 산책을 하든, 밖에서 시간을 보내면 신체적, 정신적, 정서적 건강에 큰 도움이 된다. 자연 속에서 시간을 보내자고 권했던 13장을 참고하기 바란다.

자아 환경 이 환경은 우리의 개성, 강점과 약점은 물론이고 정체성을 구성하는 모든 것을 아우른다. 치료, 코칭, 자아 성찰과 같은 행동은 개인적 성장과 발전으로 이어질 수 있다. 실천하기 어려워도 가장 큰 변화를 이끌어내기 때문이다. 정말이다.

주변 환경을 개선하고 재정비하려면 꾸준히 인식하면서 의도를 품고 행동에 나서야 한다. 신중한 선택과 행동이 중요하다. 또 외부 환경과 상관없이 우리가 성장하는 데 힘과 동기와 권한을 부여하는 생태계를 만들 수 있다. 이번 장에서 소개한 환경은 모두 서로 연결되어 있지만, 다른 것보다 더 많이 주의를 기울여야 하는 환경이 있을 것이다.

솔직히 말해서 나는 '자아 환경'과 '영적 환경'에 좀 더 집중해야 할 것 같다. 여러분은 어느 환경에 집중해 이득을 얻을 것인가?

43

매일 새로 시작하자

승진하고, 더 넓은 집으로 이사하고, 복권에 당첨되면 끝도 없이 행복할까? 반대로, 사랑하는 이와 영원히 이별하고, 몸과 마음이 크게 다치면 오래도록 슬플까? 두 상황을 마주한다면 분명 뛸 듯이 기쁘거나 헤어 나올 수 없는 슬픔에 빠져들 것이다. 나는 최근에 모두 경험했다. 딱 2주 차이로 할머니를 잃은 슬픔에 잠겼다가 (수년간 꿈꿨던) TED 강연을 해냈다는 행복에 빠져들었다.

우리는 새 차, 매력적인 배우자는 물론이고 새로 장만한 휴대전화까지 온갖 외부 요인이 끝없이 행복을 가져다줄 것이라고 생각한다. 꿈에 그리던 것을 손에 넣었으니 말이다. 잠깐은 행복에 겨울지도 모르겠다. 뜻밖의 횡재나 신분 상승에 열광하지 않을 사람이 있겠는가. 그러나 얼마 지나지 않아 행복감은 잦아들고 원래대로 돌아가고 만다. 마치 중력이 작용해 평형 상태를 맞추려 그 감정을 끌어내리는 것 같다. 축하한다. 다들 (쾌락 적응이라고도 알려진) 쾌락의 쳇바퀴를 굴리게 되었다. 이 쳇바퀴 속에서 부지런히 발을 굴리며 행복이란 무엇인지 진지하게 알아보자. 진짜 행복 말이다.

행복을 연구하는 저명한 심리학자 소냐 류보머스키는 통제할 수 없는 유전과 환경 60퍼센트에 스스로 통제할 수 있는 활동 40퍼센트로 행복이 결정된다고 주장했다. 저서 『행복도 연습이 필요하다』에도 행복 중 50퍼센트가 유전, 10퍼센트가 외부 요인, 남은 40퍼센트가 우리의 노력에서 비롯한다는 내용을 실었다.[120] 이후로 행복의 결정 요인이 원래 추정치에서 빗나갈 수 있다는 사실을 인정했지만, 얼마나 행복할지는 스스로 통제할 수 있다며 핵심은 마찬가지라고 했다. 우리가 스스로의 행복을 완전히 통제하지 못할 수도 있고 뜻대로 할 수 없는 것도 많지만, 행복에 일부나마 발언권을 가지고 있다는 의미다.

우리는 '고된 하루'를 보내며 에너지가 필요할 때 치즈 케이크나 와인에 손을 뻗는다. 쾌락적 즐거움을 탐닉하며 위안을 찾고 싶은 것이다. 그러나 너무 잘 알듯 이때 느끼는 황홀감은 금방 사라져버리고 공허함만 남는다. 그렇게 우리는 어느새 원점으로 돌아가 또다시 즐거움을 갈망한다. 쾌락의 쳇바퀴를 멈출 수가 없는 것이다.

그러나 걱정할 필요 없다. 진을 다 빼놓는 흐름에서 벗어나 쳇바퀴에서 내려올 방법이 하나 있다. 쾌락적 즐거움과 미봉책에 의존하며 하루를 보내는 대신, 아리스토텔레스가 주장한 행복인 에우다이모니아를 삶에 녹여낼 수 있다. 잊었을까 봐 말하는데, 에우다이모니아는 더 깊은 의미와 목적을 추구한다는 뜻이 담긴 멋진 말이다. 이는 끝없는 행복, 더 깊고 더 오래 가는 즐거움을 찾으려는 우리에게 게임체인저로 작용할 수 있다. 행복과 기쁨을 비교한 34장을 참고하면 에우다이모니아가 무엇인지 자세히 알 수 있을 것이다.

매일 하루도 빠짐없이 건강을 챙기고 허투루 살지 않으려고 노력하는 건 꽤 버거울 수 있다. 다른 사람들은 다 잘 지내는 것 같아 보여도 보이는 게 다가 아니다. 나 역시 겉으로 보이는 것만 못하다. 나는 이런 상황에서 '새하얀 도화지'를 떠올린다. 아침에 일어날 때마다 우리 앞에 새하얀 도화지가 놓여 있다. 어제의 성공이나 실패는 잊자. 오늘은 새롭게 시작할 기회, 사소할지라도 발전할 수 있는 기회의 시간이다. 우리는 매일 새로 시작하며 하루 동안 도화지를 어떻게 채울지 결정한다. 기쁨 몇 방울을 더한 긍정과 자기 관리로 활기찬 그림을 그릴 것인가, 아니면 지난 실수와 현실성 없는 기대를 아무렇게나 흩뿌려 부정적인 그림을 내놓을 것인가?

생각대로 흘러가지 않는 삶에 몇 번이고 시궁창에 거꾸로 처박힌 것 같은 날이 있다. 그런가 하면 초능력자라도 된 듯 목표를 하나하나 달성하고 기적 같은 일까지 해내는 날도 있다. 그러나 알려줄 게 있다. 이 두 경우는 모두 극단적이다. 중간 지점을 찾아 자신을 덜 몰아붙이고 작은 승리를 축하해야 한다.

완벽해야 한다고? 그건 좀 지나치다. 중요한 건 진전이다. 한 시간 내내 운동하거나 엄격한 다이어트 계획을 그대로 따를 수는 없겠지만, 한 발짝씩 나아갈 수는 있다. 마요네즈에 너무 맘 졸이지 말고 먹은 날에는 조금 더 움직이면 된다. 작은 변화가 시간이 지나며 엄청난 차이를 만들어낸다는 사실을 잊지 말자.

나는 최근 허리를 다쳐 병원 신세를 졌다. 어쩔 수 없이 헬스장을 한 달 쉬면서 지금껏 이룬 걸 전부 잃을까 봐 걱정했다. 그러나 할 수 없는 일을 곱씹는 대신, 할 수 있는 일에 집중했다. 매일 1만 보를 걷는 데 집중한 결과, 무슨 일이 일어났을까? 오랜만에 다시 방문한 헬스장에서 전혀 변하지 않은 체지방률을 확인하고는 깜짝 놀랐다! 정말 그대로였다! 이번 일로 나는 어려운 상황에서도 작지만 꾸준히 노력하면 전진할 수 있다는 사실을 알 수 있었다. 새하얀 도화지를 의미 있게 채운 결과다.

어제 과식했거나 빈둥댔어도 다 잊자. 지난 실수나 결점을 머릿속에서 지우자. 나 자신에게 친절을 베풀고 오늘 할 수 있는 일을 하면 된다. 나는 폭식증에 맞서 8년을 싸웠고 사소한 실수를 곱씹으며 며칠이나 미친 듯 자책했다. 단지 불완전한 인간이고 할 수 있는 일을 했을 뿐인데 말이다. 다들 마찬가지다. 분명 자기비판 또는 지나친 자화자찬에 빠지기 쉽다. 그러나 삶은 섬세하게 균형을 이루고 있으며 극과 극 사이의 중간 지점에서 행복이 모습을 드러낸다. 종종 행복이 빨리 사그라들어 원래대로 돌아간다는 사실을 기억한다면, 더는 괴로울 일도 없을 것이다.

그렇다면 우리는 어떻게 살아가야 할까?

TIP 1　**불완전한 인간임을 기억하기.** 우리는 실수하고 돌아서서 또 실수한다. 걱정할 필요 없다. 그래서 우리가 인간인 것이다. '실수'하면 응당 생기는 감정을 받아들일 줄 알아야 한다. 그러지 않으면 분노와 좌절을 경험하게 될 것이다. 나는 이 문제로 오랫동안 골머리를 앓았고 지금도 매일 노력하고 있다.

TIP 2　**관점 바꾸기.** 물질적 소유나 일시적 쾌락처럼 덧없는 행복만을 안겨주는 외부 요인이 무엇인지 알아두자. 금세 사라지는 황홀감을 좇지 말고 오래 가는 즐거움, 즉 에우다이모니아를 늘리는 데 집중하자. 행복과 기쁨을 비교한 34장을 참고해도 좋다. 에우다이모니아는 각자 다를 것이다. 나는 스페인어 수업처럼 업무와 무관한 취미를 즐길 시간을 내고 그 시간을 꼭 지키려 한다.

TIP 3 **관계에 집중하기.** 관계 맺기에 더 노력을 기울여야 한다. 관계는 식물과 같아서 돌봄과 관심 없이는 시들기 때문이다. 사랑하는 이와 데이트하고, 친구들과 술잔을 기울이고, 자녀와 좀 더 대화하자. 이보다 더 중요한 건 없다.

TIP 4 **완벽이라는 허상에서 벗어나기.** 완벽이라는 열망에서 벗어나 사소할지라도 전진해가자. 이번 주에 지출을 많이 했어도 세상이 무너지지 않는다. 여기서 교훈을 얻고 다음 달 월급과 함께 새로운 마음으로 다시 시작하면 된다. 자기 연민을 품고 작은 승리를 축하하며 전진할 수 있다.

TIP 5 **중간 지점 찾기.** 자기비판에 빠지지 말고 과한 자화자찬을 경계하자. 어제 일은 이미 과거다. 할 수 있는 일을 파악하고 미소 지으며 오늘 다시 시작하자. 새하얀 도화지가 우리 앞에 있다.

TIP 6 **감사하기.** 다섯 가지 조언을 실천하며 하룻동안 감사한 일 세 가지를 쓰자. 직장에서 '최악'의 하루를 보낸 날에도 작고 사소한 행복을 떠올려 보자. 감사할 일이 세 가지나 있다는 사실에 아마 깜짝 놀랄 것이다. 퇴근길에 구름 사이로 비치는 햇살, 동료의 운동화 칭찬, 퇴근 직전 말끔히 처리한 이메일이 기억에 남을 수 있다. 나중에는 하루를 보내며 미처 의식하기 전에 매 순간 감사하고 있을 것이다.

자, 다들 작은 일에 주의를 기울이고 기쁨을 안겨주는 일에
집중하면서 치즈 케이크도 크게 한 조각 잘라놓자. 다이어트야
내일부터 새로운 마음으로 시작하면 되니까.

44

아이의 눈높이로 세상을 보자

'아이 같다'는 말은 누군가에게 모욕이겠지만 내게는 칭찬이다. 정말 과찬이다. 귀에 딱지가 앉도록 '유치하다'는 말을 듣기 때문이다. 나처럼 화장실에서 영상을 찍는다면 다들 똑같은 말을 들을 것이다! 아이 같음과 유치함은 엄청난 차이가 하나 있다. 호기심을 품고 세상을 더 넓게 바라보느냐, 아니면 모든 것에 보상을 원하고 재촉하느냐의 차이다.

최근에 나는 세 번째 생일을 맞은 조카의 아이 같은 모습에서 순수한 흥분과 호기심을 목격했다. 새로운 단어, 노래, 동물소리까지 조카에게는 모든 것이 모험이다. 우리 가족은 함께 바다로 달려가 양동이에 하나 가득 물을 채워 몇 시간이나 물총 싸움을 했다. 조카는 할아버지와 삼촌이 방심하고 있을 때 물총을 쏘며 정말 신나서 까르르 웃음을 터뜨렸다. 그리고 한껏 즐기던 내게도 물세례를 퍼부었다. 이 개구쟁이 녀석! 그때 이런 생각이 들었다. 다 자란 우리는 어떻게 해야 놀라움과 호기심을 품고 아이처럼 온갖 것을 신기해하며 재미나게 살 수 있을까? 의도한 재미도 좋지만, 그걸 얘기하려는 건 아니다.

TIP 1 **휴대전화 내려놓기.** 앞서 말한 개념이지만 한 번 더 조언할까 한다. 휴대전화는 끊임없이 우리의 주의를 흐트러뜨리고 틈만 나면 시간과 주의를 허비하게 한다. 휴대전화 한번 안 보고 줄 서서 기다린 게 마지막으로 언제인가? 진심으로 말이다. 우리는 화면에 너무 열중하다가 주변에서 일어나는 작은 기쁨과 경이의 순간을 놓치곤 한다. 나도 얼마 전에 집 근처 공원을 걷다가 휴대전화에 너무 몰두한 나머지 곁에서 뒤뚱뒤뚱 걷던 오리 가족을 못 볼 뻔했다. 어떤 아이의 해맑은 웃음소리에 고개를 들고 나서야 그 사랑스러운 광경을 볼 수 있었다. 실제로 본 오리는 인스타그램 속 오리보다 훨씬 더 귀여웠다.

TIP 2 **밖으로 나가기.** 어렸을 때 다리 위에 올라 상류 쪽 난간에서 나뭇가지를 떨어뜨린 다음, 하류 쪽 난간으로 달려가 물 위에 떠가는 나뭇가지를 보며 놀던 사람 있는가? 없다고? 좋다. 산더미처럼 쌓인 낙엽을 보면 뛰어들어 마구 차고 싶지 않은가? 다들 이건 했겠지. 어쨌든 나뭇가지와 낙엽에 즐거운 건 아이들 뿐만이 아니다. 자연은 우리 모두를 사로잡고 충만한 기분에 젖게 한다. 정교하게 배열된 꽃잎을 들여다보자. 나비의 우아한 날갯짓에 감탄하고, 바람에 나부끼는 나뭇잎 소리에 마음을 가라앉혀도 좋다. 아이라면 어떻게 할지 생각해보자. 답이 나왔다. 어서 낙엽을 걷어차러 가자.

TIP 3 **잠시 멈춰보기.** 넋 놓고 있다가는 분주함 속에 휘말리기 십상이다. 우리는 일 하나를 끝내면 곧바로 또 다른 일을 찾는다. 잠깐이라도 작은 기쁨을 감상할 시간 따위는 거의 내지 않는다. 잠시 멈춰보자. 모닝커피의 온기, 일몰의 생생한 색깔, 햇볕의 따스함, 사랑하는 이의 웃음소리 등 눈에 띄지 않는 작은 것에 주목해보는 것이다. 나는 삼촌 웃음소리가 특히 좋다. 어쨌든 이런 순간이 삶에서 중요하다. 지난주 출근길에 열차가 연착되었다. 짜증났지만 서둘러야 했다. 서둘러 사무실로 가는데 갑작스레 폭우가 쏟아졌다. 나는 좌절하는 대신 씩 웃고 한 박자 쉬며 그 순간을 받아들이기로 했다. 이러나저러나 젖는 건 마찬가지다. 걱정할 필요가 있을까? 물에 빠진 생쥐 꼴로 사무실에 도착했지만 나도 다른 사람들도 신경쓰지 않았다.

TIP 4 **놀이 즐기기.** 지루하기 짝이 없는 일을 재미난 도전으로 바꿔 일상에 재미를 더할 수 있다. 충분히 노력하다 보면 무엇이나 놀이로 바꿀 수 있다. 책상 앞에서 일할 땐 얼마나 오랫동안 한 발로 서 있을 수 있을까? 커피 한잔 하고 싶다고? 엘리베이터보다 더 빠르게 계단으로 내려가 보자. 이것 말고도 더 있다. 지루함만 날려버릴 수 있다면 밑져야 본전 아닌가?

TIP 5 **루틴에 변화 주기.** 어른인 우리는 루틴에 갇혀 매일 똑같은 일을 반복한다. 출근길이며, 책상이며, 휴식 시간까지 죄다 똑같다. 은퇴하는 그날까지 단조롭다. 우리는 루틴 덕에 짜임새 있고 효율적으로 살 수 있지만, 그럼으로써 티끌만큼이라도 남아 있을 적극성과 호기심을 서서히, 결국 아예 잃을 수 있다. 예상치 못한 새로운 일을 하며 단조로움에서 벗어나보자. 출근할 때 다른 길로 가보는 거다. 나는 언젠가 템스강을 따라 패들보드를 타며 출근하고, 저녁에는 아프리카에 있는 에리트레아라는 나라의 음식을 만들고 싶다. 또 새로운 취미나 춤추는 법도 배우고 싶다. 그냥 오랫동안 그러고 싶었다. 예측할 수 있는 일에서 벗어나면 새로운 경험과 기회에 마음을 열 수 있다. 미국 예일 대학교 교수이자 '행복의 과학'이라는 최고 인기 수업의 주인공인 로리 산토스Laurie Santos는 남성 잡지 《지큐GQ》와의 인터뷰에서 이렇게 밝혔다. "새로운 자극은 우리의 관심뿐만 아니라 보상과 연관된 뇌 영역을 활성화하는 경향이 있습니다. (…) 그러면 상황을 알아차리고 현재에 충실할 가능성이 높지요. 현재에 충실할 때 기분이 좋아지고 행복해진다는 증거가 많이 있습니다."[121]

TIP 6   **꿈꾸기.** 아이들은 한계를 모르고 상상하며 꿈꾼다. 나는 어렸을 때 주교가 되고 싶었는데, 교회를 다니지 않는 집 아들치고는 이상한 꿈이었다. 항상 좀 별난 구석이 있던 나는 주교의 모자가 마음에 들었던 것 같다. 반면 어른들은 실용성을 따져야 한다. 여기저기 돈 나갈 일이 많은 탓에 꿈과 열망을 한쪽으로 치워둔다. 그런데 왜 그래야 할까? 이제라도 다시 큰 꿈을 꾸고 잠시라도 만끽하면 안 될까? 부업을 하든 악기를 배우든, 원하던 목적지를 향해 여행하든 꿈을 꾸자. 돈 한푼 들지 않는다. 나는 (스페인을 가로질러 860킬로미터 되는) 산티아고 순례길을 걷다가 나보다도 빨리 걷던 호주 출신의 한 남성을 만났다. 일흔여덟 살인 그는 벌써 열 번째 순례길에 오른다고 했다. 당신은 생각보다 더 많은 것을 할 수 있다. 할 수 있다고 생각하든 없다고 생각하든 다 좋다. 이쯤에서 메리 슈미크가 《시카고 트리뷴》에 실은 '97학번에게'라는 가상의 졸업식 축사를 다시 살펴보자. "살면서 무엇을 하고 싶은지 모른다 해도 죄책감을 느끼지 마세요. (…) 제 주변의 가장 흥미로운 사람들도 스물둘 시절에는 무엇을 하고 싶은지 몰랐다고 하더군요. 내가 아는 가장 흥미로운 40대 중에도 아직 모르는 사람이 있습니다."[122]

TIP 7   **펀터벤션 해보기.** 동료와 함께 '재미난 시간'을 계획해보자. '재미fun'와 '개입intervention'의 합성어인 펀터벤션Funtervention에 나서보는 것이다. 일이 꼭 지루할 필요는 없다. 모여서 어떻게 하면 좋을지 머리만 굴리고 있다면 일단 뭐라도 해보자. 판매 회의에서 '떡상'이나 '떡락'이라는 말을 은근슬쩍 끼워 넣는 식으로 '이 주의 단어'를 선정해 사용해도 좋고, 아니면 회사 임원이 회의에서 '문화'를 몇 번이나 말하는지 세어봐도 좋다.

아이를 닮는다고 해서 유치해지지는 말자. 어른이지만 기쁨과 호기심을 품고 신기해할 줄 아는 아이다운 모습을 잊지 말자는 것이다. 휴대전화를 내려놓고 밖으로 나가 일상을 놀이로 만들어보자. 루틴에서 벗어나 한계 없이 꿈을 꾸다 보면 아이 같은 호기심과 놀라움을 다시 느껴볼 수 있다.

어른이라는 이유로 무심결에 무게만 잡고 있지 말고 '아이라면 어떻게 할지' 생각해보자.

점심을 제대로 챙기자

사무실 책상 앞에 앉아 오후 열두 시 반을 맞이했다. 점심은 밖에서 먹을 텐가, 아니면 그대로 책상에서 먹을 텐가? 팬데믹 이전만 해도 영국에서는 근로자 중 거의 3분의 1이 책상에서 끼니를 해결하는 데 죄책감을 느꼈지만[123] 누구나 알고 있듯 이후로 상황은 더 나빠졌다. 2021년에 미국 근로자 중 62퍼센트 이상이 책상에서 점심을 먹는다고 응답한 걸 보면 확실히 나빠지긴 한 것 같다.[124] 다들 이런 식으로 점심시간을 보내고 싶은가? 그래서 더 생산적이고, 행복하고, 건강한가?

나는 영국인이라면 질색할 만한 일을 벌이려 한다. 아주 잠깐 프랑스와 비교하며 현재 영국의 문제점을 지적할 것이다. 영국 근로자는 평균 34분간 점심시간을 보내며, 완전히 거르는 인원이 52퍼센트에 달한다.[125] 반면 프랑스에서는 응답자 중 43퍼센트가 45분간 점심을 즐겼다. 점심시간이 평균 54분이었으며[126] 72퍼센트가 일주일에 적어도 한 번은 식당에서 점심을 먹었다.[127] 프랑스 근로자가 영국에서처럼 책상에 앉아 샐러드라고 하기에도 민망한 풀때기와 샌드위치를 급히 먹어치우고 있다면, 그 회사는 법을 위반했다는 이유로 벌금을 물게 될 것이다. '프랑스 이겨라!' 아니지, '영국 이겨라!'

나는 투철한 직업 윤리를 가진 사람을 존경해 마지않는다. 그러나 쉬지 않고 하루 여덟 시간 이상을 생산적일 수 있다고 생각한다면, 유감스럽게도 그 허상을 깨야겠다. 단단히 틀렸다. 그 누구도 짧은 휴식이나 괜찮은 음식 없이 그렇게 오랫동안 생산적일 수 없다. 전 세계적으로 가장 유명한 생산성 기법인 포모도로 기법Pomodoro Technique에서도 잠깐 쉬었다가 25분간 집중해서 일하라고 권한다. 내리 여덟 시간이 아니다. 열아홉 번에 나눠서 하면 된다.

생산성 얘기로 생각이 달라지지 않았다면 내 경험담도 들려주겠다. 나는 매일 심한 요통으로 고생한다. 팬데믹이 기승이던 시절 '재택근무'를 하다가 시작되어 2년 넘게 진단받을 수 없던 증상이었다. 오랫동안 나쁜 자세로 책상 앞에 몸을 구부리고 있던 탓인 것 같다. 자주 일어나 쉬며 아픈 허리를 위해 7장에서 소개한 스트레칭을 했다면 지금 같은 문제를 겪지 않았을 텐데. 평생 굽은 허리로 살고 싶은 사람은 없을 것이다.

이제 식당까지 가서 점심을 먹지는 못해도, 분명 쉬면서 차는 한잔 할 수 있지 않을까? 안타깝게도 아니다. 영국만 해도 근로자 중 15퍼센트가 '쉼 없이 일하는' 가운데 오랜 역사를 자랑하는 티타임이 자취를 감추고 있다. 근로자 4,000명을 대상으로 실시한 설문 조사에 따르면, (점심시간 외에) 하루에 15분도 채 못 쉬는 인원이 70퍼센트, 10분 미만인 인원은 43퍼센트였다.[128] 영국만 이럴까? 아니다. 차를 커피로 대체하면 통계가 약간 바뀌겠지만, 휴식이 줄어든 건 어디나 비슷하다.

TIP 1   **차 한잔 즐기기.** 다들 오늘 오후 네 시에 최소 15분 일정을 잡고 차(나 좋아하는 음료를 골라) 한잔 마시러 갔으면 한다. 책상에서 일어나 다른 사람들과 어울리자. 나는 최근에 『차의 미학The Art of Tea』을 쓴 차 전문가 스티브 슈워츠Steve Schwartz가 내주는 차 한 잔을 운 좋게도 마실 기회가 있었다. 그리고 그가 여러 사람과 함께 차를 나누는 모습을 보며 깊은 인상을 받았다. "차를 만들고 마시는 의식은 우리 몸과 정신에 항산화 작용보다 훨씬 더 오래 영향을 미칠 것입니다." 이 의식은 차를 마시기보다는 잠시 휴식을 취하며 현재를 오롯이 느끼는 것에 가깝다. 잠시 멈춰 맛과 향에 집중하고, 느끼고, 명상하는 것이다. 잊지 말자. 우리는 기계가 아니다. 계속 플러그에 꽂힌 기계처럼 일만 할 수 없고 그래서도 안 되는 인간이다. 책상에서 일어나 휴대전화를 두고 메신저에도 부재중이라고 띄우자. 그동안 내 일이 어디 도망가지 않을 것이다. 나쁜 일은 일어나지 않을 것이다. 분명히.

TIP 2　**점심 휴식 일정 잡기.** 온라인에서 이용하는 공용 달력 말고 개인 다이어리에 점심 휴식 일정을 잡아둔 뒤 팀원들에게 알리자. 아니면 공용 달력에 등록하되 남들이 신경쓰지 않도록 '개인 일정'으로 표시하자. (만약 다들 시간이 맞는다면) 팀 전체 일정으로 잡아도 좋을 것이다.

TIP 3　**점심 회식하기.** 점심을 먹으러 나갈 최고의 방법은 무엇일까? 팀원, 고객, 상사를 초대하자. 모두 함께하니 자리를 비운다 해도 뭔가를 놓칠 일이 없다. 점심값을 팀 활동비로 지불한다면 더할 나위 없을 것이다. 공짜는 언제든 환영이니까.

　그럼, 점심 먹으러 나갈 사람 어디 없나?

SNS에 용감히 맞서자

왜 나는 빨래판 복근에 카리브해 고급 저택까지 가진 스물 두 살 난 기술 기업 창립자가 아닌 걸까? 우리는 SNS에 접속하고 금세 자신에게 이런 질문을 하기 시작한다. 난 별 볼 일 없는데 도대체 왜 다들 잘 생기고 예쁠까? 게다가 지금은 내 발가락에 난 털이 머리털보다 많다.

걱정할 필요 없다. 다시 한번 동양에 시선을 돌려 조언을 얻을 참이다. 이번에 살펴볼 것은 바로 일본의 고사성어인 오바이토리桜梅桃李다. 일본에서는 봄마다 벚나무, 매화나무, 복숭아나무, 자두나무가 각기 다른 시기에 꽃을 피운다. 우리는 저마다 때를 기다렸다 피는 꽃과 같다. 자신만의 속도로 성장하고 만개하는 것이다. 사는 내내 자신만의 여정을 따라 성장에 집중하고, 개성과 독특함을 유지하며, 남과 비교하지 말아야 한다. 뭐든 서두르지 않아도 언젠가는 가야 할 곳에 다다를 것이다. 여러분은 무슨 꽃인가? 나는 추위 속에서도 꽃을 피우는 매화에 가장 마음이 간다.

SNS에서 저 멀리 멋지게 사는 사람들을 보면 십중팔구 비참한 기분만 드는데, 사무실에 앉아 일이며 회의에 치여 살다 보면 당연히 그렇게 느끼지 않을까? 비교해봐야 씁쓸한 마음을 숨길 수 없지만, 그래도 우리는 틈만 나면 먹을 거라도 숨겨놓은 듯 디지털 세상으로 들어간다. 우리 잘못이 아니다. 애초에 심각할 정도로 불리한 판이다. 다들 잘 모르겠지만, 우리는 매일 전 세계에서 가장 똑똑한 사람 수백만 명을 상대한다. 다윗과 골리앗을 보는 것 같다. 줄어드는 주의력이 다윗이라면, 골리앗은 1초라도 더 관심을 끌기 위해 열심인 과학자, 심리학자, UX(사용자 경험) 디자이너 군단이다. 앞서 말했듯, 우리는 휴대전화를 하루 평균 352번 확인하고 일곱 시간 이상을 화면 앞에서 보낸다. 만약 우리가 다른 일을 그만큼 한다면 문제가 있다고 생각할 것이다. 그렇지 않은가?

따라서 아직 켜기 전인 까만 전자기기 화면에서 시선을 돌리는 건 승리감에 젖어도 좋을 정말 굉장한 일이다.

이쯤 되면 SNS를 삭제하고 싶지 않은가? SNS는 양날의 검이다. 약을 주는 척 병을 준다. 딜로이트에 따르면, MZ세대 중 40퍼센트가 SNS 탓에 외롭고 무능한 것 같다고 말한다. 그러나 각 세대에서 절반 이상이 SNS 덕에 정신 건강 조언을 구하기 쉬워졌으며 특히 친구, 가족과 연락하는 것은 물론이고 사회 현상에 관여할 수 있어 삶에 전반적으로 긍정적인 영향을 받는다고 밝혔다.[129]

SNS의 순기능에 관해서라면 내가 산증인이다. 이미 말했듯, 나는 과거 13년 동안 우울증, 불안감, 폭식증, 자살 충동에 맞서 싸웠다. 망가지고 외롭고 못난 사람이라고 생각했다. 내 문제를 남에게 알린다는 건 상상할 수도 없었다. 그러다 6년 전, 이따금 내 얘기를 하나씩 꺼내볼 용기가 생겼다. 그 후에 어떻게 되었냐고? 나처럼 혼자만의 싸움을 벌이는 사람이 1억 100만 1,000명이나 있다는 사실을 알게 되었다. 오랫동안 내 문제를 아는 사람이라고는 우리 엄마뿐이었는데, 나는 혼자가 아니었다.

그래서 4년 전에 과감히 내 경험담을 SNS에 공유하기 시작했다. 한 사람에게만 힘이 되어도 좋다는 생각이었다. 처음 몇 개는 썼다 고치기를 반복했다. 겨우 글을 올리자 놀랍게도 비슷한 경험을 한 사람이 1만 명, 10만 명, 아니 100만 명이나 있다는 사실을 알게 되었다. 다 SNS 덕분이었다.

이제 골리앗 같은 SNS를 쓰러뜨릴 조언 몇 가지를 함께 살펴보자.

TIP 1　축하하기. 동료나 친구 혹은 낯선 사람이 성공하는 모습에 자괴감을 느끼지 말자. '제자리걸음'에 애석해할 필요 없다. 오바이토리를 떠올리자. 남의 성공을 축하하다 보면 어느새 당신도 성공해서 축하 인파에 둘러싸여 있을 것이다.

TIP 2　제한하기. 휴대전화 기능을 이용해 SNS 사용을 제한할 수 있다. 의지력만으로는 끊기 힘든 SNS를 자동으로 차단해주므로 정말 유용하다. 나는 주말에 SNS에 접속하지 않으려고 조금은 단순한 방법에 기댄다. 앱을 지웠다가 월요일에 다시 다운로드한다. 내게 안성맞춤이다.

TIP 3　결이 맞는 사람 찾기. 영감을 주고, 축하도 해주며, 동기를 부여하는 사람이나 모임을 찾아보자. 온라인 세상에서까지 부정적인 사람들 속에 있을 필요가 없다. 가족처럼 참고 견뎌야 할 사람도 있겠지만, 그외에 누구를 사귈지는 우리가 결정할 수 있다. 관계에 관해 조언한 30장을 참고하면 도움이 될 것이다.

TIP 4　대면 만남 이어가기. SNS 덕에 많은 사람과 연락을 주고받을 수 있지만, 오프라인에서도 중요한 관계를 이어가야 한다. 얼굴 보고 차나 커피 한잔 하는 건 어떨까?

TIP 5　콘텐츠 관리하기. 무능하다는 생각이 들게 하거나 부정적인 감정을 일으키는 계정을 끊어내자. 영감을 주는 동시에 기분 좋게 해주는 콘텐츠도 많다.

TIP 6　현실 직시하기. 자신에게 친절을 베풀자. 비유하자면 대기실에 있으면서 무대 위에서 환한 조명을 받는 누군가와 비교하지 말자는 뜻이다. 휴가 가서 복근 자랑하는 사람은 계속 그러라고 하고, 우리는 지금 모습 그대로 충분하다.

나는 SNS 탓에 수없이 많은 나날을 불안 속에 살았지만, 또 SNS 덕에 나처럼 세상에 변화를 일으키고 싶어 하는 사람들을 만나며 큰 기쁨을 느꼈다. 우리는 SNS를 통해 서로 뭉칠 수도, 찢어질 수도 있다. 새총으로 골리앗을 무찌른 다윗처럼 자신만의 새총을 어떻게 쏘아 올리느냐가 중요하다.

(47)

화장실에서도
습관을 잊지 말자

스트레스 해소 방법이라는 것들은 대체로 효과는커녕 역효과만 일으킬 수 있다.

2023년, 옥스퍼드 대학교 웰빙 연구소에서 웰빙 앱, 마음 챙김, 휴식 용품, 웰빙 코칭, 웰빙 강연, 자원봉사 등 직장에서 일반적으로 제공하는 스트레스 해소 계획이 얼마나 효과가 있는지 평가했다.

평가 결과, 계획 중 대부분이 정신 건강에 도움보다는 해가 되고 각자의 스트레스를 악화시킨다는 사실을 발견했다.[130] 놀라울 것도 없다. 일반적인 해결책으로는 작업 환경과 업무에서

284

오는 스트레스를 말끔하게 해결할 수 없을 것이다. 해결책 중에는 이런저런 잡음도 많을 뿐 아니라, 혹시 모를 이점을 보여주는 증거도 별로 없다. 그나마 자원봉사가 가장 유용한 것으로 드러났다. 긍정적인 직장 생활을 유발하는 중요 요인 중 하나가 소속감이라는 사실을 생각해보면 당연한 결과다.[131]

그렇다면 이런 계획들이 전혀 효과적이지 않은 걸까? 아니다. 분명 그렇지 않다. 조직적 문제와 스트레스의 원인에 관해 고심하지 않는다면 효과를 볼 수 없을 것이다. 아무리 좋은 의도로 해결책을 내놓는다 해도 단 5분도 시간을 낼 수 없는 사람에게는 아무 소용없다. 접시처럼 여기저기 깨지고 금 간 우리 자신을 이어 붙이려면 시간부터 필요하다. 그러나 좀처럼 시간을 낼 수 없는 사람이 많다는 사실을 고려해, 개개인에게 맞는 해결책을 제시해야 할 것이다. 긍정적인 습관을 들일 수 있게 매일 여덟 번 하는 일이 있다면 좋을 텐데 말이다.

자기 챙김은 대개 손쓸 수 없거나 '뜬구름'만 잡는 것 같아 아무도 관심을 두지 않는, 중요하지만 무서우며 실체가 잡히지 않는 주제로 묘사된다. 사실은 어떨까? 화장실에 가는 것만큼이나 간단할 수 있다. 맞다, 화장실. 하루 평균 몇 번이나 화장실에 갈까? 여덟 번 정도다. 여덟 번이나 과거의 나를 흘려 보내고 새롭게 태어날 수 있다. 과거를 뒤고 하고 하루 여덟 번 나 자신을 위해 무언가를 할 수 있는 것이다. 안 믿긴다면 내일 한번 세어보

자. 다들 놀랄 것이다.

그래서 '화장실에서 챙기기'라는 개념이 탄생했다. 여러 위인과 다를 바 없이 위대하고 고마운 변기에 앉아 있다가 불현듯 떠올린 생각이다. 이후로 나는 화장실에서 셀카 몇 장으로 시작했다가 이제는 조명까지 설치했다. 이상한 개인 방송을 한다는 의심을 받지 않으려면 집에 놀러온 사람들에게 미리 알려줘야 한다. 화장실에서 챙기기를 시작한 이유는 두 가지다. 첫째, 자기 챙김에 참여하고 싶도록 더 재미있게 만들고지 했다. 작지만 꾸준하고도 현명한 선택이 시간이 지나 결국 엄청난 차이를 만들어낸다는 사실을 모두와 나누고 싶었다. 둘째, 너무 불안한 나머지 현관을 나설 때 바지에 실례할 것 같아 (사실 필요도 없었는데) 거의 1년간 성인용 기저귀를 사용하는 신세였던 스물다섯의 나를 기리고 싶기도 했다.

잘 생각해보면 우리는 공원 한 바퀴 돌고 와서 잠 한번 푹 자면 마법처럼 사라질 문제를 안고 있다. 다만 해결책이 지나치게 단순할 때 오히려 복잡한 해결책을 찾으려 한다. 손쉽고 간단하게 문제를 바로잡고 개선할 수 있음에도 더 행복하고 더 생산적인 사람이 되려고 책, 영상, 팟캐스트, 기사에 정신없이 주의를 기울인다. 그러나 수면 시간이 부족하거나 먹는 게 부실하다면, 다른 데 노력을 기울여도 걷잡을 수 없을 정도로 기분이 안 좋아져 기운도 의욕도 생기지 않을 것이다. 쉽게 가자, 쉽게!

하던 얘기를 마저 해보자. 이제 화장실은 개인적으로 볼일을 해결하거나 일하다 잠깐 일어나 10분간 짜릿한 휴식을 취하는 장소에 그치지 않는다. 변기에 앉는 것 말고도 습관을 쌓아갈 수 있기 때문이다. 좋다, 볼일 다 봤으면 손부터 씻자. 그리고 화장실에 갈 때마다 팔굽혀펴기를 열 번씩 한다고 가정해보자. 그러면 일 년에 2만 9,200번이라는 놀랄 만한 결과를 이룰 것이다! 이 예시는 좀 극단적이고 사무실에서 하기에는 어려울지 모르지만, 핵심은 변하지 않는다. 이룰 수 있는 습관은 결국 쌓인다는 것이다. 자기 챙김 프로젝트는 마치 천릿길 같지만, 한 걸음 한 걸음 걷다 보면 도달하지 못할 이유가 없다.

물 내린 다음 할 수 있는 일이 몇 가지 있다. 직장에서 회의나 업무를 마치듯 화장실에 갈 때마다 자신만의 작은 습관을 완료해 나간다면 큰 효과를 기대할 수 있다는 사실을 잊지 말기 바란다.

TIP 1   박스 호흡을 몇 번 하자.

TIP 2   세상에서 제일 훌륭한 스트레칭을 하자.

TIP 3   신선한 공기를 마시자.

TIP 4   책 몇 장이나 기사 몇 편을 읽자.

TIP 5   사람들에게 얼마나 감사한지 말하자.

TIP 6   의욕을 샘솟게 하는 노래를 듣자.

TIP 7   정리 전문가 곤도 마리에가 보기에 부끄럽지 않게 작업 공간을 정돈하자.

TIP 8   산책하며 다리를 힘껏 뻗자.

TIP 9   아무것도 안 해도 좋다. 잠깐 눈을 지그시 감고 있자.

기억하자. 자기 챙김은 거창한 것과 거리가 멀고 큰 행사나 복잡한 프로그램과 관련된 것도 아니다. 일상 속에서 우리의 작고 간단한 행동이나 결정이 쌓인 결과다.

자, 다들 과거의 나를 흘려보내고 새롭게 태어나자.

48

어두운 과거도 포용하자

다들 말하고 싶지 않은 과거 하나쯤은 안고 있다. 인정하고 싶지도, 생각조차 하고 싶지 않은 과거 말이다. 운이 좋은 사람이라도 마음 한편에 산더미같이 쌓아놓고 외면하고 싶은 더러운 빨래 같은 과거가 여럿 있다. 우리는 과거를 똑바로 보며 인정하려 하지 않고 무너질까 싶어 건드리지도 않는다. '무시하는 게 나을 거야, 누군가 해결해주겠지.' 그러고는 일에 몰두하고, 즐거움을 탐닉하고, 이런저런 활동에 집중하고, 모험을 떠나거나 관계에서 위안을 찾으며 최대한 고개를 돌리려 한다. 우리 자신의 일부이기도 한 그 과거를 가두고 깊이 묻어둘 수 있다면 무엇에든 매달리는 것이다.

　그러나 일러둘 게 있다. 더러운 빨래 숨기듯 감추고 싶겠지만 우리의 과거는 절대 사라지지 않는다. 그대로 남아 우리 삶에 그림자를 넓게 드리우고 상상 이상으로 다양하게 영향을 미친다. 아무리 빨리 내달리고 솜씨 좋게 피해봐야 도망칠 수도 숨을 수도 없다. 묵은 빨래를 해야 입을 옷도 생기기 때문이다.

　나는 이번 장에서 나를 제물 삼아 여러분이 좀 더 공감할 수 있는 이야기를 펼칠까 한다. 그러나 지금 할 얘기는 내 경험담일 뿐이고 의학적 조언이 아니라는 점을 명심하기 바란다. 누구라도 비슷한 상황에 부딪힌다면 제발 병원에 가라고 추천한다. 나는 여러 번 그랬다.

　나는 열세 살 때 부모님의 이혼을 겪고 음식에서 위안을 얻었다. 하굣길에 동네 구멍가게에서 1파운드짜리 스니커즈 초콜릿 바 네 개를 사 들고는, 집으로 향하는 모퉁이를 돌기도 전에 다 먹어치우기 일쑤였다. 어려운 시기를 보내던 어린 내게 스니커즈는 일시적인 위안에 불과했다. 나는 뚱뚱했고, 불행했고, 그런 스스로를 증오했다. 불량배 눈에 띄기 쉬웠고 호되게 당했다. 살을 뺐지만 변한 건 없었다. 나는 여전히 나 자신을 증오했다. 그러나 누구에게도 털어놓지 않았다. '건장'한 나는 행복하고 쾌활해 보였다. 그러나 열아홉 살 때 다리와 발목이 부러지고 나서 체중이 다시 25킬로그램이나 늘었다. 살면서 가장 암울한 한 해를 보낸 뒤, 다시 걷기 시작하면서 살을 또 뺐다. 그리고 폭식증에 걸렸다. 병원에 실려 가도 이상하지 않을 지경에 이를 때까지 누구에게도 말하지 않았다. 나같이 럭비를 즐겨 하는 체격 좋은 사람에게 닥칠 것이라고는 누구도 생각하지 않을 것이기 때문이다. 그래서 남들 시선과 함께 내가 느낄 창피함이 싫어서 버티며 숨기기 바빴다.

그렇게 1년을 보내고 결국 엄마에게 털어놓았다. 그래야 했다. 당시 나는 (엄격하게 닭고기와 브로콜리만 먹는 식으로) 섭취 열량을 지나치게 제한한 나머지 말할 힘도 없어 조퇴했다. 4년간 입을 꾹 닫고 있었고, 이후 7년간 폭식증에 맞서 싸웠다. 그러다 6년 전쯤에 마음을 열고 친한 친구들과 가족에게 털어놓았고, 직장에서도 안전하다고 생각되면 조금씩 경험담을 꺼내기 시작했다. 이제는 들어줄 사람만 있다면 내 얘기를 술술 늘어놓는다. 항상 처음이 어렵다. 말하다 보니 아무렇지 않아졌다. 나는 아주 훤칠한 편은 아니지만, 이 모습을 하고도 어느 때보다 행복하다. 한때는 더없이 부끄러웠던 과거에서 열정을 얻는다. 과거의 경험이 나를 지탱해주었다. 이것이 내가 수십억 명을 자기 챙김 프로젝트에 동참하게 하려는 이유 중 하나다.

내가 왜 이런 얘기를 하고 있을까?

나는 그간 비밀과 창피함이 어둠 속에서 더 불어난다는 교훈을 얻었다. 어두운 과거는 우리가 숨길 때마다 힘을 얻고 마음 한

구석에서 곪는다. 그러다가 마침내 우리가 인정하고 용기를 내 털어놓으려 하는 순간, 그 힘이 사그라들기 시작한다. 그것은 마치 어두운 터널 속에 갇혀 있다가 마침내 불을 켠 듯한 느낌이다.

날씨 운운하던 내 동생이 한번은 깊은 울림을 주는 이야기를 들려주었다. 동생 말로, 영국 해병대는 야간 상륙할 때 헬리콥터 주위로 경계 태세를 취한다고 한다. 충분히 말이 되는 행동이었다. 헬리콥터를 지키는구나 싶었다. 그런데 아니었다. 대원들은 모두 칠흑 같은 어둠 속에서 눈이 적응하기를 참을성 있게 기다린다. 그리고 오래지 않아 마치 빛이 있는 것처럼 어둠 속을 분간하기 시작한다.

이런 태도를 우리 삶에도 적용할 수 있다. (저마다 다를 테지만) 삶이라는 터널에 갇혀 있을 때, 어둠 속에서 두려움과 외로움 속에서, 절박하게 탈출을 꿈꾸며 최대한 빨리 출구로 내달리고 싶은 것은 누구에게나 가장 자연스러운 반응이다. 나는 지금껏 진짜 모습을 감추고 다른 사람인 척하기 위해 뭐든 했던 것 같다. 그러나 용기를 내 어둠 속에서 좀 더 머무른다면 어떨까? 달리고 싶은 충동을 이기고 눈이 어둠에 적응하도록 한다면 어떤 일이 벌어질까?

삶에서 가장 어두운 시기는 우리에게 빛과 온기를 드리우고, 성장을 향한 배고픔이자 열정의 원천으로 작용할 수 있다. 그렇다. 어두운 과거가 우리를 빚어내고, 가르치고, 성장시킨다. 지금 당장은 힘든 시간을 보낼지 모르지만, 또다시 밝은 빛을 만나게 될 것이다. 그리고 그때는 무슨 일이 일어나도 헤쳐 나갈 힘을 가지고 더 강하고, 더 현명하고, 더 나은 모습으로 터널을 빠져나올 것이다.

어두컴컴한 터널에 적막만 흐르는 것 같아 무섭고 두렵겠지만, 우리 모두 같은 경험을 한다는 사실을 잊지 말자. 우리는 더러운 빨래처럼 피하고 싶은 어둠이 짙게 깔린 터널을 가지고 있다. 그러나 준비가 되었을 때 마음을 열어 경험담을 털어놓고 다른 사람의 지지를 받는다면, 어두웠던 과거에서 위안과 힘을 얻을 수 있다. 아무리 문제가 커도 남과 나누면 반이 된다. 정말이다.

이번 장에는 조언이 없다. 다시 한번 기억하자. 지구상에서 가장 강인한 영국 해병대조차도 어둠에 적응할 시간이 필요하다. 지금은 모르겠지만, 언젠가 어둠이 빛으로 변하는 날이 올 것이다. 그러니 '이 또한 지나가리라' 하며 머물러 보자.

49

데이터를
지식으로 바꾸자

지치지 않는 연습을 하면서 어떤 지표를 보며 이력을 파악하는가? 걸음 수, 안정 시 심박수, 명상 시간을 확인하는가? 확인하면서 도움을 받는가, 아니면 압박감을 느끼는가?

이력을 파악하고 있다면 분명 어느샌가 목표에 집착했을 것이다. 나는 잊을 만하면 일일 걸음 수 1만 보에 집착한다. 이미 널리 알려진 목표치여서 그런 것 같다. 다들 '하루 1만 보 걷기'쯤은 알고 있지 않은가?

잠깐 고백할 게 있다. 나는 지난 몇 년간 1만 보에 집착하는 정도가 아니라 반드시 이뤄야겠다며 고집을 부렸다. 2018년에

294

스마트 밴드인 핏빗을 처음으로 손목에 차고 무엇에라도 홀린 듯 하루도 거르지 않고 1만 보를 기록하겠다고 결심했다. 변명도 핑계도 늘어놓을 생각이 없었다. 아파서 누워 있어야 하거나 뜻깊은 시간을 보내고 있어야 할 때조차도 걷기를 멈추지 않았다. 아주 가끔 1만 보에 못 미치는 날에는 후회가 막심해 어쩔 줄 몰라 했다. 그리고 며칠이나 실패를 곱씹었다.

의도는 좋았다. 나는 항상 건강을 목표로 삼았다. 그러나 어떤 상황에서도 타협하지 않고 건강하지 않은 방식만 고집했다. 그러나 어떤 지표에 얽매이지 않아야 한다는 사실을 깨달은 것은 시간이 한참 지나서였다. 아직도 이러고 있다니, 바보 같은 일이었다. 그래서 2023년에는 욕심을 버리고 목표치에 집착하지 않기로 했다. 이후로 몇 번이나 목표 달성에 실패했지만 아무 문제 없었다. 일어나지 않았다.

데이터를 볼 때는 단일 통계를 주의해야 한다. 큰 그림의 극히 일부만 보게 될 테니 말이다. 살을 빼겠다면서 단순히 체중계 눈금에만 집중한다면, 허기를 가시게 한다는 담배에 손을 대는 게 더 나을 것이다. 그러나 그저 예시일 뿐이니 담배로 살 뺄 생각은 절대 하지 말기 바란다. 건강과 행복이 그려내는 미묘하면서도 깊고 풍부한 큰 그림을 이해하려면, 맥락을 파악하고 어떤 정보가 더 필요한지 의문을 품어야 한다.

사실 데이터가 조작되는 데는 다 이유가 있다. 만약 환경을 위해 우리 모두 익룡을 타고 다녀야 한다는 주장을 뒷받침하는 통계를 찾고 싶다면, 분명 하나쯤은 찾을 수 있을 것이다. 어떤 주장도 샅샅이 찾다 보면 조금이라도 연관된 데이터를 발견할 수 있다는 의미. 20세기 가장 위대한 철학자 중 한 명으로 널리 인정받는 칼 포퍼도 "입증을 구한다면, 어느 이론이든 거의 쉽게 입증하거나 검증할 수 있다"고 주장했다.[132]

이와 관련된 재미난 사실이 있다. 혈액형을 발견하기 전인 19세기 후반에는 수혈이 위험한 행위였다. 그래서 일부 의사들은 수혈해야 할 때 대체 물질을 사용했다. 대체 물질이란 바로 우유였다. 우리가 마시는 그 우유 맞다. 당시 의사들이 우유 속 작은 기름 입자와 지방이 백혈구로 바뀔 거라는 데이터 하나만으로 아무 의심 없이 실천에 옮긴 것이다.[133] 뭐, 그럴싸하긴 하다. 혈액이 우유라면, 나는 RH가 아니라 저지방+ AB형이다.

이쯤하고, 이제 데이터, 정보, 지식의 차이를 살펴보자. 데이터는 맥락 없고 가공도 거치지 않은 사실과 수치로서 퍼즐 조각 하나처럼 시작에 불과하다. 정보는 데이터에 의미와 맥락을 더해 가공한 결과이며 서로 맞는 퍼즐 조각끼리 모여 더 분명히 드러난 그림과 같다. 지식은 여기서 한 걸음 더 나아간다. 단순한 이해를 넘어 실질적이고도 의미 있는 방식으로 정보를 적용해 여기저기 흩어진 것을 연결한 결과로 얻는 새로운 이해이자 통찰이다.

그러면 데이터를 지식으로 바꾸고 싶은 사람 혹시 없나? 이제 조언을 보자.

TIP 1 **큰 그림 보기.** 행복한 삶이란 신체 건강에 그치지 않는다. 정신적, 정서적, 사회적, 금전적 측면을 아우른다. 따라서 이에 관한 데이터를 살펴볼 때는 더 큰 그림을 고려하며 여러 요인이 상호작용하는 방식을 파악해야 한다. 걸음 수를 채우려고 하는 건 좋지만, 그러면 주변 사람들과의 관계는 어떻게 될까?

TIP 2 **자신만의 기준 더하기.** 지표는 유용하지만 우리의 자존감이나 행복까지 정의하지는 않는다. 쉽지 않겠지만 목표치 하나에만 매달리지 말자. 대신 균형 잡힌 시각으로 행간을 보는 데 집중하자. 어려워도 그럴 만한 가치가 있다.

TIP 3 **맥락 파악하기.** 맥락 없는 데이터는 쓸모없다. 통계 뒤에 숨어 있는 근본적인 요인, 상황, 영향을 탐구해 정보와 지식으로 발전시키자. '어라? 안정 시 심박수가 올랐다. 왜 그럴까? 어젯밤에 세 시간밖에 못 자서 그런가 보다.' 이런 식으로 하면 된다.

TIP 4 **비교하지 않기.** 우리의 여정은 저마다 다르다. 그러니 자신만의 지표를 남과 비교하지 않도록 주의하자. 둘 다 과일이지만 전혀 비슷하지 않은 사과와 오렌지를 비교하는 것과 같다.

TIP 5 **직감에 귀기울이기.** 기술과 웨어러블 기기는 가치 있는 통찰을 제공하지만, 우리를 가장 잘 아는 건 바로 우리 자신이다. 직감을 믿고 직감에 귀기울이자. 휴식이 필요하다면 스마트 워치는 풀어놓고 편히 쉬자.

TIP 6　**실험 거듭하기.** 5년 전에 효과가 있던 것이 지금은 안 맞을 수 있다. 다른 접근법을 시도하고 새 전략을 실험하자. 상황을 완전히 바꾸는 걸 두려워하지 말라. 걱정해야 할 것은 아무리 노력해도 상황이 바뀌지 않을 때다.

TIP 7　**작은 전진 축하하기.** 우리는 하룻밤 새 목표를 성취하느니 마느니 할 수 없다. 사는 내내 전진해야 한다. 그러니 작은 승리라도 인정하고 축하하자. 일주일에 나흘만 1만 보를 걸었어도 훌륭하다.

$$50$$

······

돈과 친해지자

숨 돌리려고 하면 일이 또 터지는 것 같지 않은가? 우리는 지난 몇 년간 너무도 힘든 시간을 헤쳐왔지만, 특히 재정 문제에서는 계속 폭풍우를 맞을 운명인 것 같다. 개인 재정 상태가 직장밖 스트레스 원인 중 1위[134]로 꼽히는 지금, 학교에서 기본 경제 지식도 배우지 않았다는 사실이 맞물려 문제는 더욱 복잡해졌다.

누구도 폭풍우처럼 휘몰아칠 재정 문제를 피할 수 없지만 모두가 한배를 탄 건 아니다. 안전하게 구명보트에 올라탄 사람이 있는 반면, 둥둥 떠 있는 판자에 매달린 사람도 있다. 운이 좋다면 별문제 없이 바다를 가르며 앞으로 나아가겠지만, 대개는 열심히 노를 저어야 할 것이며, 겨우 머리만 물 밖에 내놓는 사람도 있을 것이다. 이런 상황을 인지하고 대처하는 것이 어느 때보다 중요하다.

나는 재정 전문가인 척할 생각이 없다. 이번 장에서는 핀웰 FinWELL 설립자 라이언 브릭스Ryan Briggs에게 돈 문제를 둘러싼 속설을 깨부수고 돈 관리 방법을 알려줄 임무를 맡기려 한다.

브릭스는 팀원들과 함께 나이, 배경, 인구 통계적 요소, 직책, 소득 수준, 저축, 경험, 자신감에 상관없이 우리 모두를 도울 수 있는 틀을 마련하려고 진땀을 뺐다. 쉽지 않았겠지만 내 생각에 꽤 훌륭한 결과물이 나온 것 같다.

그는 내게 ('파워'라고 읽는) PAWA 플랜이라는 굉장히 간단한 네 단계 지침을 알려주었다. 각 단계의 앞글자를 따서 붙인 이름으로, 파워Power와는 철자가 다르다. 그러면 첫 단계인 개인 금융 점수부터 시작해보자.

개인 금융 점수 Personal Money Score (P). 다른 습관이나 행동처럼 재정 문제에서도 발전 이력을 파악하고 추적할 방법이 필요하다. 소중할수록 소소한 것까지 파악해야 한다. 이어서 소개할 금융 건강의 5대 핵심 요소를 평가하고 점수를 매겨보자. 1점이 최저점, 10점이 최고점이다.

1. **재정 자신감.** 첫 번째로 살펴볼 요소는 재정 자신감이다. 영국 성

인 중 2,400만 명은 돈 관리에 자신이 없다고 한다.[135] 왜 그럴까? 대부분 학교에서 기본 경제 지식을 배우지 않아, 성인기에 접어들고도 종종 실수하기 때문이다. 나도 그랬다. 나는 스물일곱 살이 되도록 빚을 지고 있었고, 매달 신용카드를 최대한도로 긁었다. 부모, 후견인 또는 존경하고 따를 사람이 없다면, 높은 확률로 채무와 신용, 지출 계획, 현명한 소비, 비상금이 뭔지 들어본 적도 없을 것이다.

2. 돈과의 관계. 모든 사람이 돈과 관계를 맺고 있다. 남보다 더 건강한 관계를 유지하는 사람도 있겠지만, 사람과의 관계처럼 돈과의 관계도 시간에 따라 변해서 꾸준히 관리해야 한다. 브릭스에 따르면, 돈과 우리의 관계는 일곱 살 즈음에 내면 깊숙이 자리잡는다. 세상에! 게다가 이 관계에 영향을 미치는 것이 꽤나 많다고 한다. 풍족하게 자랐는가? 가정에서 경제 교육을 받았는가? 돈 때문에 고생했는가? 아니면 용돈을 받아 썼는가? 이런 경험이 모두 모여 돈에 관한 우리의 태도, 믿음, 행동, 습관, 결정을 형성한다.

3. 납부 능력. 이번 요소는 이해하기 쉽다. 무시무시한 대출 없이 지출을 감당하며 한 달을 무사히 보낼 수 있는지 따져보는 것이다. 사실 매달 대출을 끼고 사는 사람이 많다.

4. 재정 회복력. 예기치 못한 일이나 긴급 상황에 대비해 비상금을 가지고 있는가? 영국 자금연금청Money and Pensions Service에서 실시한 한 설문 조사에 따르면, 영국 성인 중 약 4분의 1에 해당하는

1,150만 명이 저축 계좌에 100파운드 미만을 두고 있다고 응답했으며, 6분의 1은 저축한 게 전혀 없다고 했다.[136] 내일 당장 소득이 뚝 끊긴다면 몇 달이나 살아남을 수 있을까? 아니 일단 얼마면 될까? 각자 다를 것이다. 가장 먼저 다달이 주택담보대출금이나 월세를 해결하고, 고지서도 납부하고, 시장도 보고, 교통비까지 빼놔야 한다. 그런 다음에 석 달에서 여섯 달을 목표로 최대한 절약하자. 이게 내가 해줄 수 있는 최선의 조언이다.

5. 미래 계획. 우리는 미래 계획에 약하다. 원하는 생활방식과 목표를 이루는 데 필요한 게 뭔지 상상하기 어렵기 때문이다. 얼마면 될까? 목표치에 가까워질 것이라고 확신하는가? 연금과 투자 같은 것까지 생각해야 한다.

이 다섯 가지 핵심 요소에 각각 점수를 매기자. 점수를 모두 더하고 나면 2를 곱해 100점 만점으로 환산하자. 함께 개선해 나가면 되니, 조바심 낼 필요 없다.

집중 영역Areas of Focus (A). 분명 지금 돈에 관해 생각하거나 걱정되는 점이 많을 텐데, 복잡하고 혼란스러워 어디서부터 건드려야 할지 버겁기만 할 것이다. 그러면 다섯 가지 핵심 영역에 집중해보자. 자신과 가까운 영역이 무엇인지 골라 자신만의 속도로 돈 걱정을 해소할 수 있다.

1. 가치관과 재정 관리. 돈과 우리의 관계, 채무 관리, 기본 지출 계획, 소비 습관, 비상금을 동반한 재정 회복력 구축을 포함하는 영역이다.

2. 내 집 마련. 고정 금리부터 변동 금리까지 전문 용어가 가득한 영역이다. 생애 처음으로 주택담보대출을 받아 넓은 집을 장만할 수도 있겠지만, 평수를 줄이고 남은 돈으로 괜찮은 부동산을 임대해 대출금을 갚거나 부수입을 벌어들일 수도 있다.

3. 보호책 준비. 소득, 가족, 미래를 보호하는 것에 관한 영역이다. 최악의 상황이 발생했을 때 사랑하는 사람들이 어려움을 쉽게 극복할 수 있도록 소득 보장 보험, 생명 보험, 중대 질병 보험에 가입하거나 유언장, 영구 위임장, 유산 상속 계획을 작성하는 행위를 포함한다.

4. 미래를 향한 투자. 자신의 투자 성향을 파악해 단기, 중기, 장기 목표를 세우고 저축하고 투자하며 절세 방법도 챙기는 영역이다. 워런 버핏처럼 투자의 대가까지 될 필요는 없다. 단 연금이 있는 것만으로도 이미 투자자이며, 수익을 극대화하는 것은 자신의 몫이라는 사실을 알아두자.

5. 시대에 발맞춘 은퇴 계획. 은퇴 후 재미나게 살다가 최대한 절세하면서 사랑하는 사람들에게 상속할 수 있을 만큼 자금을 마련할 방법이 무엇인지 알아보는 영역이다.

맞춤 단계|What are your next steps? **(W)** 벌써 두 단계를 지나 돈 문제에서 자신만의 힘, 즉 PAWA를 얻기 위한 여정의 끝을 향해 달려간다. 여기서는 금융 교육, 금융 지도, 금융 조언의 차이를 이해하고 자신의 상황에 맞게 적절한 단계를 선택하자.

1. **금융 교육.** 대부분 자신의 집중 영역에 관해 지식을 쌓고 더 깊이 이해하며 자신감을 얻고 싶을 것이다. 그렇다면 믿을 수 있고 평판 좋은 교육 콘텐츠를 이용해보자. 정보 소비 성향에 따라 영상, 기사, 안내서, 보고서, 시각 자료, 팟캐스트 등 다양한 콘텐츠에 접근할 수 있다.

2. **금융 지도.** 집단이나 일대일로 돈에 관한 대화를 나누고 싶은 사람이 있을 것이다. 그런 자리에서는 직접 다른 사람들과 상호작용하며 자신만의 필요, 목표, 문제를 공유하고 유용한 방법이나 해결책을 얻을 수 있어 한 차원 높은 금융 건강을 누리게 될 것이다.

3. **금융 조언.** 일부는 전문가의 조언을 듣고 싶을 것이다. 자격을 갖춘 전문가에게 본인 상황에 대해 상담하면 특정 상품을 추천받거나 해결책을 얻을 수 있을 것이다.

실천Taking action **(A).** 돈 앞에서 자신만의 힘, 즉 PAWA를 얻는 데 중요한 마지막 단계는 할 수 있다는 자세로 실천에 나서는 것이다! 일주일에 여유 시간이 24시간도 아니고 24분만 있는 것 같지만, 그래도 시간을 내서 자신만의 PAWA 플랜에 집중하고 노력을 기울여 개인 금융 점수를 높이도록 하자.

추가 TIP **언제나 믿을 수 있는 '감시 파트너' 두기.** 친구, 가족, 동료를 감시 파트너로 두고 돈을 주제로 대화를 이어 나가고 질문해가면서 끝까지 책임감을 놓지 말자.

브릭스는 "돈 버는 능력보다 돈을 향한 태도와 돈과의 관계가 더 중요하다"고 했다. 다들 돈과 건강한 관계를 구축한다면 어떤 재정 문제가 폭풍우처럼 휘몰아쳐도 무사히 지날 수 있을 것이다.

51

음악에서 답을 찾자

이번 장 제목은 하우스 음악의 전설 대니 테네이글리아Danny Tenaglia가 셀리다Celeda와 함께한 트랙인 〈뮤직 이즈 디 앤서Music Is The Answer〉에서 따왔다. 지치지 않는 연습을 위해 음악에서 답을 찾자는 말은 생각보다 꽤 새겨들을 필요가 있다. 음악이 뇌와 정서적 안정에 긍정적 영향을 미친다는 사실은 많은 연구를 통해 입증되었다. 가장 좋아하는 노래를 한번 들어보라. 이 말이와 닿을 것이다. 나는 지금 글을 쓰면서 한스 짐머Hans Zimmer의 〈라스트 사무라이The Last Samurai〉 사운드트랙과 루퍼스 두 솔Rufus du Sol의 최신 앨범을 번갈아 듣고 있다. 사실 이번 장을 계획하며

'글을 제대로 쓰려면 대화 상대가 필요하겠다'고 생각했고 이내 그런 사람을 찾았다. 바로 DJ이자 건강 전문가이며 '하모나이징 더 마인드Harmonizing the Mind'라는 행사를 기획한 롭 스티븐슨Rob Stephenson이다. 그리고 그와 나눈 대화 내용을 여기에 실었다.

세계인의 90퍼센트, 즉 70억 명 이상이 음악을 자주 듣는다는 사실을 아는가? 미국에서는 주당 25시간 이상을 가장 좋아하는 곡을 즐기며 보낸다.[137] 상당히 긴 시간이다. 생김새만큼이나 취향은 다르지만 우리는 음악으로 공감한다. 온라인과 오프라인 모두 양극화가 번지는 가운데 우리는 음악으로 서로 가까워지고 같은 경험을 나눌 수 있다.

좋아하는 영화에서 가장 기억에 남는 장면을 떠올려보자. 음악이 흐르는 장면으로 말이다. 이제 음악이 없다면 그 장면이 어떨지 상상해보자. 아마 영화를 보며 느꼈던 모든 감정이 온데간데없이 사라질 것이다. 적막 속에서 행진하는 〈스타 워즈〉의 다스 베이더, 반젤리스Vangelis가 작곡한 곡 없이 열심히 달리는 〈불의 전차Chariots of Fire〉 속 육상 선수들, 니노 로타Nino Rota가 작곡한 유명한 주제곡이 사라진 〈대부〉를 본다면 어떨지 생각해보자. 음악은 감정을 더해주고, 심지어 유발할 때도 있다. 나는 개인적으로 〈인터스텔라〉, 〈배트맨〉처럼 작곡가 한스 짐머와 영화감독 크리스토퍼 놀란이 만나 내놓은 작품을 무척 좋아한다. 우리는 저마다 어떤 한때를 떠올릴 수 있는 자신만의 사운드

트랙을 가지고 있다. 그러나 이런 사실을 당연하게 여긴 나머지 음악이 삶에서 중요한 역할을 한다는 사실을 깨닫지 못한다.

나는 스티븐슨에게서 섬유근육통 환자를 대상으로 실시한 연구 결과를 전해 들었을 때 귀를 쫑긋 세울 수밖에 없었다. 하루 한 시간만 음악을 들어도 고통을 덜 인지할 수 있다고 했기 때문이다. 게다가 고통과 연관된 불안감과 우울증도 덜 겪는다고 한다.[138]

TIP 1　**음악으로 치료하기**. 나처럼 고통을 자주 경험한다면 시간을 정해 좋아하는 음악 중 긍정적인 기운을 가진 곡을 들어보자. 소개하고 싶은 멋진 음악 연구가 하나 더 있다. 이 연구는 클래식 음악, 오디오북, 청각 자극 부재라는 세 가지 조건을 적용해 수면의 질을 측정했는데, 클래식 음악을 들은 집단이 가장 질 높은 수면을 경험하고 우울증 증상도 개선되었다는 사실을 발견했다. 역시 음악이 최고다.[139]

TIP 2　**음악 들으며 긴장 풀기**. 휴식에 음악을 더하는 것이다. 자기 전에 잔잔한 음악과 함께해보자. 음악을 들을 땐 다른 생각은 내려놓고 지금 이 순간에 집중한다. 소리와 나 자신뿐이다. 그리고 며칠간 수면 변화를 기록해보자. 나라면 이탈리아의 피아니스트이자 작곡가인 루도비코 에이나우디Ludovico Einaudi의 곡을 듣겠지만, 각자 좋아하는 곡을 들으면 된다. 중요한 발표나 회의를 앞두고 있는가? 음악은 스트레스가 될 만한 일의 정신생물학적 영향을 줄인다고 한다. 이 결과를 도출한 연구진은 음악, 잔물결 소리, 청각 자극 부재라는 세 가지 조건에 스트레스 요인을 적용한 후 스트레스 반응과 회복 시간을 측정했고, 음악을 들은 집단이 가장 빨리 회복한다는 사실을 확인했다. 그러니 음악을 듣고 연단에 서서 청중을 압도하자. 여전히 긴장되겠지만, 나중에는 음악을 들어서 다행이었다고 생각할 것이다.[140]

TIP 3 **상황에 맞는 음악 듣기.** 발표나 중요한 회의처럼 스트레스 받는 일을 앞두고 있을 땐 미리 10~20분간 잔잔한 음악을 들어두자. 우리는 대체로 기분에 따라, 결국 환경에 따라 그에 맞는 음악을 듣는다. 나는 헬스장에서 랩, 메탈, 하우스 음악을 듣고, 쉴 때는 딥 하우스나 클래식 음악을, 친구들과 햇볕을 쬐고 있을 땐 트로피컬 하우스를 듣는다. 이렇듯 우리는 상황에 따라 여러 음악을 듣는다. 독일의 헤비메탈 밴드 람슈타인Rammstein의 음악은 가족 모임에는 어울리지 않지만, 고강도의 웨이트 트레이닝을 할 때는 최고다. 다들 상황이나 환경에 따라 적절한 음악을 듣지만, 기분 전환하고 싶을 때도 언제든 음악의 힘을 빌릴 수 있다. 여러 연구에 따르면, 실제로 음악이 우울증, 불안감, 기타 신경 질환에 효과적인 치료법이라고 한다.[141] 힘든 시간을 보낼 때도 음악 덕에 힘을 낼 수 있다는 점에서, 우리는 필요할 때마다 음악과 함께 현실에서 떨어진 더 행복한 곳에 머물 수 있다. 사무실에서 지루하고 답답한 시간을 보내고 있다면, 발을 구르며 고개를 까딱이지 않도록 조심하면서 핀란드 출신 DJ 다루드Darude의 〈샌드스톰Sandstorm〉을 들어보자. 우리는 언제든 최후의 보루로 음악을 들으며 지루함을 날려버릴 수 있다. 나처럼 무심코 음악부터 틀었다가 동료들까지도 흥겹게 만들지 말고, 다들 헤드폰부터 쓰도록 하자. 아, 지난번에 들었던 비지스의 〈모어 댄 어 우먼More Than a Woman〉도 추천한다.

TIP 4 **자신만의 플레이리스트 만들기.** 다양한 기분에 맞춰 들을 트랙을 추가해 자신만의 플레이리스트를 만들어보자. 미리 나눠서 만들어놔야 노르웨이 출신 DJ 카이고Kygo의 일렉트로니카 음악을 듣다가 갑자기 미국 밴드 시스템 오브 어 다운System of a Down의 얼터너티브 메탈이 흘러나와 깜짝 놀라는 일을 피할 수 있다. 기분 전환을 하거나 차분해지고 싶을 때도 플레이리스트를 보고 적절한 노래를 고르자. 마음고생 하는 친구가 있다면 어떻게 힘이 되어줄까 고민하게 될 것이다. 상황에 따라서는 전문가나 병원을 찾도록 권해야 한다. 그러나 가끔은 노래를 추천하며 그 친구와 가까워지고 친구의 기분까지 신경쓰고 있다는 인상을 줄 수 있다. 게다가 다들 알다시피 음악을 들으면 우울함을 덜어낼 수 있다.

TIP 5 **음악과 함께 주변 돌보기.** 기회가 된다면 친구들과 음악에 관한 대화를 나눠보자. 우리가 지구상에서 가장 훌륭한 음악 취향을 가졌다 해도 모두가 똑같은 노래를 듣는 건 아니므로 친구들이 뭘 좋아하는지 알아보자. 친구가 우울해할 땐 좋아할 만한 노래나 앨범을 추천해보자. 점수를 더 따고 싶다면, 지금 사정이 허락하는 선에서 친구 것까지 콘서트 티켓을 예매해도 좋다. '함께 가기'로 약속한 순간부터 친구와 함께 콘서트 날만 손꼽아 기다릴 것이다. 나는 스티븐슨과 대화를 나누기 전까지 음악이 이렇게나 강력한지 몰랐다. 게다가 상상도 못 했던 놀라운 사실 하나를 더 알게 되었다. 음악이 처리 속도를 단축하고 기억력을 향상하는 데도 제 역할을 한다고 한다. 그래서 보통 인지 작업을 할 때 음악을 듣는 것 같다. 여러 연구에 따르면, 음악 선호 여부, 음악 종류, 음악 교육 경험 등과 같은 많은 요인이 음악이 지닌 이런 인지 효과에 영향을 미친다고 한다.[142] 일을 하면서 음악이 거슬려 집중할 수 없다면 안 될 것이다. 그래서 '음악 교육 경험'이 적은 사람일수록 음악 종류를 잘 선택해야 한다. 나는 가사 없는 음악을 듣는다. 그러지 않으면 노래를 흥얼거리기 시작해 집중도 못 하고 동료들에게 피해만 준다. 어쨌든 나는 음악 없이 오랫동안 앉아서 집중할 수 없다. 음악을 들어야 머릿속이 차분해지는 것 같다. 그러나 전문가도 아닌 내가 늘어놓는 경험담보다 조금이라도 의학이 뒷받침된 말이 훨씬 설득력 있을 것이다. 사실 나는 올해 들어서 ADHD를, 20대 중반엔 난독증과 통합운동장애를 진단받았다. 이런 상태에서 끊임없이 음악을 듣고 있자면 더 창의적인 기분이 든다. 이 책도 처음부터 끝까지 음악을 들으며 썼다.

TIP 6　**음악의 흐름에 빠져보기.** 인지 작업을 할 때, 주의를 흩트리지 않는 선에서 즐길 수 있는 클래식 음악(이나 나처럼 가사 없는 하우스 음악도 추가해서) 한 곡을 듣고 그 흐름에 빠져보자.

TIP 7　**헤드폰 쓰기.** 마지막으로, 운동할 때 꼭 헤드폰을 챙기도록 하자. 연구가 아니라 내 경험에서 나온 결과지만, 달리거나 자전거를 탈 때 음악 덕에 발놀림이 빨라져 분명 몇 킬로미터나 더 이동할 것이다.

깨닫지 못하고 있을 수도 있지만, 이미 대부분 음악에 의존하며 건강을 관리하고 있다. 그러나 음악을 좀 더 계획적으로 사용한다면, 마치 음악이 클라이맥스에 다다르듯 큰 이점을 경험할 수 있을 것이다. 플레이리스트를 만들고 헤드폰을 쓰도록 하자.

그리고 음악이라는 선물로 우리 영혼을 살찌우자.

추천 노래
- 〈빅 러브Big Love (the Dronez Dub)〉 - 피터 헬러Peter Heller
- 〈아이 워너 댄스 위드 썸바디I Wanna Dance With Somebody〉 - 휘트니 휴스턴Whitney Houston

- 〈에인트 노바디Ain't Nobody〉 – 샤카 칸Chaka Khan
- 〈이너블룸Innerbloom〉 – 루퍼스 두 솔
- 〈레이 올 유어 러브 온 미Lay All Your Love On Me〉 – 아바Abba
- 〈라무흐 투주흐L'amour Toujours〉 – 지지 다고스티노Gigi D'Agosti-no

추천 영화 사운드트랙

- 〈인터스텔라〉 – 한스 짐머
- 〈라스트 사무라이〉 – 한스 짐머
- 〈라스트 모히칸Last of the Mohicans〉 – 랜디 에델만Randy Edelman, 트레버 존스Trevor Jones
- 〈펄프 픽션Pulp Fiction: Music from the Motion Picture Soundtrack〉

52

지치지 말고 행복하자

지금껏 이 긴 여정을 함께해주어 감사하다. 이제 거의 다 왔다. 개인적으로는 책을 쓰며 특히 더 와 닿는 내용이 있었다. 여러분도 나처럼 몇 개쯤은 찾았기를 바란다.

수년간 나는 사람마다 맞는 게 다르고 욕구마저도 사람과 시간에 따라 다르다고 점점 확신할 수 있었다. 우리는 나이가 들면서 환경이 변하고, (어쩌면) 취향도 점점 바뀐다. 그러면서 최고의 자신이 되기 위해 가장 먼저 챙겨야 할 '타협할 수 없는 것'들도 달라지게 마련이다.

이런 변화는 별문제 없이 사는 신경전형인도 적응이 어려워

평생 고민할 문제다. 더군다나 뇌 작용 방식이 약간 달라 ADHD
나 자폐, 학습장애 등을 안고 사는 신경다양인에게는 아예 차원
이 다른 문제라 지치지 말고 행복하자는 우리의 목표가 마치 맞
서야 할 야수처럼 보일 지경이다. 전체 인구 중 최대 15퍼센트가
신경다양인으로 추정된다. 앞서 말했듯, 나 역시 ADHD, 난독
증, 통합운동장애를 겪는 신경다양인이다. 신경다양성은 생각
보다 훨씬 흔하다. 영국에서 ADHD, ADD 성인을 돕는 기관인
ADHD 어웨어ADHD Aware에 따르면, 상황은 이렇다.

- ADHD 인구가 8퍼센트로 추정된다.
- 난독증 인구가 10퍼센트로 추정된다.
- 통합운동장애 인구가 8퍼센트로 추정된다.
- 수학학습장애 인구가 6퍼센트로 추정된다.
- 자폐 스펙트럼 인구가 1퍼센트로 추정된다.
- 투렛 증후군 인구가 1퍼센트로 추정된다.[143]

그래서 나는 '신경다양성을 주제로 글을 써야겠다'고 생각했
고, 대화상대로 내 친구 제스 고슬링Jess Gosling만 한 사람을 떠올
릴 수 없었다. 공무원인 제스는 퇴근 후에 국제관계학 박사 과정
을 밟는 동시에 제대로 자격까지 갖춘 요가 강사로도 활동한다.
지금껏 세상을 넓게 바라보며 7년 넘게 해외 근무도 해보고 직

장 내 소속감과 만족감을 위해 힘쓰며 경력을 쌓은 인물이기도 하다.

게다가 2020년부터 3년간 영국에서 '기술 업계에서 가장 영향력 있는 여성Most Influential Women in Tech' 중 한 명으로 선정돼 전 세계적으로 인정받았으니, 그저 놀랍다고밖에 할 수 없다. 이런 고슬링도 ADHD, 자폐, 강박장애, 난독증, 우울증, 만성 불안을 앓고 있다. 그와의 인터뷰를 여기 소개한다.

라이언　어서오세요! 신경다양성과 건강의 교차점이라는 주제로 대화에 나서주셔서 감사합니다. 저도 신경다양인이고 계속 배워 나가는 입장이라 그런지, 이 중요한 주제에 관한 당신의 통찰과 경험담이 정말 기대되더군요. 시작해볼까요? 지금 같은 디지털 세상에서 행복한 삶이란 점점 어려워지고 있고, 신경다양인에게는 특히 그렇습니다. 디지털 세상에서 하루 24시간 대기조여야 한다는 압박감을 어떻게 이겨낼 수 있을까요?

고슬링　무엇보다 자신의 삶을 우선해야 합니다. 그러나 실제는 생각과 다를 수 있어요. 어느 때보다 디지털 방식으로 일하는 세상에서, 항상 '접속' 상태로 끊임없이 대응할 수 있어야 한다는 압박감을 느낄 테죠. 이게 바로 삶과 일 사이의 건강한 균형을 가로막는 거대한 장벽이기도 하고 말이에요. 여기서 신경다양성까지 더한다면 상황은 훨씬 더 복잡해집니다. (신경다양인으로서) 자신의 삶을 우선하는 건 굉장히 낯설게 느껴질 거예요. 남들의 욕구가 더 중요하니까 자기 자신은 뒤로 물러나 있어야 한다는 기분이 들지도 모르겠군요. 자기 욕구부터 챙기는 게 이기적으로 느껴지겠지요. 사실 자기부터 돌보는 건 이기적인 것이 아닙니다. 최고의 자신으로 거듭나기 위해서는 쉬면서 재충전하는 것까지 포함해서 자기 욕구부터 충족시킬 줄 알아야 해요.

라이언 지금 신경다양인이 자기 자신을 돌보는 데서 죄책감을 느낄 수 있다고 하셨는데, 그럼 개인적으로 어떻게 죄책감을 떨쳐내신 거죠?

고슬링 신경다양인은 필요성을 이해하고 마침내 자기를 돌보기 시작하면서 다양한 감정을 경험할 수 있습니다. 첫째, 일부는 자기 자신을 (자기 욕구까지 더해) 남보다 우선하는 데서 엄청난 죄책감을 느낍니다('왜 내 감정을 더 중요하게 생각해야 하지?'). 둘째, 자신부터 돌보기에 자신이 부족함은 없는지, '충분하고도 남는' 사람인지 강하게 의문을 품을 수도 있고요('내가 나를 돌볼 자격이 있는 사람인가?'). 셋째, 특히 생산성이 중요하고 성취욕으로 돌아가는 사회에서 일부는 배척당하거나 '이방인' 같다는 기분에 힘겨워할 수 있어요('난 뭐가 문제라서 남들처럼 쉼 없이 일하지 못하는 거지?'). 이게 다는 아니지만, 제가 목격한 건 이 세 가지입니다. 사실 제가 매일 이 세 가지를 상대로 투쟁을 이어가고 있거든요. 하루도 그냥 지나가는 법이 없죠. 그렇지만 본업에, 박사 과정에, 요가나 자원봉사처럼 다른 재미난 활동까지 잘 해내는 사람으로서 드릴 말씀이 있습니다. 저는 생산적인 방법을 찾으려 하지만 제 자신의 삶을 희생하지는 않습니다. 오랫동안 일과 삶 사이에서 건강한 균형을 만들고 유지하는 데 집중했기 때문이죠.

신경다양인인 고슬링과 내게 가장 와 닿은 통찰이자 조언은 다음과 같다.

TIP 1   (죄책감 없이) 현실 인정하기. 에너지, 성과, 기분은 날마다 다를 것이다. 그러니 자신을 희생해서 생산성을 좇으려 하지 말자. 생산성과 행복은 어느 한쪽이 줄어야 다른 쪽이 늘어나는 관계가 아니다. 둘은 별개다!

> **고슬링**   의기소침해지고 자꾸 억울하거나 불안한 감정이 든다면 스스로 생산적이라고 느끼기 어려울 것입니다. 따라서 얼마나 성과를 올릴 수 있는지 파악하고, 조금 부족해도 죄책감을 느끼지 않도록 노력하는 게 중요합니다.

TIP 2   전략적으로 쉬기. 어떤 방식으로 쉬든 매일 정신적으로 휴식할 시간을 갖자. 단 하루도 전과 같은 날이 없는 세상에서 외부 압박에 모두 대처할 수는 없다. 그러나 매일 내 삶부터 챙기겠다고 결심할 수는 있다. 잠시 시간을 내어 신선한 공기를 마시고, 가까운 사람과 전화 통화를 하고, 가까운 카페로 가서 커피 한잔 하며 정신적으로 한숨 돌릴 수 있다. 그러면 정신적 피로를 이겨낼 수 있을 것이며 집중력 또한 잃지 않을 것이다.

TIP 3　　**환경 통제하기.** 분주한 삶 속에서 외부 자극에 민감한 사람은 종종 특정 상황, 위치 또는 환경에 압도당할 수 있다. 밝은 빛이나 분위기와 같은 감각적인 것에도 마찬가지다. 또 업무 방식이나 학습 방식의 선호도와 관련해 어려움에 부딪히기도 한다. 따라서 잠재적으로 불안감이나 부정적인 자극을 완화할 수 있는 환경을 조성해야 한다.

고슬링　저는 적응하기 위해 최대한 이것저것 바꿔가며 제게 힘이 되는 게 무엇인지 찾아내려 합니다. 개인적으로 좋은 기운이 뿜어져 나오는 카페처럼 활기찬 곳을 좋아하는 편이죠. 자신에게 잘 맞는 방식을 이용하는 건 훌륭한 첫걸음입니다.

TIP 4　　**(기분이 어떤지) 대화 나누기.** 사람들과 교류할 시간을 내고 그들과 대화하는 건 무엇보다 중요하다. 살면서 누구나 외롭다고 느낄 때가 있다. 그러나 안타깝게도 온종일, 아니 (재택근무를 한다면) 며칠이나 대화 한번 나누지 못하고 지내기도 한다. 이런 고립이 신경다양인에게는 훨씬 더 가혹하게 느껴질지 모른다. 가까운 사람들에게 먼저 다가가 대화한다면 생각도 정리되고 평정심도 찾을 수 있다. 가족, 친구 또는 가까운 사람에게 자신의 기분을 털어놓으며 외로움을 덜어낼 수 있기 때문이다.

TIP 5   **에너지에 주의 기울이기.** 하루 동안 자기 자신, 특히 자신의 에너지 수준을 잘 살펴보자. 꼭 해야 할 활동이나 일에 따라 우리에게 에너지가 얼마나 있는지 아는 건 꽤 중요하다. 고슬링과 나는 팀 프로젝트에서 사람을 만나며 알아가는 데서 에너지를 얻는다. 그러나 우리 둘 다 조직이나 관리 업무는 기운 빠지는 일이라고 생각한다. 온종일 자신의 기분을 살피면 무엇이 잘 맞고 안 맞는지 생각해볼 수 있어 필요한 경우엔 일정을 바꿀 수도 있다.

TIP 6   **잘 자고 잘 먹기.** 무조건 잘 자야 한다. 고슬링은 청소년 시절부터 불면증을 겪었고, 지금도 잠을 청하느라 고생한다. 기분, 날씨 등 여러 요인에 따라 그날 하루 수면이 결정되기 때문에 기분을 관리하기 위해 꼭 규칙적으로 식사한다고 말한다. 자폐증을 앓고 있어 감각적인 자극이 없을 땐 대안에라도 기대야 하고, 먹을 게 없을 땐 씹을 만한 걸 찾는다.

TIP 7   **몸 움직이기.** 산책을 하면 뇌가 활성화된다. 매일 어떻게든 몸을 움직이려고 노력하고 최소 30분간 바깥 공기를 쐬자. 사실 고슬링은 마음 가는 대로 움직일 뿐, 억지로 나서지는 않는다. 그래야 나쁜 기분도 들지 않고 긍정적으로 생각할 수 있기 때문이다. 그래도 일단 움직여야겠다 싶으면 동네 한 바퀴라도 아침 첫 일정으로 소화하는 걸 좋아한다. 나도 그렇다. 물론 점심에도 퇴근 후에도 산책하지만 말이다. 아무래도 전생에 산책

좋아하는 강아지였나 보다.

　신경다양인의 건강을 주제로 고슬링과 나눈 대화는 정말 즐거웠다. 그러나 신경전형인이더라도 참고할 수 있는 조언이 분명 있을 것이다. 나는 카페에 앉아 음악을 들으며 이 책을 썼다. 북적이는 분위기 덕에 창의성을 발휘할 수 있었기 때문이다. 더 구체적으로 말하자면 책의 99.9퍼센트를 카페와 술집에서 썼다.

　잊지 말자. 다들 넓디넓은 무지갯빛 스펙트럼 위에서 저마다 독특하고 놀라운 존재감을 내뿜고 있으며, 그렇기에 모두에게 다 잘 맞는 해결책이란 없다. 해결책 하나로 충분하다면 오히려 삶은 지루할 것이다.

나가는 말

자, 다 왔다. 우리는 52주간의 긴 여정을 끝마쳤다. 다들 수고 많았고, 긴 여정 동안 무언가 배웠기를 바란다.

기억할 게 몇 가지 있다.

건강은 문제가 생기고 나서야 바로잡을 수 있는 것이 아니다. 앱, 웨비나, 교육으로도 쉽지 않다. 그보다는 매일 시간을 내서 지치지 않는 연습을 해보자. 그와 동시에 다른 무엇도 아닌 우리 자신을 우선해야 한다. 각자 타협할 수 없는 것들을 정하고 무슨 일이 있어도 매일 실천하자. 일과 삶의 균형 같은 건 없다. 다 삶이고, 일은 그중 일부일 뿐이며 최우선 순위가 아니다. 원

한다면 경계부터 긋자.

계속해서 얘기했듯, 작은 것이 큰 차이를 만들어낸다. 20만 번이나 눈을 깜빡여 『잠수종과 나비』를 쓴 보비를 기억하자. 이 책에 등장한 조언 중 1퍼센트인 2.27개라도 실천한다면, 그리 머지않은 미래에 분명 큰 차이를 경험할 것이다.

긴 여정 중에 흔들리고 실패한다 해도 심하게 자책하지 말아야 한다. 미리 당부하는데, 시기의 차이만 있을 뿐이다. 지치지 않는 행복한 직장 생활은 어느 날 갑자기 성취할 수 있는 것이 아니라 꾸준히 실천해야 얻을 수 있는 것이다. 어느 날에는 수월하게 느껴질 때도 있겠지만, 발에 무거운 모래주머니를 차고 걷는 느낌이 드는 날도 있을 것이다. 그러나 이 책에서 얻은 지식, 조언, 비결로 무장한다면 미소 한번 짓고 어려움을 헤쳐 나갈 수 있다. 내일 다시 새롭게 도전하면 된다. 다들 자기 걱정하느라 우리가 뭘 하는지 신경도 쓰지 않으니 말이다. 우리 자신밖에 모르는 우리도 마찬가지긴 하다.

우리는 생각만큼 이상하거나 끔찍하지 않다. 단지 잘 감추는 사람이 있을 뿐이다. 게다가 우리는 살면서 조금씩 단단해지고 있다. 세상에 진정한 변화를 일으키고 싶다면, 그리고 누구보다 지치지 않고 행복한 직장 생활을 계속하고 싶다면 자기 기분을 먼저 살피고 주변 사람에게 힘들다고 알리자. (이른바) 결점을 포용하고 자랑스레 드러내는 것이다. 긴츠기를 떠올리며 과거를 딛고 일어난 당신이 지금 얼마나 빛나고 강한지 생각해보자. 그리고 경험담도 털어놓자. 누군가를 돕는다 해도 온 세상이 바뀌지는 않겠지만, 한 사람의 세상만큼은 바꿀 수 있을 테니 말이다. 항상 처음이 어려울 뿐, 말하다 보면 아무렇지 않을 것이다. 할 수 있다.

그건 그렇고, 책에 등장한 조언 중 유용하다고 생각한 게 있다면 주변 사람에게도 전하자. 많이 알수록 좋으니까! 이래야 먼저 나서서 더 나은 환경을 만들어 나갈 수 있을 것이다. 모두가 나서서 노력해야 한다. 5~10분 일찍 회의를 끝내는 것은 좋지만 아무도 받아들이지 않거나 상사가 30분이나 한 시간 되는 회의에 자꾸 참석하라고 한다면 무의미한 짓이다. 자기 챙김 프로젝트를 부지런히 주위에 전파하며 즐거운 분위기로 바꿔보자. 힘들게 느껴진다면 사람들이 동참하지 않을 테니 말이다. 삶과 일 모두 만만하지 않지만 심각하게 지낼 필요는 없다. 스스로 이렇게 물어보자. '아이라면 어떻게 할까?'

1 NBC, 주 69시간 근무제? 말도 안 된다는
대한민국 젊은이들의 호소(A 69-hour
workweek? That's no way to live, young
South Koreans say) https://www.
nbcnews.com/news/world/south-
korea-69-hour-workweek-rcna75854

2 Fortune, 삼성 10여 년 만의 최악의
실적으로 주 6일 임원 근무와 함께 '위기감
주입'(Samsung tells its executives
to work a 6-day week to 'inject a
sense of crisis' after posting its worst
financial year in over a decade') https://
fortune.com/2024/04/19/samsung-
executives-work-six-day-week-
crisis-worst-financial-year/?utm_
source=substack&utm_medium=email

3 OECD, 연평균 근로 시간(Hours worked)
https://www.oecd.org/en/data/
indicators/hours-worked.html

4 OECD, 국가별 자살률(Suicide rates) https://
www.oecd.org/en/data/indicators/
suicide-rates.html

5 The Korea Times, 지난해 한국인 열
명 중 일곱 명이 정신 건강 문제 경험(7
in 10 Koreans experienced mental
health problems last year) https://
www.koreatimes.co.kr/www/
nation/2024/07/113_378026.html

6 Harvard International Review, 대한민국과
싱가포르 내 정신 건강 관리 체계 문제(The
Struggle of Mental Health Care Delivery
in South Korea and Singapore) https://hir.
harvard.edu/the-struggle-of-mental-

health-care-delivery-in-south-korea-
and-singapore/

7 Schmich, M (1997) Advice, like youth,
probably just wasted on the young,
Chicago Tribune, 1 June, www.
chicagotribune.com/columns/chi-
schmich-sunscreen-column-column.
html (archived at https://perma.cc/Q3Y4-
77TK)

8 Gallup (2023) State of the Global
Workplace, www.gallup.com/
workplace/349484/state-of-the-global-
workplace.aspx (archived at https://
perma.cc/7UU7-B7CY)

9 Indeed and Forrester Consulting (2023)
The Impact of Workplace Wellbeing
and How To Foster It, www.indeed.
com/careeradvice/career-development/
workplace-wellbeing (archived at https://
perma.cc/8DYY-ANAQ)

10 Microsoft (2021)The next great
disruption is hybrid work – are we
ready? www.microsoft.com/en-us/
worklab/work-trendindex/hybrid-work
(archived at https://perma.cc/Z72X-SBAL)

11 Gallup (2023) Gallup Global
Emotions Report, www.gallup.com/
analytics/349280/gallup-global-
emotions-report.aspx (archived at https://
perma.cc/BK8D-5ZRM)

12 Gallup (2023) Gallup Global
Emotions Report, www.gallup.com/
analytics/349280/gallup-global-

emotions-report.aspx (archived at https://perma.cc/BK8D-5ZRM)

13   NHSBSA (2022) Medicines used in mental health – England– quarterly summary statistics April to June 2022, www.nhsbsa.nhs.uk/statistical-collections/medicines-used-mental-healthengland/medicines-used-mental-health-england-quarterlysummary-statistics-april-june-2022 (archived at https://perma.cc/2D2J-FTMZ)

14   NHSBSA (2022) Medicines used in mental health – England – quarterly summary statistics April to June 2022, www.nhsbsa.nhs.uk/statistical-collections/medicines-usedmental-health-england/medicines-used-mental-health-englandquarterly-summary-statistics-april-june-2022 (archived at https://perma.cc/2D2J-FTMZ)

15   NHSBSA (2022) Medicines used in mental health – England – quarterly summary statistics April to June 2022, www.nhsbsa.nhs.uk/statistical-collections/medicines-usedmentalhealth-england/medicines-used-mental-health-englandquarterly-summary-statistics-april-june-2022 (archived at https://perma.cc/2D2J-FTMZ)

16   NHSBSA (2022) Medicines used in mental health – England – quarterly summary statistics April to June 2022, www.nhsbsa.nhs.uk/statistical-collections/medicines-used-

mentalhealth-england/medicines-used-mental-health-englandquarterly-summary-statistics-april-june-2022 (archived at https://perma.cc/2D2J-FTMZ)

17   Office for National Statistics (2023) Measures of national well-being dashboard: quality of life in the UK, www.ons.gov.uk/peoplepopulationandcommunity/wellbeing/articles/measuresofnationalwellbeingdashboardqualityoflifeintheuk/2022-08-12 (archived at https://perma.cc/6SMF-N5GM)

18   Kerai, Al (2023) Cell phone usage statistics: mornings are for notifications, Reviews.org (archived at https://perma.cc/G4VN-WVZK). www.reviews.org/mobile/cell-phone-addiction/(archived at https://perma.cc/QB23-M6X3)

19   Office for National Statistics (2023) Measures of national well-being dashboard: quality of life in the UK, www.ons.gov.uk/peoplepopulationandcommunity/wellbeing/articles/measuresofnationalwellbeingdashboardqualityoflifeintheuk/2022-08-12 (archived at https://perma.cc/6SMF-N5GM)

20   Ceci, L(2022) Number of apps available in leading app stores as of 3rd quarter 2022, Statista, www.statista.com/statistics/276623/number-of-apps-available-in-leading-app-stores/ (archived at https://perma.cc/7S3G-PKSZ)

21 Kent, C (2021), Digital health app market booming, finds IQVIA report, Medical Device Network, www.medicaldevicenetwork. com/news/digital-health-apps/ (archived at https://perma.cc/D5XL-JHXL)

22 Hardy, D (2010) *The Compound Effect: Jumpstart Your Income, Your Life, Your Success,* Success Media Books

23 Clear, J (2018) *Atomic Habits*, Avery

24 Versus Arthritis (2023)The State of Musculoskeletal Health, www.versusarthritis.org/about-arthritis/data-and-statistics/the-state-of-musculoskeletal-health/ (archived at https://perma.cc/6N5K-QW29)

25 Hargrave, S (2020) How to take back control of your notifications and get things done, , www.wired.co.uk/article/control-notifications (archived at https://perma.cc/UL7P-VRW9)

26 Asurion (2022) The new normal: phone use is up nearly 4-fold since 2019, according to tech care company Asurion, www.asurion.com/connect/news/tech-usage/ (archived at https://perma.cc/VLQ9-HS4P)

27 McLaughlin, B, Gotlieb, MR and Mills, DJ (2022) Caught in a dangerous world: problematic news consumption and its relationship to mental and physical ill-being, Health Communication, 23 August

28 Ridley, M (2011) *Rational Optimist: How prosperity evolves*, Fourth Estate, London

29 Kemp, S (2022)Digital 2022:Time spent using connected tech continues to rise, DataReportal,https://datareportal.com/reports/digital-2022-time-spent-with-connected-tech (archived at https://perma.cc/QN39-QQDJ)

30 Flexioffices (2020) Why taking a lunchbreak is good for your health (2020) www.flexioffices.co.uk/blog/why-lunchbreak-isgood-for-your-health%20 (archived at https://perma.cc/K24X-MRSZ)

31 Robinson, B (2020), How remote workers can recognize burnout and 6 actions to take, Forbes, www.forbes.com/sites/bryanrobinson/2020/09/06/how-remote-workers-can-recognizeburnout-and-6-actions-to-take/?sh=1528e5294326 (archived at https://perma.cc/4G6X-38ZD)

32 Aksoy, CG et al (2023) Here's how much commuting time we save when working from home, World Economic Forum, www.weforum.org/agenda/2023/01/commuting-time-saveworking-from-home-pandemic/ (archived at https://perma.cc/F5EF-BWZN)

33 World Health Organization (2022) Musculoskeletal health, www.who.int/news-room/fact-sheets/detail/

musculoskeletalconditions (archived at https://perma.cc/AM5Q-4RFP)

34 Riggio, RE (2012), There's magic in your smile, Psychology Today, www.psychologytoday.com/intl/blog/cutting-edgeleadership/201206/there-s-magic-in-your-smile (archived at https://perma.cc/9L8A-UAQG)

35 Association for Psychological Science (2012) Grin and bear it! Smiling facilitates stress recovery, www.psychologicalscience.org/news/releases/smiling-facilitates-stress-recovery.html (archived at https://perma.cc/DV3U-952A)

36 University of Southern California (2015) Thinking vs feeling: the psychology of advertising, https://appliedpsychologydegree.usc.edu/blog/thinking-vs-feeling-the-psychology-of-advertising/ (archived at https://perma.cc/D862-CYGK)

37 Weissbourd, R, et al (2021) Loneliness in America: How the pandemic has deepened an epidemic of loneliness and what we can do about it, Harvard University, https://mcc.gse.harvard.edu/reports/loneliness-in-america (archived at https://perma.cc/K7BF-ZU9F)

38 Patel, A and Plowman, S (2022) The increasing importance of a best friend at work, Gallup, www.gallup.com/workplace/397058/increasing-

importance-best-friend-work.aspx (archived at https://perma.cc/Z48R-6LJC)

39 Patel, A and Plowman, S (2022) The increasing importance of a best friend at work, Gallup, www.gallup.com/workplace/397058/increasing-importance-best-friend-work.aspx (archived at https://perma.cc/Z48R-6LJC)

40 Clear, J (2018) Atomic Habits, Avery

41 Strauss, D (2022), Will anything revive UK productivity? *Financial Times*, www.ft.com/content/8d7ef9b2-24b4-11ea-9a4f-963f0ec7e134 (archived at https://perma.cc/EU4R-UAUK)

42 Teevan, J, et al (2022), Microsoft New Future of Work Report 2022, Microsoft, www.microsoft.com/en-us/research/uploads/prod/2022/04/Microsoft-New-Future-of-Work-Report-2022.pdf (archived at https://perma.cc/BZT2-BXYQ)

43 Aksoy, CG et al (2023) Here's how much commuting time we save when working from home, World Economic Forum, www.weforum.org/agenda/2023/01/commuting-time-saveworking-from-home-pandemic/ (archived at https://perma.cc/F5EF-BWZN)

44 Newport, C (2019) *Digital Minimalism*, Portfolio

45 Diffey, BL (2011) An overview analysis of the time people spend outdoors, *British Journal of Dermatology*, https://

pubmed.ncbi.nlm.nih.gov/21128911/ (archived at https://perma.cc/4877-ZPHS)

46 White, MP et al (2019) Spending at least 120 minutes a week in nature is associated with good health and wellbeing, *Scientific Reports*, 9, 7730

47 Turunen, AW et al (2022) Cross-sectional associations of different types of nature exposure with psychotropic, antihypertensive and asthma medication, *Occupational and Environmental Medicine*, 80, pp 111–18

48 Lee, MS, Lee, J, Park, BJ and Miyazaki, Y (2015) Interaction with indoor plants may reduce psychological and physiological stress by suppressing autonomic nervous system activity in young adults: a randomized crossover study, Journal of Physiological Anthropology, 34 (1), p 21

49 Pressfield, S (2002) *War of Art: Break through the blocks and win your inner creative battles*, Black Irish, Dublin

50 Pielot, M, Church, K and de Oliveira, R (2014) An in-situ study of mobile phone notifications. In Proceedings of the 16th international conference on human-computer interaction with mobile devices & services (MobileHCI '14), Association for Computing Machinery, New York, NY, USA, pp 233–42

51 Arusion (2022) The new normal: Phone use is up nearly 4-fold since 2019, according to tech care company Asurion (2022), www.asurion.com/connect/news/tech-usage/ (archived at https://perma.cc/VLQ9-HS4P)

52 Stephenson, N (2022) *Why I Am a Bad Correspondent*, www.nealstephenson.com/why-i-am-a-bad-correspondent.html (archived at https://perma.cc/GLX9-RB63)

53 Gilovich, T et al (2000) The spotlight effect in social judgment: an egocentric bias in estimates of the salience of one's own actions and appearance, *Journal of Personality and Social Psychology*, 78 (2) pp 211–22

54 Gilovich, T et al (2002) The spotlight effect revisited: overestimating the manifest variability of our own actions and appearance, Journal of Experimental Social Psychology, 38, pp 93–99

55 Lewsley, J (2022) Tired in winter? Here's the science behind seasonal fatigue, Livescience, www.livescience.com/tired-inwinter-the-science-behind-seasonal-fatigue (archived at https://perma.cc/QPG9-FTRX)

56 Mind (2022) Seasonal affective disorder, www.mind.org.uk/information-support/types-of-mental-health-problems/seasonalaffective-disorder-sad/about-sad/ (archived at https://perma.cc/72HV-RPST)

57 World Happiness Report (2022) World Happiness Report, https://worldhappiness.report/ed/2022/ (archived at https://perma.cc/2HFF-KU78)

58 Wiking, M (2016) *The Little Book of Hygge: The Danish way to live well*, Penguin, London

59 Nelson, D (2022), Hygge: The Danish secret to happiness, Redefiners, www.redefinerswl.org/post/hygge-the-danish-secretto-happiness (archived at https://perma.cc/5445-LV6J)

60 Fang, R (2020) *An Ecological Approach to Obesity and Eating Disorders*, Clemson University, Clemson

61 Nicholls, K (2022) Key statistics about men and mental health, Counselling Directory, www.counselling-directory.org.uk/men-and-mental-health-stats.html (archived at https://perma.cc/HDC9-LVBM)

62 ABS (2022) National Study of Mental Health and Wellbeing, 2020–21, www.abs.gov.au/statistics/health/mental-health/national-study-mental-health-and-wellbeing/2020-21 (archived at https://perma.cc/4UJU-NF9C)

63 National Institute of Mental Health (nd) Agoraphobia, www.nimh.nih.gov/health/statistics/agoraphobia (archived at https://perma.cc/YVQ9-GMTQ)

64 Clear, J (2018) *Atomic Habits: An easy and proven way to build good habits and break bad ones*, Random House Business, London

65 Stulberg, B (2019) Show up. Mood follows action, Medium, https://bstulberg.medium.com/show-up-mood-follows-action-943469d43480 (archived at https://perma.cc/T79U-2YBL)

66 Sagan, C (1977) The Dragons of Eden, Random House, New York

67 McGee, B (2010) *The Story of Philosophy*, DK Books, London

68 Burkeman, O (2022), Four Thousand Weeks, Vintage, London

69 Pirsig, R (1991) *Zen and the Art of Motorcycle Maintenance*, Vintage, London

70 Parrish, S (2023), Clear thinking, FS, https://fs.blog/brain-food/april-2-2023/ (archived at https://perma.cc/ZB2F-5LY2)

71 Leahy, R (2005) *The Worry Cure*, Harmony/Rodale, New York

72 Tremblay, M (2021) What many people misunderstand about the stoic dichotomy of control, *Modern Stoiscism*, https://modernstoicism.com/what-many-people-misunderstand-about-the-stoic-dichotomy-of-control-by-michael-tremblay/ (archived at https://perma.cc/HY4T-X62D)

73 Schmich, M (1997) Advice, like youth,

probably just wasted on the young, *Chicago Tribune*, 1 June, www. chicagotribune.com/columns/chi-schmich-sunscreen-column-column. html (archived at https://perma.cc/Q3Y4-77TK)

74 Raven, P (2022) How many Britons have made New Year's resolutions for 2023?, YouGov, 28 December, https:// yougov. co.uk/topics/society/articles-reports/2022/12/28/how-manybritons-have-made-new-years-resolutions-2 (archived at https://perma.cc/4VD8-A6ZC)

75 Microsoft (2022) The rise of the triple peak day, www.microsoft.com/en-us/ worklab/triple-peak-day (archived at https://perma.cc/9R59-GCCA)

76 Microsoft (2021) Research proves your brain needs breaks, www.microsoft. com/en-us/worklab/work-trend-index/ brainresearch (archived at https://perma. cc/K6KE-X7YB)

77 Thompson, D (2022) This is what happens when there are too many meetings, *The Atlantic*, 4 April, www.theatlantic.com/newsletters/ archive/2022/04/triple-peak-day-work-fromhome/629457/ (archived at https:// perma.cc/Y6WT-K8ZV)

78 Samiri, I and Millard, S (2022) Why is UK productivity low and how can it improve?, NIESR, 26 September, www. niesr.ac. uk/blog/why-uk-productivity-

low-and-how-can-it-improve (archived at https://perma.cc/W42K-EZF7)

79 Global Web Index (2018) Fear of missing out (FOMO) on social media, www. gwi.com/hubfs/Downloads/Fear-of-Missing-Out-on-Social-Media-report. pdf (archived at https://perma.cc/M9JE-HLE5)

80 Heitmann, B (2018) Your workplace guide to summer vacation, LinkedIn Official Blog, 11 July, https://blog. linkedin.com/2018/july/11/your-workplace-guide-to-summer-vacation (archived at https://perma.cc/NYF6-GY8X)

81 Heitmann, B (2018) Your workplace guide to summer vacation, LinkedIn Official Blog, 11 July, https://blog. linkedin.com/2018/july/11/your-workplace-guide-to-summer-vacation (archived at https://perma.cc/NYF6-GY8X)

82 Harris, M (2017) *Solitude: In pursuit of a singular life in a crowded world*, Random House, New York

83 Petric, D (2022) The introvert-ambivert-extrovert spectrum, *Open Journal of Medical Psychology*, 11, pp 103–11

84 Parish, S (2022) The art of being alone, FS, https://fs.blog/being-alone/ (archived at https://perma.cc/2G32-GHTH)

85 Clifford, C (2019) Bill Gates took solo 'think weeks' in the woods – why it's a great strategy, CNBC, 28 July, www.

cnbc. com/2019/07/26/bill-gates-took-solo-think-weeks-in-a-cabin-inthe-woods.html (archived at https://perma.cc/2D5C-NQ9N)

86 Weiner, J (2013) The importance of scheduling nothing, LinkedIn, 3 April, www.linkedin.com/pulse/20130403215758-22330283-the-importance-of-scheduling-nothing/ (archived at https://perma.cc/K3T6-VFNP)

87 Schmich, M (1997) Advice, like youth, probably just wasted on the young, *Chicago Tribune*, 1 June, www.chicagotribune.com/columns/chi-schmich-sunscreen-column-column.html (archived at https://perma.cc/Q3Y4-77TK)

88 Kaufman, PD (2005) *Poor Charlie's Almanack: The wit and wisdom of Charles T Munger*, Donning Company, Brookfield

89 Sivers, D (2019) How to ask your mentors for help, Derek Sivers, 17 October, https://sive.rs/ment (archived at https://perma.cc/WWS3-CRCW)

90 Ryan, RM et al (2010) Vitalizing effects of being outdoors and in nature, *Journal of Environmental Psychology*, 30 (2)

91 Wild, S (2022) Is cold water therapy good for you?, Bupa, 22 June, www.bupa.co.uk/newsroom/ourviews/cold-watertherapy (archived at https://perma.cc/7GH9-HTHA)

92 Massey, H et al (2020) Mood and well-being of novice open water swimmers and controls during an introductory outdoor swimming programme: A feasibility study, *Lifestyle Medicine*, 1 (2)

93 Kopplin, CS and Rosenthal, L (2022) The positive effects of combined breathing techniques and cold exposure on perceived stress: a randomised trial, *Current Psychology*

94 Walker, M (2018) *Why we sleep: the new science of sleep and dreams*, Penguin, London

95 Cappuccio, FP, D'Elia, L, Strazzullo, P and Miller, MA (2010) Sleep duration and all-cause mortality: a systematic review and meta-analysis of prospective studies, Sleep, 33 (5)

96 Soong, J (2010) The secret (and surprising) power of naps, WedMD, www.webmd.com/balance/features/the-secret-andsurprising-power-of-naps (archived at https://perma.cc/4SEFAE99)

97 Frankl, VE (1992) *Man's search for meaning: An introduction to logotherapy*, Beacon Press, Boston

98 Steger, M, Kashdan, T and Oishi, S (2008) Being good by doing good: Daily eudaimonic activity and well-being, *Journal of Research in Personality*, 42, pp 22–42

99 Krockow, EM (2018) How many

decisions do we make each day, *Psychology Today*, 27 September, www.psychologytoday. com/gb/blog/stretching-theory/201809/how-many-decisions-dowe-make-each-day (archived at https://perma.cc/82Y8-HH7A)

100 Kleiner, K (2011) Lunchtime leiniency: judges' rulings are harsher when they are hungrier, *Scientific American*, 1 September, www.scientificamerican. com/article/lunchtimeleniency/ (archived at https://perma.cc/4N5T-VV4P)

101 Iyer, GR., Blut, M, Xiao, SH and Grewal, D (2019) Impulse buying: a meta-analytic review, *Journal of the Academy of Marketing Science*, 48, pp 384–404

102 Dweck, Carol S et al (2013) Beliefs about willpower determine the impact of glucose on self-control, PNAS, 110 (37)

103 Nosen, E and Woody, SR (2014) Acceptance of cravings: How smoking cessation experiences affect craving beliefs, *Behaviour Research and Therapy*, 59

104 Eyal, N (2020) Willpower is not a limited resource, Medium, 14 January, https://forge.medium.com/this-is-what-mostpeople-get-wrong-about-willpower-72deab39fa59# (archived at https://perma.cc/QMS8-C92U)

105 Stone, L (2012) The connected life: from email apnea to conscious computing, *Huffpost*, 7 July, www.huffpost.com/entry/email-apnea-screen-apnea_b_1476554?guccounter=1 (archived at https://perma.cc/882B-6DSZ)

106 Naragon, K (2018) We still love email, but we're spreading the love with other channels, Adobe, 21 August, https://business. adobe.com/blog/perspectives/love-email-but-spreading-thelove-other-channels (archived at https://perma.cc/FTT4-QMZT)

107 Madore, KP and Wagner, AD (2019) Multicosts of multitasking, Dana Foundation, 5 April, www.dana.org/article/multicosts-of-multitasking/ (archived at https://perma.cc/CD3U-U4CQ)

108 Parikh, K (2022) The cost of context switching, The Transcript, 13 July, www.loom.com/blog/cost-of-context-switching (archived at https://perma. cc/4KB8-KXAE)

109 Montini, L (2014), The high cost of multitasking, Inc., 27 June, www.inc. com/laura-montini/infographic/the-highcost-of-multitasking.html (archived at https://perma.cc/8MN5-3TP5)

110 Mark, G (2008) The cost of interrupted work: more speed and stress, Conference: Proceedings of the 2008 Conference on Human Factors in Computing Systems, Florence, Italy

111 Neal, DT, Wood, W and Quinn, JM (2006) Habits – a repeat performance,

Current Directions in Psychological Science, 15 (4), pp 198–202

112 Duhigg, C (2013) *The Power of Habit*, Penguin, London

113 Hobson, N (2023) People and really successful people. What separates the two, *Inc.*, 31 March, www.inc.com/nick-hobson/warren-buffett-there-are-successful-people-really-successfulpeople-what-separates-two.html (archived at https://perma.cc/S4MB-YTMN)

114 Holiday, R (2023) All success is a lagging indicator, RyanHoliday.net, https://ryanholiday.net/all-success-is-alagging-indicator/ (archived at https://perma.cc/J86M-JPZD)

115 Cho, A (2021) 1 in 400 trillion, *Muddyum*, 23 June, https://muddyum.net/1-in-400-trillion-3174b5c67adb (archived at https://perma.cc/F4GA-GAZK)

116 Wiseman, R, (2004) The *Luck Factor*, Arrow, London

117 Kondo, M (2014) The Life-Changing Magic of Tidying Up, Ten Speed Press

118 Broadley, J, et al (2023) The Workplace Health Report, Champion Health, https://championhealth.co.uk/insights/guides/workplace-health-report/ (archived at https://perma.cc/M8T2-V3NR)

119 Gielan, M (2015) *Broadcasting Happiness*, BenBella Books, Dallas

120 Lyubomirsky, S (2010) The How of Happiness, Piatkus, London

121 Paiella, G (2021) The brain-changing magic of new experiences, GQ, 27 May, www.gq.com/story/brain-changingmagic-new-experiences (archived at https://perma.cc/7KPM-3ST9)

122 Schmich, M (1997) Advice, like youth, probably just wasted on the young, *Chicago Tribune*, 1 June, www.chicagotribune. com/columns/chi-schmich-sunscreen-column-column.html (archived at https://perma.cc/Q3Y4-77TK)

123 Lee, A (2020) Why you really shouldn't be eating lunch at your desk, *WIRED*, 10 January, www.wired.co.uk/article/eating-lunch-at-your-desk-health (archived at https://perma.cc/5WMR-6LNC)

124 Tulshyan, R (2021) Take your lunch break! *Harvard Business Review*, 21 January, https://hbr.org/2021/01/take-your-lunchbreak# (archived at https://perma.cc/RD94-S8UF)

125 Workthere (2018) The average UK lunch hour is just 34 minutes – how can the office change this? 6 September, www.workthere.com/en-gb/news-guides/news/the-average-uk-lunch-hour-press-release/ (archived at https://perma.cc/F2M9-VTAT)

126 Rao, S (2016) The 9 environments that make up your life, *Medium*, https://medium.com/the-mission/the-9-environmentsthat-make-up-your-life-357d23f4a8af (archived at https://perma.cc/FYJ3-CUQ8)

127 Wen, T (2018) What workers around the world do for lunch, Worklife, www.bbc.com/worklife/article/20180110-whatworkers-around-the-world-do-for-lunch (archived at https://perma.cc/B5UU-REYA)

128 Minett, C (2023) The British 'tea and biscuit break' is slowly becoming a thing of the past, 3AddedMinutes, 12 April, www.3addedminutes.com/read-this/the-british-tea-and-biscuitbreak-is-slowly-becoming-a-thing-of-the-past-4101685 (archived at https://perma.cc/T5Z4-98L5)

129 Deloitte (2023) 2023 Gen Z and Millennial Survey, www.deloitte.com/global/en/issues/work/content/genzmillennialsurvey.html (archived at https://perma.cc/9HML-7FGE)

130 Fleming, W (2023) Estimating effects of individual-level workplace mental wellbeing interventions: cross-sectional evidence from the UK, Wellbeing Research Centre

131 Lewis, L (2021) Workplace wellbeing insights from the 2021 world happiness report, Indeed, 20 March, www.indeed.com/lead/workplace-well-being-study-insights (archived at https://perma.cc/UN8F-Z25N)

132 Popper, KR (1963) *Conjectures and Refutations*, Routledge, London

133 Oberman, HA (1969) Early history of blood substitutes: transfusion of milk, *Transfusion*, 9, pp 74–77

134 Broadley, J et al (2023) The Workplace Health Report, Champion Health, https://championhealth.co.uk/insights/guides/workplace-health-report/ (archived at https://perma.cc/M8T2-V3NR)

135 Money & Pensions Service (2021) 24 million UK adults don't feel confident managing their money. Talk Money Week is here to help, www.maps.org.uk/2021/11/10/24-million-uk-adultsdont-feel-confident-managing-their-money-talk-money-weekis-here-to-help/ (archived at https://perma.cc/U8C9-DGQC)

136 O'Brien, L (2023) UK savings statistics 2023, Money.co.uk, www.money.co.uk/savings-accounts/savings-statistics (archived at https://perma.cc/G9Z2-H2YW)

137 Nielsen (2015) Everyone listens to music, but how we listen is changing, www.nielsen.com/insights/2015/everyone-listens-tomusic-but-how-we-listen-is-changing/ (archived at https://perma.cc/D9PD-E44L)

138 Onieva-Zafra, MD et al (2013) Effect of music as nursing intervention for people diagnosed with fibromyalgia, *Pain Management Nursing*, 14 (2) 2013

139 Harmat, L, Takacs, J and Bodizs, R (2008) Music improves sleep quality in students. *Journal of Advanced Nursing*, 62 (3) pp 327–35

140 Thoma, MV, La Marca, R, Bronnimann, R, Finkel, L, Ehlert, U and Nater, UM (2013) The effect of music on the human stress response, *PLoS One*

141 Raglio, A, Attardo, L, Gontero, G, Rollino, S, Groppo, E and Granieri E (2015) Effects of music and music therapy on mood in neurological patients, *World Journal of Psychiatry*, 5 (1), pp 68–78

142 Gold, BP et al (2013) Pleasurable music affects reinforcement learning according to the listener, *Frontiers in Psychology*, 4

143 ADHD Aware (nd) Neurodevelopmental conditions,https://adhdaware.org.uk/what-is-adhd/neurodiversity-andother-conditions/ (archived at https://perma.cc/44KQ-KJLY)